Die Welt des Ryszard Kapuściński

PIPER

Zu diesem Buch

Schon früh war Ilija Trojanow von Ryszard Kapuściński fasziniert und verschlang seine Bücher – nach dem Tod des großen
Autors zeigt er uns »seinen« Ryszard Kapuściński. Dafür hat er
aus dem umfangreichen Gesamtwerk des polnischen Autors
und Reporters eine Auswahl getroffen, denn Kapuściński hat
Asien, Afrika und Lateinamerika durchstreift, er hat den Zerfall
des sowjetischen Reichs hautnah miterlebt. Doch genauso
spannend wie die Staatsstreiche und Revolutionen, die er miterlebt hat, sind die genauen und poetischen Geschichten aus
dem Alltag von Menschen, von denen wir üblicherweise nie erfahren. – Die Hommage des »Weltensammlers« an einen
Autor, der weltweit eine ganze Generation von Neugierigen,
Reiseschriftstellern, Abenteurern und Journalisten prägte.

Ryszard Kapuściński, geboren 1932 in der
ostpolnischen Stadt Pinsk, gestorben
2007 in Warschau, wurde in den Fünfzi-
gerjahren als Korrespondent nach
Asien und in den Mittleren Osten, später auch nach Lateinamerika und nach
Afrika entsandt. Er zählte zu den großen
Journalisten seiner Zeit, seine Reporta-
gen aus der Dritten Welt sind weltbe-
rühmt. 1994 war er der erste Preisträger des Leipziger Buch-
preises zur Europäischen Verständigung, 1999 wurde er in
Polen zum »Journalisten des Jahrhunderts« ernannt, 2004 erhielt er in Wien den »Bruno-Kreisky-Preis für das politische
Buch« des Jahres 2003.
Ilija Trojanow, geboren 1965 in Bulgarien, erhielt nach seiner
Flucht über Jugoslawien und Italien politisches Asyl in
Deutschland. Er lebte in Kenia und Bombay, zog 2003 nach
Kapstadt und wohnt heute dort und in München. 2006 wurde
er mit dem Preis der Leipziger Buchmesse für »Der Welten-
sammler« ausgezeichnet und zum Mainzer Stadtschreiber für
das Jahr 2007 gewählt.

Die Welt des Ryszard Kapuściński

Ausgewählte Geschichten und Reportagen

Vorgestellt von
Ilija Trojanow

Aus dem Polnischen von
Martin Pollack

Piper München Zürich

Mehr über unsere Autoren und Bücher:
www.piper.de

Von Ryszard Kapuściński liegen bei Piper vor:
Afrikanisches Fieber
Die Erde ist ein gewalttätiges Paradies
Die Welt im Notizbuch
Meine Reisen mit Herodot
Notizen eines Weltbürgers
König der Könige
Die Welt des Ryszard Kapuściński

Mix
Produktgruppe aus vorbildlich bewirtschafteten
Wäldern und anderen kontrollierten Herkünften
www.fsc.org Zert.-Nr. GFA-COC-001223
© 1996 Forest Stewardship Council

Ungekürzte Taschenbuchausgabe
Piper Verlag GmbH, München
Januar 2010
© Ryszard Kapuściński
© Vorwort und Auswahl: Eichborn AG, Frankfurt am Main 2007
Umschlaggestaltung: Birgit Kohlhaas
Umschlagfoto: Mike Goldwater / Getty Images
Autorenfoto Ryszard Kapuściński: Irmi Long
Satz: Fuldaer Verlagsanstalt, Fulda
Papier: Munken Print von Arctic Paper Munkedals AB, Schweden
Druck und Bindung: CPI – Clausen & Bosse, Leck
Printed in Germany   ISBN 978-3-492-25238-6

Inhalt

Die Wahrheit
der verwischten Fakten

Wie fing es an? Wie soll man sich die Entwicklung eines Reporters zum Literaten vorstellen? Vielleicht in etwa so: R.K. sitzt in einem stickigen Zimmer in einem heruntergekommenen Hotel, er wartet darauf, daß das Telex wieder funktioniert, daß die Leitungen zum Leben erweckt werden. Er muß lange warten, manchmal Stunden, manchmal Tage, damit er eine knappe Meldung nach Hause schicken kann, an eine Redaktion, die ihre Ungeduld betäubt mit den vielen anderen dramatischen Ereignissen aus aller Welt, eine Meldung von formelhafter Kürze, so als würde er mit der außenpolitischen Redaktion Fernschach spielen (»FNLA rückt vor, MPLA verschanzt sich in der Stadt«). Der Reporter sucht nach einem Sinn in diesem ihm aufgezwungenen Warten; er beobachtet die Witwe hinter dem Tresen, er betrachtet die fliegenden Verkäufer, die hereingeweht werden, und wenn er hinausgeht, bezeugt ihm der schmale Schatten, der sich wie ein Verband um die heiße Stirn der Gebäude legt, Unerhörtes – den Untergang einer Welt, die Totgeburt einer neuen, und er notiert all dies minutiös, skizziert sorgfältig die sensationsabgewandte Seite des Geschehens.

Irgendwann muß R.K. bewußt geworden sein – mit einer Klarheit, die sich seinen zukünftigen Sätzen einschreiben wird –, daß in solchen Zeiten gewaltiger Umbrüche der Nackte-Fakten-Journalismus eine Übersicht simuliert, die der Unordnung der vorbeirauschenden Ereignisse nicht gerecht wird. Die Art, wie die Portugiesen in Luanda Kisten zimmern, um ihr Hab und Gut zu verstauen, sagt mehr aus über den hysterischen und brutalen Abzug der ehemaligen Kolonialmacht als jede Erklärung des Diktators Salazar. Und die unermüdliche Arbeit des Piloten Ruiz, der das letzte Transportflugzeug fliegt, vermittelt mehr über die Bedrängtheit der jungen Volksrepublik Angola als jede Verlautbarung des Generalstabs.

›Wieder ein Tag Leben‹, dieses *tableau vivant* aus Angola in den ersten Tagen seiner Unabhängigkeit, ist vielleicht Ryszard Kapuścińskis schönstes Buch. Es wirkt so frisch, weil man dem Text anmerkt, mit welch sinnlicher Lust der Autor die neugefundene Freiheit genießt, Menschen zu beschreiben, als seien sie Figuren in einem Roman, Szenen zu komponieren, als seien sie Kurzgeschichten und Dialoge festzuhalten, die für ein Theaterstück geschaffen sein könnten. Nur ein sehr naiver Leser würde annehmen, daß Kapuściński jedem der porträtierten Menschen wie dargestellt begegnet ist oder daß er jedes der heraufbeschworenen Gespräche wortwörtlich wiedergibt. Selbstverständlich setzt er die Figuren zusammen aus verschiedenen Personen, die er kennengelernt hat, und gewiß spitzt er zu, was in der Realität flüchtig dahingesagt oder über Tage hinweg einander eingestanden wurde. Unübersehbar ist es Kapuściński ein großes Anliegen, die Stereotypen über Afrika zu überwinden und ein nuancierteres Porträt des Alltagslebens, des Überlebens an den Rändern der Gesellschaft – und die Ränder sind in diesem Land zu jener Zeit zentral für das Verständnis – zu vermitteln. Dabei muß der Leser hinnehmen, daß die Realistik in gewisser Hinsicht fabriziert ist. Kapuściński hätte die intensive Wirkung seiner Schilderungen nicht ohne das freie Arrangement des Materials, das seinen Erzählungen ihre kompakte und schlüssige Note gibt, erzielen können. Wie in jedem guten Roman haben die Figuren eine repräsentative Qualität; die Beschreibungen eignen sich nicht zum Steckbrief.

Die Erkundung des Zwischenlandes zwischen Fiktion und Reportage ist nichts Neues. Charles Dickens recherchierte den Alltag der unteren Schichten in London und beschrieb sie unter dem Pseudonym Boz in seinen ›Street Sketches‹. Jack London (›The People of the Abyss‹ 1902) und George Orwell (›Down and Out in London and Paris‹ 1931) taten es ihm nach. In Deutschland war der legendäre Kisch viel mehr Literat als es die Rezeption bis zum heutigen Tag wahrhaben will.

George Orwell schrieb einmal, er bewundere das Talent von Charles Dickens, kleine Lügen zu erzählen, um die große Wahrheit einzufangen. Dies könnte auch für Kapuściński gelten. Erst das Verwischen der faktischen Vorlage bewirkt eine empathische Annäherung und einen existentiellen Erkenntniswert. Denn es kommt ihm darauf an, durch die fiktionale Durchdringung des dokumentarischen Berichts den Text auf eine höhere Ebene der Wahrheit zu heben.

Das war die einzige Wahrheit, die Kapuściński, wollte er sein Land und seine Sprache nicht verlassen, offen stand. Dieser junge polnische Journalist, der zu Zeiten Stalins studierte und seine Karriere während des eher kosmetischen ›Tauwetters‹ begann, hatte eigentlich keine Chance, doch er hat erstaunlich viel, bemerkenswert viel daraus gemacht. Es war die Epoche der totalen staatlichen Kontrolle über jegliche intellektuelle Produktion. Halbwegs wahrhaftiger Journalismus war im eigenen Land nur im Untergrund möglich. Im Ostblock flüchteten viele Intellektuelle in abgelegene Themen und Genres, in der Hoffnung, die Zensur und der totalitäre Unterdrückungsapparat würde ihnen dorthin nicht folgen, in Mediävistik oder Science-fiction, wie der andere große Nachkriegserzähler Polens, Stanislav Lem. Diese Hoffnung erwies sich manchmal als illusorisch und Kapuściński mußte trotz seines Rangs und Namens seinen ›König der Könige‹ mit ausgebufften Tricks an der polnischen Zensur vorbeischmuggeln. »Afrika bedeutete meine private Befreiung«, schreibt er im ›Fußballkrieg‹, und dies ist wortwörtlich zu nehmen (die Staaten Afrikas wurden just zu dieser Zeit in die eigene Freiheit entlassen, und diese bemerkenswerte Parallelität erklärt Kapuścińskis anfängliche Begeisterung, und später seine bittere Enttäuschung über die verflossenen Hoffnungen der ersten Stunde).

Die Hinwendung zu fernen Ländern und die Entwicklung einer stark literarisierten Reportageform waren nicht nur Ausdruck eines leidenschaftlichen Interesses, sondern Überlebensstrategie. In seinen weltläufigen Erzählungen meidet Kapuściński meist Abstraktes und Allgemeines, aber auch tagespolitische Enthüllungen wie etwa die, daß Tansania zeitweise mehr politische Gefangene inhaftiert hielt als das Apartheidregime in Südafrika oder daß die MPLA in Angola in kürzester Zeit eine Einparteienherrschaft errichtete (beide Regimes nannten sich ›sozialistisch‹). Allerdings finden Weltbank und Internationaler Währungsfonds, zwei Institutionen, deren uneinsichtige Ideologien die Not in Afrika entscheidend mitverschuldet haben, auch keine Erwähnung. Politische Analyse ist nicht Kapuścińskis Stärke, die Auseinandersetzung mit dem totalitären System seines Landes sein blinder Fleck. (Wie damals im Ostblock gang und gäbe, hat er vor seiner ersten Auslandsreise eine Einwilligung unterschrieben, der Staatssicherheit Bericht zu erstatten, sonst hätte man ihn nicht aufbrechen lassen.) In seinem umfangreichen Panorama der auseinanderfallenden Sowjetunion (›Imperium‹) konzentriert er sich auf antiimperiale Kräfte wie Nationalismus und religiösen Fanatismus und ignoriert die anhaltende Wirkung totalitärer Strukturen, wie etwa die Transformation der Nomenklatura in eine neue Oligarchie. Und wenn er in seinen Lapidarien, jenen überwiegend gewitzten und anregenden Gedankensteinbrüchen, die er in den letzten fünfzehn Jahren seines Lebens regelmäßig herausgab, die Entwicklung vor und nach 1989 kommentiert, zeigt er sich vor seiner zaghaftesten Seite.

Stattdessen entstaubt Kapuściński eine fast in Vergessenheit geratene Kunstform und haucht ihr neues Leben ein: die Allegorie. Allen seinen Büchern ist etwas Gleichnishaftes eigen, und sein formal reifstes Buch, ›König der Könige‹, ähnelt einer barocken Lehrgeschichte, etwa John Bunyans ›The Pilgrim's Progress‹. Das Universum des äthiopischen Kaiserhofes ist voller ritueller Extreme, nichts erscheint selbstverständlich oder geläufig. Der Leser verheddert sich in einem Dschungel der Überspitzungen, er kann sich keinen Satz lang sicher oder heimisch fühlen. Überall wuchert der Wahnsinn der absoluten Macht, jeder Aspekt der anonym gehaltenen Höflingszeugnisse ist von Symbolik durchdrungen. Als der große afrikanische Schriftsteller Nuruddin Farah gebeten wurde, die englische Übersetzung zu rezensieren, schrieb er eine wohlwollende Besprechung über diesen ›Roman‹. Der Redakteur rief ihn an: Herr Farah, es muß eine Verwechslung vorliegen. Dies ist kein Roman. Sie irren, antwortete Nuruddin Farah, dies ist einzig und allein ein Roman! Man muß kein Prophet sein, um vorherzusehen, daß Kapuścińskis beste Bücher gerade als Allegorien überdauern werden, die vor tropischem Hintergrund Parabeln über Macht und Ohnmacht erzählen, nicht so extrem imaginär wie bei den Surrealisten (›das innere Afrika‹!), aber gewiß auch nicht dokumentarisch zuverlässig genug, um als Quellentexte zu dienen.

Noch in einer anderen Hinsicht vermochte Kapuściński aus einem vermeintlichen professionellen Nachteil literarisches Kapital zu schlagen. Im Gegensatz zu anderen Afrikakorrespondenten verfügte er über ein äußerst limitiertes Reisebudget. Er war weder in einem fürstlichen Haus in Nairobi oder Kapstadt untergebracht, noch besaß er eine Sekretärin oder ein richtiges Büro. Er übernachtete in einfachen Pensionen, aß in Kaschemmen, wagte sich in einer Klapperkiste überland in den Kongo, hielt sich als einziger Journalist in Orten auf, die von allen braven Chronisten längst verlassen waren. Man könnte ihn einen *reporter on a shoestring* nennen. Was ihm anfänglich die Umstände aufzwangen, formulierte er später als literaturethisches Prinzip: »Weil ich der Ansicht bin, daß ich nicht über Menschen schreiben soll, mit denen ich nicht wenigstens ein wenig von dem durchgemacht habe, was sie durchmachen.« (›Wieder ein Tag Leben‹). Wie kaum ein anderer Europäer hat er das blutige, abstoßende und schmutzige Innere der fernen Wirklichkeit erlebt. Diese Nähe zu dem Schrecken und der Würde der Ereignisse hat entscheidend dazu beigetragen, daß Kapuściński ein Leben lang eine geradezu vorbildliche Demut besaß, daß er nicht dem weit verbreiteten Zynismus erlag, daß er sich nie jener selbstgefälligen Abgeklärtheit ergab, die die westliche Berichterstattung über Afrika oft kontaminiert. Folgende Charakterisierung Herodots könnte auch als Selbstporträt verstanden werden: »Die Art, wie er schrieb, ließ ihn als jemand erscheinen, der den Menschen wohlgesonnen war und der Welt neugierig gegenüberstand, der immer viele Fragen hatte und bereit war, Tausende von Kilometern zurückzulegen, um wenigstens auf ein paar Fragen eine Antwort zu finden« (›Meine Reisen mit Herodot‹).

Kapuściński hätte gerade nicht »über *alles* brillant schreiben können« (wie Alain de Botton neulich behauptet hat).

Bei ihm waren stilistische Prägnanz und originelle Erfahrung eng verknüpft. Der ungewöhnliche Blick auf eine außergewöhnliche Realität trägt mehr zu seiner flimmernden Poesie bei, als seine zweifellos beachtliche sprachliche Sensibilität und narrative Virtuosität (wobei unbedingt erwähnt werden muß, daß er mit einem grandiosen Übersetzer gesegnet war: Martin Pollack).

Ilija Trojanow

Aus den Notizbüchern

Abu Dhabi

Wie Kinder im Zoo einen Gorilla neckten (der Zoo ist neu und steht außerhalb der Stadt, in der Wüste). Anfangs wurde der Gorilla wütend, rannte durch seine Betonlandschaft und drohte den kleinen Quälgeistern. Schließlich setzte er sich erschöpft in die Mitte seines Käfigs und begann zu weinen. Und da – wirklich in diesem Augenblick (was für ein außergewöhnlicher Zufall!) – brach ein Sandsturm los. Ein plötzlicher, gewaltiger, machtvoller Sturm, der den Himmel mit Wolken grauen Staubs bedeckte und uns heiße Sandkörner in die Augen trieb. Alle wandten sich zur Flucht, die Kinder mit lautem Geschrei, hinter den Kindern die Erwachsenen, der Wind zauste und riß an den Tschadors, in denen erschrockene Frauen wie aufgescheuchte schwarze Vögel durch den geballten, glühenden Nebel des Wüstensturms liefen.

Im Laufen blickte ich mich für einen Moment um: Durch den Staub, die Sandwolken, das ringsum herrschende Halbdunkel sah ich den Gorilla, der vornübergebeugt auf seinem Platz saß, wie in der Mitte abgeknickt, er saß da, schaute uns nach und schluchzte.

Meine Reisen durch die Welt habe ich vor knapp einem halben Jahrhundert begonnen. Ich verbrachte über zwanzig Jahre auf Reisen, die mich durch alle Kontinente führten. Die meiste Zeit lebte ich in der sogenannten Dritten Welt, in Ländern Asiens, Afrikas und Lateinamerikas. Warum habe ich mich ausgerechnet für das Schicksal dieses Teils der Welt interessiert? Dafür gibt es zwei Gründe – einen emotionalen und einen sachlichen.

Ich stamme aus Polesie, dem östlichsten und ärmsten Teil Polens und vielleicht Europas in den Jahren der Zwischenkriegszeit. Ich habe das »Land meiner Kindheit« früh verloren und durfte vierzig Jahre lang nicht dorthin zurückkehren. Es war wohl die Sehnsucht nach dieser einfachen, unterentwickelten Region, die meine Beziehung zur Welt geprägt hat: Ich lebte gern in armen Ländern, weil sie etwas von Polesie an sich hatten. Wenn ich als Reporter die Wahl zwischen der Schweiz und dem Kongo, Paris und Mogadischu hatte, zögerte ich keinen Moment. Ich entschied mich für den Kongo und Mogadischu – dort war mein Platz, dort war mein Thema.

Es gibt noch einen zweiten Grund. Als ich das Studium der Geschichte an der Universität Warschau abschloß, stand ich vor der Wahl, meine Interessen weiter zu verfolgen, indem ich viel Zeit in Archiven verbrachte, oder zu versuchen, die Geschichte im Lauf ihres Entstehens zu erleben, die Geschichte zu beobachten, wie wir sie schaffen und wie sie uns prägt. Ich entschied mich für die zweite Option, weil das damals, Mitte des 20. Jahrhunderts, ein außergewöhnlicher Moment war, eine Ausnahmesituation: wir erlebten die Geburt der Dritten Welt …

Ein Gespräch mit Gerard Rasch. Er übersetzt meine aus einzelnen Notizen, Aufzeichnungen und Tagebuchblättern bestehenden Lapidaria ins Niederländische. Er fragt, ob ich damit einverstanden sei, daß er eine Auswahl trifft. Ich sage ihm, so ein Verfahren sei riskant, weil das Buch keine Sammlung der besten Fragmente darstellen solle, sonst würde es wie ein Kuchen, der ausschließlich aus Rosinen besteht – also ungenießbar, unverdaulich oder, in unserem Fall, unlesbar. Meiner Ansicht nach verurteilt jemand, der eine Auswahl aus den Aufzeichnungen von Novalis, Leopardi, Canetti oder Cioran trifft, deren Bücher zum Scheitern. Nach ein paar Seiten kann man das nicht mehr lesen.

Eine zu große Anhäufung von Kostbarkeiten, Konzentration der Sprache, Verdichtung von Bildern. Die allzu essentielle Prosa wirkt langweilig und ermüdend. Niemand ist geistig imstande, ständig auf dem Gipfel zu stehen. Jede gute Prosa braucht schwächere Momente, benötigt sogar etwas Kitsch, damit man eine Weile entspannen, ausruhen, die Aufmerksamkeit nachlassen, über ebenes, sanftes Terrain gehen kann.

Prosa ist ein Dahinwellen von Spannung und Entspannung, von dichten und dann wieder leeren Orten, von Episoden unterschiedlichen Wertes und unterschiedlicher Temperatur. Die Prosa bewegt sich wurmförmig dahin, und wenn wir diesem Rhythmus seine Natürlichkeit nehmen, bekommen wir ein künstliches, steriles, taubes Produkt.

Das kam mir in den Sinn, als ich eine Auswahl der Prosaschriften von Leopold Buczkowski zu erstellen versuchte, in der man, wenn man sie im Ganzen liest, herrlich schimmernde poetische Fragmente findet. Doch wenn man eine Auswahl dieser Fragmente trifft, wenn man sie aus dem Erzählfluß herausreißt, verlieren sie plötzlich ihre Bedeutung; ihre Kraft, ihr Glanz verlischt. Denn es war der Kontext, die Umgebung, die ihnen ihre Kraft und Schönheit verlieh, sie besser hervortreten ließ, ihnen als nötiger Hintergrund diente, vor dem sie glänzen und bedeutsam erscheinen konnten.

Wieder ein Tag Leben

Bevor die Stadt zugemacht und zum Tode verurteilt wurde, begaben sich verschiedene Dinge. Wie ein Kranker, der in letzter Agonie plötzlich auflebt und für kurze Zeit wieder zu Kräften kommt, gewann Ende September auch in Luanda das Leben neues Tempo und Schwung. Die Gehsteige waren gerammelt voll, auf den Fahrbahnen stauten sich die Autos. Die Menschen hasteten aufgeregt durcheinander, jeder hatte es eilig, hatte tausend Dinge zu erledigen. Um nur möglichst rasch wegzukommen von hier, sich rechtzeitig abzusetzen, ehe die erste Welle der verpesteten Luft in die Stadt strömte.

Sie wollten Angola nicht mehr.

Sie hatten genug von diesem Land, das ihr gelobtes Land sein sollte und ihnen nur Enttäuschung und Erniedrigung gebracht hatte. Sie verließen ihr afrikanisches Heim mit einem Gemisch aus Verzweiflung und Wut, Trauer und Ratlosigkeit, mit dem Gefühl, für immer von hier wegzufahren. Sie wollten nur noch ihre Haut retten und ihr Hab und Gut in Sicherheit bringen.

Alle waren damit beschäftigt, Kisten zu zimmern. Berge von Brettern und Platten wurden herbeigeschafft. Die Preise für Hämmer und Nägel kletterten in die Höhe. Kisten waren das wichtigste Gesprächsthema – wie man sie zimmert, wie man sie am stabilsten macht. Es tauchten selbsternannte Fachleute auf – Kistenschreiner, stümperhafte Architekten des Kistenbaus, und auch Kistenbaustile, -schulen und -richtungen. In den Mauern Luandas, das aus Beton und Ziegeln errichtet war, entstand eine neue, hölzerne Stadt. Die Straßen, durch die ich nun ging, sahen aus wie ein einziger riesiger Bauplatz. Ich stolperte über herumliegende Bretter, ein aus einem Balken ragender Nagel zerriß mir das Hemd. Manche Kisten waren so groß wie Sommerhäuser, denn es entwickelte sich plötzlich eine Kistenskala des Prestiges – je reicher einer war, um so größer die Kiste, die er zimmerte. Eindrucksvoll waren die Kisten der Millionäre – mit Balken verstärkt und im Inneren mit Segeltuch ausgeschlagen, besaßen sie solide, elegante Wände aus den teuersten Tropenhölzern mit präzis geschnittenen, glattpolierten Maserungen wie bei antiken Möbeln. In diese Kisten wurden ganze Salons und Schlafzimmer gepackt, Kanapees, Tische und Schränke, Küchen und Kühlschränke, Kommoden und Fauteuils, Bilder, Teppiche, Kronleuchter, Service, Bettzeug und Decken, Kleider aller Art, Wandbehänge, Puffe und Vasen, sogar künstliche Blumen (auch das habe ich gesehen) und überhaupt der ganze monströse, unerschöpfliche Kram, mit dem das Haus jedes Kleinbürgers angefüllt ist, also Nippes, Muscheln, Glaskugeln, Flakons, ausgestopfte Echsen, die metallene Miniatur des Mailänder Doms, ein Mitbringsel von einem Italienurlaub, Briefe! Briefe und Fotografien, das Hochzeitsbild im vergoldeten Rahmen – Das lassen wir vielleicht besser da, sagt der Hausherr. Na hör mal, daß du dich gar nicht schämst! ruft die Gattin empört – alle Bilder der Kinder, hier, wie er sich zum ersten Mal aufsetzt, und da sagt er zum ersten Mal: Gib! Gib!, und dort ist er mit einem Schlecker zu sehen, und da mit der Oma, mit einem Wort alles, buchstäblich alles, auch die Weinkisten, den ganzen Nudelvorrat, den ich hamsterte, als die Schießereien begannen, das Angelzeug, die Häkelnadeln, mein Stopfgarn! mein Kugelstutzen, die bunten Bauklötze Tutunias, Vögelchen, Nüsse, der Staubsauger und der Nußknacker müssen auch noch hinein, da hilft nichts, alles muß Platz finden, so daß nur mehr der nackte Boden bleibt, nackte Wände, die Wohnung im Negligé, ein Wohnungsstriptease bis zum bitteren Ende, bei vorhanglosen Fenstern, und jetzt machen wir nur mehr die Tür zu und halten am Weg zum Flughafen kurz an, um den Wohnungsschlüssel ins Meer zu werfen.

Die Kisten der Armen sind um ein paar Klassen schlechter. Vor allem sind sie kleiner, oft geradezu winzig und unscheinbar. Sie hätten keine Chance, ein Gütesiegel zu bekommen, denn ihre Ausfertigung läßt zu wünschen übrig. Im Gegensatz zu den Reichen, die es sich leisten können, Tischlermeister mit der Aufgabe zu betrauen, müssen die Armen ihre Kisten selber zimmern. Als Material dienen ihnen Holzabfälle, dünne Brettchen, krumme Staffeln, gesprungene Platten, das Ausschußholz, das man in drittklassigen Läden zu kaufen bekommt. Viele dieser Kisten sind mit Blech von Olivenkanistern, alten Schildern und verrosteten Straßenreklamen beschlagen und erinnern an die elenden Slums der afrikanischen Viertel. Es lohnt nicht, hineinzuschauen, es lohnt nicht und wäre auch ungehörig.

Die Kisten der Reichen stehen an den Hauptstraßen der Innenstadt oder in schattigen Winkeln der Luxusviertel. Man kann sie betrachten und bewundern. Die Armenkisten hingegen verstecken sich in Hauseinfahrten, Höfen und Läden. Sie verstecken sich allerdings nur vorläufig, denn irgendwann wird man sie durch die ganze

Stadt zum Hafen schleppen müssen – und der Gedanke an diesen traurigen Anblick ist unangenehm.

Das viele Holz, das sich in Luanda türmt, läßt diese staubige Wüstenstadt, die kaum Grün und Bäume besitzt, mit einem Mal nach herrlichem, harzigem Wald duften. Als wäre dieser Wald plötzlich aus den Straßen, Plätzen und Rondeaus gewachsen. Abends öffne ich das Fenster und atme tief diesen Geruch ein, und dann rückt der Krieg in die Ferne, ich höre nicht mehr das Stöhnen Dona Esmeraldas, sehe nicht mehr den verlebten Playboy mit seinen zwei Pistolen vor mir und fühle mich als übernachtete ich in einem Forsthaus in einem polnischen Wald.

Der Bau der hölzernen Stadt, der Kistenstadt, dauert ein paar Wochen, von morgens bis abends. Alle werkeln, vom Regen durchnäßt, von der Sonne gebraten, sogar Millionäre packen mit an, wenn sie körperlich dazu imstande sind. Der Eifer der Erwachsenen teilt sich den Kindern mit. Auch sie beginnen Kisten für ihre Puppen und Spielsachen zu zimmern. Gepackt wird im Schutze der Nacht. Das ist besser so, damit keiner die Nase in fremde Dinge stecken und mitzählen kann, wieviel man hinausschleppt und was, denn es ist bekannt, daß sich viele herumtreiben, die im Dienst der MPLA stehen und ihr gern alles hinterbringen.

Daher wird der Inhalt der steinernen Stadt in den Nächten, in tiefster Finsternis, ins Innere der hölzernen Stadt verbracht. Das kostet viel Mühe und Schweiß, viel Schleppen und Zerren, schmerzende Arme vom Pressen der Bündel, wunde Knie vom Zudrücken der Koffer, denn alles muß Platz finden, und die steinerne Stadt ist schließlich riesig, die hölzerne hingegen klein.

Etappenweise, von Nacht zu Nacht, verlor die steinerne Stadt gegenüber der hölzernen an Wert. Langsam veränderte sich auch das Denken der Menschen. Die Menschen dachten nicht mehr in Kategorien von Haus und Wohnung, sondern sprachen bloß noch über Kisten. Statt zu sagen: Ich muß jetzt gehen und nachschauen, ob bei mir zu Haus alles in Ordnung ist, sagten sie: Ich muß gehen und schauen, was meine Kiste macht. Das war in diesen Tagen das einzige, was die Leute interessierte und sorgte. In dem Luanda, das zurückblieb, sahen sie nur mehr eine starre, fremde Attrappe, eine Kulisse, leer, wie nach dem Ende der Vorstellung.

So eine Stadt habe ich nirgends sonst auf der Welt gesehen und werde ich vielleicht auch nie mehr zu sehen bekommen. Sie existierte einen Monat lang und begann sich dann plötzlich aufzulösen. Oder besser – Viertel um Viertel wurde auf Lastwagen zum Hafen geschafft. Nun lag sie am Ufer, nachts von den Hafenlaternen und den Lichtern der anliegenden Schiffe beleuchtet. Tagsüber gingen Menschen durch ihre verwinkelten Gassen und malten auf Tafeln ihre Namen und Adressen, wie man das überall auf der Welt tut, wenn man sich ein Heim errichtet. Man könnte fast meinen, es handle sich um eine ganz gewöhnliche hölzerne Stadt, außer daß diese von ihren Bewohnern, die aus unbekannten Gründen in größter Eile abreisen mußten, versperrt worden war.

Doch später, als es in der steinernen Stadt schon sehr schlecht ging und wir, eine Handvoll Zurückgebliebener, wie Verurteilte auf das Ende warteten, segelte die hölzerne Stadt über den Ozean davon. Sie wurde von der großen Flotte aufgenommen und verschwand nach ein paar Stunden hinter dem Horizont. Das geschah plötzlich, als wäre eine Piratenflotte in den Hafen eingedrungen, hätte einen wertvollen Schatz geraubt und sich damit übers Meer davongemacht ...

In diesen Tagen brachte jemand die Nachricht ins Hotel, alle Polizisten hätten die Stadt verlassen!

Luanda hatte nun, als einzige Stadt in der ganzen Welt, keine Polizei mehr. Jeder, der sich in einer solchen Situation befindet, lernt eine seltsame Empfindung kennen. Einerseits fühlt er sich erleichtert und frei, andererseits – verspürt er eine gewisse Unruhe. Die restlichen Weißen, die zurückgeblieben waren, nahmen diese Nachricht mit Sorge auf. Das Gerücht ging um, die schwarzen Viertel würden die steinerne Stadt stürmen. Alle wußten, unter welch elenden Bedingungen die Schwarzen hausten, in den schrecklichsten Slums, die man in ganz Afrika antreffen konnte, in Lehmhütten, die die Luanda umgebende Wüste wie Halden billigen, zerschlagenen Geschirrs bedeckten. Und hier die steinerne, komfortable Stadt, aus Glas und Beton, menschenleer und niemandem gehörend. Wenn sie wenigstens ruhig kämen, ordentlich, familienweise, und besetzten, was verlassen und leer stand. Doch nach Meinung der verängstigten Portugiesen, die sich für Kenner der Mentalität der Eingeborenen hielten, würden die Schwarzen besessen von Zerstörungswut und Haß eindringen, trunken, berauscht von geheimnisvollen Kräutern, nach Blut und Rache dürstend. Keiner würde diese Invasion aufhalten können. Erschöpft, die Nerven zerrüttet, wehrlos, eingekreist, malen sich die Menschen in Gesprächen die schrecklichsten Visionen aus. Alle werden sterben, noch dazu auf die schlimmste Art und Weise – in den Straßen zerstückelt, mit Macheten auf den Schwellen der Häuser niedergemacht. Die Besonneneren schlagen verschiedene Formen der Selbstverteidigung vor. Die einen – man solle alle Lichter löschen und in der verdunkelten Stadt wachen, andere – im Gegenteil, man solle sogar in den verlassenen Häusern alle Lichter entzünden, denn die Schwarzen ließen sich nur durch die Menge, die Übermacht abschrecken. Wie üblich kann sich keiner der Vorschläge durchsetzen, und nachts schaut die Stadt aus wie ein löchriger Vorhang: Hier schimmert ein Stück einer beleuchteten Szenerie, rundherum Finsternis, dann wieder ein erleuchtetes Fragment, und der Rest verhüllt. Dona Cartagina, die eher aus Gewohnheit denn Notwendigkeit die verlassenen Zimmer in meinem Stockwerk (in dem ich jetzt allein wohne) putzt, hält immer wieder in der Arbeit inne und horcht, ob aus den afrikanischen Vierteln schon der bedrohliche Lärm der Menge, Ankündigung unseres Endes, zu hören ist. Sie erstarrt wie die Frauen auf dem Lande, wenn sie lauschen, ob es schon donnert. Dann bekreuzigt sie sich und macht weiter sauber.

Alle Feuerwehrleute sind abgefahren!

Nun ist keiner mehr da, der die Stadt vor einer Feuersbrunst schützen könnte. Zuerst wollten die Menschen nicht glauben, daß die Feuerwehrleute ihre Posten verlassen hatten, doch sie konnten sich selbst davon überzeugen, wenn sie die zentrale Feuerwache an der Uferstraße aufsuchten. Die Tore der Remise standen sperrangelweit offen. Drinnen waren die riesigen rotgoldenen Wagen, Leitern und Pumpen zu sehen. Auf den Regalen die Feuerwehrhelme. Keine lebende Seele. Natürlich wird die FNLA davon erfahren, und dann genügt es, daß sie morgen statt der Flugblätter eine einzige Bombe abwirft. Ganz Luanda wird brennen wie eine Fackel. Es hat lange nicht mehr geregnet, die Stadt ist von der Sonne ausgeglüht und trocken wie Zunder. Wenn nur kein Streit ausbricht oder ein Betrunkener ein Feuer verursacht. Später nahmen die Soldaten einen der Feuerwehrwagen in Betrieb und brachten damit Wasser an die Front. Weil er aber schon von weitem zu sehen war, wurde er bald getroffen, landete im Graben, und dort blieb er liegen.

Alle Müllmänner sind abgefahren!

Anfangs hat das keiner weiter beachtet. Die Stadt war so schmutzig und verwahrlost, daß die Menschen längst der Meinung waren, die Müllmänner seien nach Europa geflohen. Doch es stellte sich heraus, daß sie erst gestern weggefahren waren. Und plötzlich begann sich, keiner wußte, warum, der Müll zu vermehren. Es waren doch nur eine Handvoll Einwohner zurückgeblieben, die noch dazu apathisch und reglos herumsaßen, so daß man ihnen nicht zutraute, solche Mengen von Müll zu erzeugen. Und doch türmten sich allmählich ganze Müllberge in den Straßen der verlassenen Stadt. Sie tauchten auf den Gehsteigen auf, auf Fahrbahnen und Plätzen. In den Einfahrten der Mietshäuser und auf den ausgestorbenen Märkten. Durch einige Straßen konnte man sich nur mehr mit Mühe und großem Ekel seinen Weg bahnen. Die Intensität der Sonne und die Feuchtigkeit beschleunigten und verstärkten den Prozeß der Fäulnis und Fermentation. Die ganze Stadt fing an zu stinken, und wer von der Straße ins Hotel trat, stank selbst für lange Zeit, und die anderen sprachen mit ihm nur aus größerer Entfernung. Überhaupt rückten die Menschen voneinander ab, obwohl es in unserer Lage eigentlich hätte umgekehrt sein sollen. Dona Cartagina schloß alle Fenster, denn die faulige Luft, die von draußen hereindrang, benahm den Atem. Die Katzen gingen ein. Offenbar hatten sie sich, kollektiv, mit Aas vergiftet, denn eines Morgens lagen überall tote Katzen. Nach zwei Tagen schwollen sie an und wurden feist wie Ferkel. Schwarze Fliegen umschwirrten sie. Es stank unerträglich, und ich ging schweißüberströmt, ein Taschentuch vor die Nase gepreßt, durch die Stadt. Dona Cartagina sprach Gebete gegen eine Epidemie. Es gab keine Ärzte, Spitäler und Apotheken waren geschlossen. Die Abfallhaufen wuchsen und vermehrten sich wie ein monströser, ekelerregender Kuchen, der von giftigem, tödlichem Germ nach allen Seiten aufgetrieben wird.

Als schließlich alle Bäcker, Monteure, Briefträger und Hausmeister abfuhren, verlor die steinerne Stadt ihre Existenzberechtigung, ihren Sinn. Sie war wie ein dürres Skelett, das der Wind poliert, wie ein toter Knochen, der aus dem Boden zur Sonne ragt …

Die Gefangenen und ihre Wächter unterhielten sich angeregt: Sie stritten über den Ausgang des gestrigen Matches. Am gestrigen Sonntag besiegte Benfica im Stadion von Luanda Ferroviario 2:1. Die Mannschaft von Ferroviario, die zwei Jahre lang keine Niederlage einstecken mußte, verließ, von den eigenen Anhängern ausgepfiffen, den Platz. Die Mannschaft verlor, weil ihr Mittelstürmer, Schützenkönig Chico Gordo, den Klub wechselte und jetzt in Portugal spielt, bei Sporting de Braga.

Sie hätten gewinnen können.

Das hätten sie nicht.

Wer ist schon Chico Gordo! Norberto ist auch nicht schlechter, und trotzdem haben sie verloren!

Norberto?! Norberto kann ihm nicht das Wasser reichen.

Die Burschen diskutieren, streiten, geteilt in zwei Lager, fahren einander an die Gurgel. Nur daß die Trennlinie nicht entlang der Betonmauer verläuft. Ferroviario hat Anhänger unter den Gefangenen und unter den Wächtern. Auch im anderen Lager, unter den Anhängern Benficas, die jetzt ihren herrlichen Sieg feiern, gibt es Gefangene und Wächter.

Die Diskussion ist hitzig, voll jugendlichen Überschwangs, wie man sie unter Burschen auf der ganzen Welt beobachten kann, wenn sie nach einem großen Match das Stadion verlassen. In einer solchen Diskussion vergessen sie alles.

Und es ist gut, daß man alles vergessen kann.

Daß man diese Schlacht vergessen kann, in der jede Partei, diesseits und jenseits der Betonmauer, Verluste erlitt. Die Razzien, die die Soldaten Mobutus durchführen. Und die Tatsache, daß wir für den Krieg heranwachsen müssen, damit es immer weniger blinde Knallerei und immer mehr Tote gibt …

Man kann auch noch ins Kino gehen! Ja, denn es gibt noch ein Kino, zwar nur dieses eine, doch das in Cinemascope, im Freien und obendrein gratis. Dieses Kino liegt im nördlichen Teil der Stadt, nahe der Front. Der Besitzer ist nach Lissabon geflohen, doch der Vorführer ist geblieben und mit ihm auch eine Kopie des berühmten Pornofilms Emmanuelle. Diese Kopie zeigt der Vorführer ohne

Unterlaß, wieder und wieder, gratis, Eintritt für alle frei, Kinderscharen stürmen hinein, Soldaten auf Fronturlaub, stets sind alle Plätze besetzt, es gibt ein Drängen, Lärmen, unbeschreibliches Grölen. Um die Wirkung zu erhöhen, stoppt der Vorführer den Film bei den pikantesten Szenen. Ein nacktes Mädchen – stop. Er nimmt sie im Auto – stop. Er nimmt sie am Fluß – stop. Der Alte nimmt sie – stop. Der Boxer nimmt sie – stop. Wenn er sie in einer komischen Stellung nimmt – Lachen und Applaus. Wenn er sie in einer ausgesucht raffinierten Stellung nimmt – verstummen die Zuschauer und analysieren das Geschehen. Es herrschen Fröhlichkeit und Geschnatter, so daß man kaum das dumpfe Echo des Artilleriefeuers der nahen Front vernimmt. Und natürlich kann keine Rede davon sein – doch das hat nichts mehr mit Emmanuelle zu tun, sondern nur mehr mit der großen Entfernung –, daß man das Dröhnen der Motoren der gepanzerten Kolonne hören könnte, die auf der Straße vordringt …

Die Menschen dort draußen haben keine Ahnung, daß hier alles von zwei Menschen abhängt.

Einer davon ist Ruiz, ein sympathischer, flinker Portugiese, Pilot einer alten, zweimotorigen DC-3, des einzigen Flugzeugs, über das die MPLA in Luanda verfügt. Die Maschine ist Baujahr 1943 und besitzt zwei Motoren, die Wolken von Ruß ausspeien, geflickte Tragflächen, abgefahrene Reifen und einen durchlöcherten Rumpf. Nur Ruiz weiß, wie man die Türen schließt (und auch er hat damit Probleme). Mit dieser Maschine fliegt er Tag und Nacht, eigentlich ist er ständig in der Luft. Ruiz fliegt nach

Brazzaville, um Munition zu holen, dann zu den belagerten Städten am äußersten Rande Angolas, um dort Munitionskisten und Mehlsäcke abzuladen und die Schwerverwundeten nach Luanda zu bringen. Wenn Ruiz nicht rechtzeitig kommt, müssen die Städte sich ergeben und die Verwundeten sterben. Man könnte sagen, daß das Schicksal dieses Krieges auf seinen Schultern liegt. Ruiz fliegt nach dem Gedächtnis über Angola, denn die Flughäfen sind nicht besetzt, ich weiß nicht einmal, ob sein Funkgerät überhaupt funktioniert. Oft weiß er selber nicht, in wessen Händen sich der Flughafen, auf dem er landen soll, gerade befindet. Gestern war er noch in unseren Händen, aber heute kann er schon dem Gegner gehören. Daher fliegt er zuerst über den Flughafen, ohne zu landen. Manchmal erkennt er Freunde an ihrer Gestalt, dann geht er herunter und setzt ruhig auf. Manchmal jedoch wird seine Maschine beschossen, dann kehrt er um und bringt die schlechte Nachricht nach Luanda. In diesem Land ohne Verbindungen und Kommunikation weiß Ruiz am besten, welche Stadt in welchen Händen ist. Er startet beim Morgengrauen, absolviert täglich ein paar Flüge und kehrt erst nach Mitternacht zurück. Sein Flugzeug wird von hungrigen Soldaten in Luso genauso erwartet wie von der belagerten Garnison in Novo Redondo oder den von der Welt abgeschnittenen Verteidigern Quibalas. Jetzt wird Ruiz von Luanda gebraucht, das sich ohne Munitionslieferungen nicht mehr halten kann. Am ehesten findet man ihn frühmorgens auf dem leeren Flughafen, wenn er die Motoren kontrolliert. Ein Motorschaden könnte die Maschine lahmlegen und den Verlauf des ganzen Krieges ändern. Ersatzteile gibt es keine. Auch keine Mechaniker. Im übrigen wird die Maschine ständig eingesetzt. Im nächsten Moment verschwindet Ruiz in der Pilotenkabine. Der Propeller beginnt sich zu drehen, das Flugzeug verschwindet in dichten, undurchdringlichen Wolken schwarzen Rauchs, und dann rollt der Haufen Alteisen unter Dröhnen, Bellen und Knurren zum Start.

Der zweite Mensch, von dem alles abhängt, ist Alberto Ribeiro, ein kleiner, bulliger, dreißigjähriger Ingenieur. Die nördliche Front verläuft bei Luanda am Fluß Bengo entlang. An diesem Fluß steht eine Pumpstation, die das Wasser für Luanda liefert. Wenn die Station nicht arbeitet, gibt es in Luanda kein Wasser. Das weiß der Gegner und bombardiert die Stelle, wo die Pumpen stehen, ohne Unterlaß. Manchmal trifft er, und die Station arbeitet nicht mehr. Luanda kann ohne Wasser fünf Tage durchhalten, dann brechen Seuchen aus. Der einzige, der die Pumpen reparieren kann, ist Alberto. Ihm verdankt es die Stadt, daß sie von Zeit zu Zeit Wasser hat, existieren und sich verteidigen kann. Wenn Alberto auf dem Weg zur Pumpstation bei einem Autounfall sein Leben verlöre oder in der Station getroffen würde, müßte sich Luanda in wenigen Tagen ergeben.

Aus den Notizbüchern

Reisen, Lesen und Reflexion – das sind die drei Quellen, aus denen ich beim Schreiben schöpfe, sie liefern mir den Stoff. Darüber hinaus helfen mir noch sporadische Ausflüge in die Poesie und Fotografie.

Die erste Quelle ist also die Reise als Entdeckung, als Exploration, als Anstrengung des Wissenschaftlers. Reisen als Suche der Wahrheit, nicht nach Entspannung. Ich möchte mich der Wirklichkeit, der ich begegne, annähern. Sie sehen, erkennen, begreifen. Das verlangt ständige Konzentration und gleichzeitig ein ständiges Sich-Öffnen, um möglichst viel aufnehmen, erleben, erinnern zu können.

Die zweite Quelle ist eine umfangreiche und ständige Lektüre. Wenn man seinen Texten kubistische Qualität verleihen will, muß man seinen Blickpunkt um zusätzliche Lichter und Perspektiven erweitern. Daher verwende ich viele Zitate. Es geht mir darum, auch andere Stimmen ertönen, andere Urteile und Meinungen zu Wort kommen zu lassen. Das Studium der Literatur des jeweiligen Gegenstandes ist natürlich in vielerlei Hinsicht nützlich. Nicht zuletzt, weil der Mensch manchmal glaubt, er habe auf einer Reise eine Entdeckung gemacht. Bei der Lektüre stellt sich dann heraus, daß vor ihm schon jemand diese Idee hatte! Also versucht man eine andere Richtung einzuschlagen, um sich nicht zu wiederholen, keine Banalitäten hinzuschreiben.

Die dritte Quelle schließlich, die in Verbindung steht mit den beiden vorigen, ist meine Reflexion. Durch das Prisma meiner eigenen Erfahrung als Reisender und Leser versuche ich meinen Blickpunkt zu definieren, die sich aufdrängenden Reflexionen niederzulegen, die gesammelten Eindrücke zu überdenken, die Gedanken zu ordnen.

Ich betrachte mich als Erforscher des Anderen – anderer Kulturen, anderer Denkweisen, anderer Verhaltensweisen. Ich möchte die positiv verstandene Fremdheit kennenlernen, mit der ich in Berührung kommen will, um sie zu begreifen. Es geht darum, wie man die Wirklichkeit neu und adäquat beschreiben kann. Manchmal nennt man solches Schreiben nicht-fiktionales Schreiben. Ich würde es kreatives nicht-fiktionales Schreiben nennen, die persönliche Anwesenheit ist dafür wichtig. Manchmal fragt man mich, wer der Held meiner Bücher sei. Dann sage ich: Dieser Held bin ich, denn die Bücher handeln von einer Person, die herumreist, sich umschaut, liest, nachdenkt und über das alles schreibt …

Die Identifikation ist eine unverzichtbare Bedingung für meine Arbeit. Ich muß unter den Menschen leben, mit ihnen essen und hungern. Ich möchte zu einem Teil der Welt werden, die ich beschreibe, muß eintauchen in sie und jede andere Wirklichkeit vergessen. Wenn ich in

Afrika bin, schreibe ich keine Briefe und telefoniere nicht mit zu Hause. Die andere Welt verschwindet für mich. Sonst würde ich mich als Outsider fühlen. Ich brauche zumindest die momentane Illusion, daß die Welt, in der ich in diesem Augenblick lebe, die einzige ist. Manchmal geht das über Illusion hinaus. Manchmal war ich sicher, meine letzte Welt zu erleben, daß von hier nur mehr ein Weg in den Himmel führt.

Über das Sterben an der Front kann ich nicht schreiben, während ich in einem komfortablen Hotel sitze, weitab von der Front. Woher soll ich wissen, wie es sich lebt innerhalb des Belagerungsrings, unter welchen Bedingungen gekämpft wird, mit welchen Waffen, was die Soldaten tragen, was sie essen, was sie fühlen? Man muß die Würde anderer Menschen verstehen, sie akzeptieren und ihr Schicksal teilen. Es genügt nicht, nur sein Leben zu riskieren. Am wichtigsten ist die Achtung für die Menschen, über die man schreibt ...

Mögliche Haltungen in der Begegnung mit einer anderen, »niedrigeren« Kultur:
- die schulmeisterliche Haltung (belehrend, die anderen werden wie Kinder behandelt)
- die aristokratische (Unterstreichen der eigenen Überlegenheit, ein kühles, abschätziges Verhältnis gegenüber dem anderen)
- die ironisch-spöttische Haltung (der andere wird als Objekt der Satire, als Hanswurst, Dummkopf gesehen)
- die dominierend aggressive Haltung (gekennzeichnet von Aggressivität, Bösartigkeit, Wut)

- die resignierte Haltung (der andere wird so akzeptiert, wie er ist, jedoch in der Überzeugung, daß er wenig wert ist)
- die freundliche Haltung (etwas paternalistisch, aber herzlich)
- die partnerschaftliche Haltung (der andere wird als Ebenbürtiger angenommen) ...

Der Westen, als das Entscheidungszentrum der Menschheit, interessiert sich nur so lange für einen Teil der Welt, einen Kontinent, als er befürchtet, daß von dort irgend eine Gefahr ausgehen, ihn etwas bedrohen könnte. So war es in der zweiten Hälfte der vierziger Jahre mit Asien (die Revolution in China, die Unabhängigkeit Indiens und Pakistans, der Beginn des Indochinakrieges), in den sechziger Jahren in Afrika (der Algerienkrieg, die Revolte in Zaire, der Beginn des bewaffneten Kampfes in Angola), zugleich in Lateinamerika, als dort die verschiedenen Partisanenbewegungen aktiv waren. Wenn sich diese Entwicklung dann als ungefährlich herausstellt und die Angst schwindet, wird der Kontinent, der einst solche Besorgnis weckte, an den Rand des Interesses gedrängt und fällt der Vergessenheit anheim.

Afrikanisches Fieber

Ich bin ein Weißer. In Polen, in Europa, hatte ich nie darüber nachgedacht, das wäre mir nie in den Kopf gekommen. Hier, in Afrika, wurde das zur wichtigsten Determinante, und für einfache Menschen – zur einzigen. Ein Weißer. Ein Weißer, das heißt ein Kolonialist, Eroberer, Okkupant. Ich habe Afrika unterjocht, habe Tanganjika unterjocht, habe dem, der jetzt vor mir steht, nach dem Leben getrachtet, habe seine Vorfahren über die Klinge springen lassen. Ich habe ihn zum Waisen gemacht. Noch dazu zu einem unterdrückten, hilflosen Waisen. Ständig hungrig und krank. Ja, wenn er mich ansieht, muß er sich denken: Ein Weißer, derjenige, der mir alles genommen hat, der meinen Großvater mit dem Knüppel auf den Rücken geschlagen, meine Mutter vergewaltigt hat. Jetzt hast du ihn vor dir, schau ihn dir genau an!

Ich konnte für mich, mit meinem eigenen Gewissen, dieses Problem der Schuld nicht lösen. In ihren Augen war ich als Weißer schuldig. Sklaverei, Kolonialismus, fünfhundert Jahre Unrecht – das war schließlich alles das üble Werk der Weißen. Der Weißen? Also auch mein Werk. Meines? Ich war nicht imstande, in mir dieses reinigende, befreiende Gefühl wachzurufen: mich schuldig zu fühlen. Reue zu zeigen. Mich zu entschuldigen. Im Gegenteil! Von Anfang an versuchte ich zum Gegenangriff überzugehen: Ihr habt unter dem Kolonialismus gelitten? Wir Polen auch! Hundertdreißig Jahre lang waren wir eine Kolonie von drei fremden Mächten. Im übrigen ebenfalls von Weißen, so wie ihr. Sie lachten, tippten sich an die Stirn und gingen ihres Weges. Ich hatte sie wütend gemacht, weil sie den Verdacht hegten, ich wollte sie betrügen. Ich wußte, daß ich trotz meines inneren Wissens um meine Unschuld für sie schuldig war. Diese bloßfüßigen, hungrigen und analphabetischen Jungen genossen mir gegenüber einen ethischen Vorteil, den die Geschichte ihren Opfern verleiht. Sie, die Schwarzen, hatten keinen unterjocht, keinen okkupiert, keinen in Sklaverei gehalten. Sie konnten mich mit einem Gefühl der Überlegenheit mustern. Sie waren schwarz, aber rein. Ich stand schwach vor ihnen, hatte dem nichts entgegenzusetzen.

Überall fühlte ich mich elend. Die weiße Hautfarbe ist zwar privilegiert, gleichzeitig hielt sie mich jedoch im Käfig der Apartheid gefangen. In diesem Fall zwar in einem goldenen Käfig, aber immer noch einem Käfig – der Oyster Bay. Ein herrliches Viertel. Schön, voller Blumen und – langweilig. Selbstverständlich konnte man hier unter Kokospalmen wandeln, die üppigen Bougainvilleen bewundern, die eleganten, delikaten Thunbergien, die von dichten Wasserpflanzen überwucherten Felsen. Aber was sonst noch? Was außerdem? …

Ich wußte, daß es schlecht um mich stand, doch ich machte für alles die Malaria verantwortlich. Und ich wünschte mir sehnlichst, daß der Arzt meine Diagnose bestätigte. Als wir die Abteilung verließen, in der sich der Röntgenapparat befand – Doyle hatte mich selber durchleuchtet –, legte er mir den Arm um die Schulter und führte mich auf einen sanften Hügel mit hohen Palmen. Hier war es angenehm, denn die Palmen spendeten Schatten und vom Ozean her wehte eine leichte Brise.

»Ja«, sagte Doyle schließlich und drückte leicht meine Schulter, »es ist eindeutig Tuberkulose.«

Und er verstummte.

Meine Beine gaben unter mir nach und wurden auf einmal so schwer, daß ich sie nicht mehr heben konnte. Wir blieben stehen.

»Wir stecken dich ins Spital«, sagte er.

»Ich kann nicht ins Spital gehen«, erwiderte ich. »Ich habe kein Geld.« (Ein einmonatiger Aufenthalt im Spital kostete mehr als mein vierteljährliches Gehalt betrug.)

»Dann mußt du in dein Land zurückkehren«, sagte er.

»Ich kann nicht in die Heimat zurückkehren«, erwiderte ich. Ich spürte, wie das Fieber an mir zehrte, ich war durstig und fühlte mich schwach.

Ich entschloß mich auf der Stelle, ihm alles zu sagen. Dieser Mensch hatte von Anfang an mein Vertrauen geweckt, und ich war überzeugt, daß er mich verstehen würde. Ich sagte, dieser Aufenthalt in Afrika stelle für mich eine einmalige Chance dar. So etwas habe es in meinem Land noch nie gegeben: Wir hätten noch nie einen ständigen Korrespondenten in Schwarzafrika gehabt. Das sei nur den unermüdlichen Bemühungen meiner Redaktion zu verdanken, doch diese sei arm, in unserem Land werde jeder Dollar mit Gold aufgewogen. Wenn ich die Leute in Warschau von meiner Krankheit benachrichtigte, sähen sich die außerstande, für meinen Spitalaufenthalt aufzukommen, weshalb sie mich auffordern würden, nach Hause zu kommen, und ich könnte nie mehr hierher zurückkehren. Damit hätte sich der Traum meines Lebens, nämlich in Afrika zu arbeiten, ein für allemal zerschlagen.

Der Arzt hörte sich das alles schweigend an. Wir spazierten immer noch unter den Palmen, zwischen Büschen und Blumen, in der ganzen Schönheit der Tropen, die mir aber jetzt wie eine von meiner Niederlage und Verzweiflung vergiftete Schönheit erschien.

Das Schweigen dauerte lange. Doyle wälzte einen Gedanken hin und her, bis er schließlich sagte:

»Eigentlich gibt es nur einen Ausweg. Du fährst am Morgen in die städtische Klinik. Dort werden die armen Afrikaner behandelt, weil die Behandlung kostenlos ist. Die Bedingungen dort sind leider ziemlich betrüblich. Ich selber komme nur selten hin, weil ich der einzige Lungenspezialist in diesem ganzen riesigen Land bin, in dem die Tuberkulose eine weit verbreitete Krankheit ist. Dein Fall ist ziemlich typisch: Eine starke Malaria schwächt den Organismus dermaßen, daß der Mensch dann leicht eine andere Krankheit einfängt, häufig ist das gerade Tuberkulose. Ab morgen setze ich dich auf die Liste der Patienten der Klinik. Ich stelle dich dem Personal vor. Du mußt jeden Tag hingehen, um eine Injektion zu bekommen. Wir wollen es versuchen, wir werden ja sehen.«

Doktor Doyles Personal bestand aus zwei Personen, die in Wahrheit alles machten: Sie räumten auf, gaben Injektionen, vor allem aber lenkten sie den Strom der Kranken, die einen ließen sie ein, die anderen jagten sie, aus unerfindlichen Gründen, noch an der Schwelle der Baracke davon (ein Verdacht von Korruption war auszuschließen, weil hier keiner Geld besaß).

Der Ältere und Dicke hieß Edu, der Jüngere, Kleinere und Muskulöse – Abdullahi. In vielen afrikanischen Gesellschaften gibt man einem Kind einen Namen in Verbindung mit irgendeinem Ereignis, das am Tag seiner Geburt geschah. Edu war die Abkürzung für *education*, weil an dem Tag, da Edu geboren wurde, in seinem Dorf die erste Schule eröffnet worden war.

Daher war dort, wo sich Christentum oder Islam noch nicht endgültig durchgesetzt haben, die Vielfalt an Namen unermeßlich. Darin kam die Poesie der Erwachsenen zum Ausdruck, die ihren Kindern Namen verliehen wie etwa Frischer Morgen (wenn es im Morgengrauen geboren wurde), oder Akazienschatten (wenn es unter einer Akazie zur Welt kam). In Gesellschaften, die keine Schrift kennen, werden mit Hilfe von Namen bedeutende Ereignisse aus der früheren oder aktuellen Geschichte aufgezeichnet. Wenn das Kind zur selben Zeit geboren wurde, als Tanganjika die Unabhängigkeit erlangte, wurde es Unabhängigkeit genannt (in Kiswahili: Uhuru). Wenn die Eltern begeisterte Anhänger von Nyerere waren, konnten sie das Kind Nyerere nennen.

Auf diese Weise war seit Jahrhunderten eine nicht geschriebene, sondern gesprochene Geschichte entstanden, mit einem besonders starken, weil sehr persönlichen Grad der Identifizierung: Die Identifizierung mit meiner eigenen Gesellschaft bringe ich dadurch zum Ausdruck, daß der Name, den ich trage, den Ruhm von jemandem verkündet, der im Gedächtnis meines Volkes bewahrt wird.

Die Einführung des Christentums und des Islams reduzierte diese blühende Welt der Poesie und Geschichte auf ein paar Dutzend Namen aus Bibel und Koran. Seither gibt es nur mehr Namen wie James und Patrick oder Ahmed und Ibrahim.

Edu und Abdullahi waren wirklich wunderbare Menschen. Wir schlossen rasch Freundschaft. Ich bemühte mich, den Eindruck zu erwecken, daß mein Leben in ihren Händen lag (was ja auch tatsächlich der Fall war), und sie nahmen sich das sehr zu Herzen. Sie ließen alles liegen und stehen, wenn ich Hilfe brauchte. Ich kam jeden Tag um vier Uhr nachmittags zu ihnen, wenn die mittägliche Hitze nachließ, die Klinik schon geschlossen war und die beiden die alten Holzböden fegten, wobei sie unglaubliche Staubfahnen hochwirbelten. Alles weitere erfolgte genau so, wie Doktor Doyle es angeordnet hatte. In einem Glasschrank in seinem Zimmer stand eine riesige Blechdose (eine Spende des Dänischen Roten Kreuzes), in der sich graue, große Tabletten eines Medikaments namens PAS befanden. Von denen nahm ich 24 täglich. Während ich sie in meine Tasche abzählte, holte Edu aus dem Kocher eine massive, metallene Spritze, setzte die Nadel auf und zog zwei Zentimeter Streptomyzin aus der Flasche. Dann machte er eine weit ausholende Bewegung, als wollte er einen Speer werfen, und jagte mir die Nadel hinein. Ich machte jedesmal – das hatte sich im Verlauf der Zeit schon zum Ritual entwickelt – einen Luftsprung und quiekte laut, worauf Edu und Abduhalli, der das alles mit ansah, in brüllendes Gelächter ausbrachen.

Es gibt nichts, was die Menschen in Afrika so miteinander verbindet wie die Tatsache, daß sie gemeinsam über etwas lachen können, was wirklich umwerfend komisch ist, wie zum Beispiel ein Weißer, der wegen einer Lappalie wie einer Injektion einen Luftsprung vollführt. Daher teilte ich später auch diese Freude mit ihnen und hielt mir, obwohl ich mich vor Schmerzen krümmte, weil mir Edu die Nadel mit so entsetzlicher Wucht in den Körper rammte, gemeinsam mit ihnen vor Lachen die Seite.

In dieser verrückten, paranoiden Welt rassischer Ungleichheit, in der die Hautfarbe (oder auch nur deren Schattierungen) alles entscheidet, verschaffte mir meine Krankheit, obwohl ich sie körperlich so schlecht ertrug, unverhofft einen Vorteil: dadurch, daß sie mich so schwach und leidend machte, setzte sie meinen prestigeträchtigen Status als Weißer, der höher steht, herab und gab den Schwarzen die Chance, sich mir ebenbürtig zu fühlen. Nun konnten sie mit mir per du sein, denn ich war immer noch ein Weißer, aber ein reduzierter Weißer, ein Ausschußweißer, ein mit Fehlern behafteter Weißer. In meiner Beziehung zu Edu und Abdullahi kam jene Herzlichkeit zum Ausdruck, die nur unter Gleichen möglich ist. Sie wäre völlig undenkbar gewesen, wenn ich ihnen als starker, gesunder, herrischer Europäer gegenübergetreten wäre ...

MEINE KLEINE GASSE, 1967. Die Wohnung, die ich in Lagos gemietet habe, wird ständig ausgeraubt. Und das nicht nur dann, wenn ich für längere Zeit wegfahre – nach Tschad, Gabun oder Guinea – nein, auch wenn ich nur eine kurze Reise in eine nahe Stadt wie Abeokuta oder Oshogbo unternehme, weiß ich, daß bei meiner Rückkehr das Fenster aus dem Rahmen gerissen, die Möbel durcheinandergeworfen, die Schränke leergeplündert sein werden.

Die Wohnung liegt im Zentrum der Stadt, auf der Insel Lagos. Diese Insel war früher einmal ein Stützpunkt von Sklavenhändlern, und diese schändliche, düstere Provenienz der Stadt hat irgendwie ein Element der Unruhe und Gewalttätigkeit in ihrer Atmosphäre hinterlassen. Das macht sich immer wieder bemerkbar. Ich fahre zum Beispiel mit dem Taxi und unterhalte mich mit dem Fahrer, da verstummt dieser plötzlich und schaut sich nervös in der Straße um. »Was ist geschehen?« frage ich neugierig. »*Very bad place!*« antwortet er mit gedämpfter Stimme. Wir fahren weiter, er entspannt sich und redet wieder ganz ruhig. Da geht plötzlich am Straßenrand (in der Stadt gibt es keine Gehsteige) eine Gruppe Menschen, und bei ihrem Anblick verstummt der Fahrer von neuem, hält Umschau und beschleunigt den Wagen. »Was ist geschehen?« frage ich. »*Very bad people*«, sagt er, und erst nach ein paar Kilometern nimmt er die unterbrochene Unterhaltung wieder auf.

Im Kopf eines solchen Fahrers muß einer jener Stadtpläne eingeprägt sein, wie sie in Polizeikommissariaten an den Wänden hängen. Immer wieder leuchten darauf verschiedenfarbige Warnlichter auf, blinken und pulsieren, wodurch sie Orte der Gefahr, von Überfällen und Verbrechen, signalisieren. Auf dem Plan der Innenstadt, wo ich wohne, sind diese Warnlichter besonders häufig. Ich könnte zwar nach Ikoyi ziehen – das sichere und luxuriöse Viertel der nigerianischen Reichen, Europäer und Diplomaten, doch dieser Ort ist mir zu künstlich, zu exklusiv, in sich geschlossen und streng bewacht. Ich möchte in einer afrikanischen Stadt wohnen, in einer afrikanischen Straße, einem afrikanischen Haus. Wie kann ich sonst diese Stadt kennenlernen? Diesen Kontinent?

Doch es ist für einen Weißen nicht leicht, in einem afrikanischen Viertel zu wohnen. Zuerst äußern die Europäer ihren Unmut und protestieren. Wer so etwas vorhat, der muß ein Narr sein, der ist nicht ganz bei Trost. Sie versuchen ihn also davon abzuhalten, zu warnen: Du kommst dort ganz sicher ums Leben, nur die Form deines Todes steht noch nicht fest – entweder bringen sie dich um, oder du gehst von selber zugrunde, weil die Lebensbedingungen dort so entsetzlich sind.

Aber auch die afrikanische Seite betrachtet mein Vorhaben ohne Begeisterung. Erstens gibt es da technische Schwierigkeiten – wo soll ich wohnen? So ein Viertel ist arm und eng, die Häuser sind elend, Lehmhütten, Slumbehausungen, es ist stickig und gibt keinen Strom, überall Schmutz, Gestank und Ungeziefer. Wo soll man da einen Unterschlupf finden? Einen eigenen Winkel für sich? Man braucht nur die Schwierigkeiten mit dem Wasser zu nehmen. Das Wasser muß man vom anderen Ende der Straße holen, weil dort der Brunnen steht. Das besorgen Kinder. Seltener auch Frauen. Niemals Männer. Und da soll sich so ein weißer Herr zusammen mit den Kindern in der Schlange beim Brunnen anstellen? Ha! Ha! Ha! Das ist unmöglich! Oder, sagen wir, daß du dein Zimmer hast, in dem du dich einschließen möchtest, um zu arbeiten. Dich einschließen? So etwas ist völlig undenkbar. Wir alle leben gemeinsam – in der Familie, im Haufen, Kinder, Erwachsene, Alte –, wir trennen uns nie, sogar nach dem Tod bleiben unsere Geister unter den Lebenden, bei denen, die noch auf der Welt sind. Sich allein in einem Zimmer einzuschließen, so daß keiner hineingehen kann? Ha! Ha! Ha! Das ist unmöglich! »Und außerdem«, versuchen mir die Einheimischen sanft zu erklären, »ist es in unserem Viertel nicht sicher. Hier gibt es viele schlimme Menschen. Am gefährlichsten sind die *Boma boys*, Gangs wilder Straßenräuber, die Menschen überfallen, verprügeln und berauben, eine schreckliche Bande, die alles zerstört. Die bekommen sofort Wind davon, daß ein alleinstehender Europäer hierhergezogen ist. Und für die ist jeder Europäer steinreich. Wer wird dich dann in Schutz nehmen?«

Ich ließ mich jedoch nicht abbringen. Ich hörte auf keine Warnungen, war fest entschlossen. Vielleicht ein wenig auch deshalb, weil ich manchmal beim Anblick von Menschen zusammenzucke, die nach Afrika kommen, hier in »Klein-Europa« oder »Klein-Amerika« wohnen (das heißt in Luxushotels), wieder wegfahren und sich nachher brüsten, sie hätten in Afrika gelebt, das sie in Wahrheit nie gesehen haben.

Da ergab sich plötzlich eine Gelegenheit. Ich lernte den Italiener Emilio Madera kennen, der in einer kleinen Gasse unweit der Massey Street ein Magazin mit Landwirtschaftsgeräten besaß, das schon geschlossen war (die Weißen liquidierten langsam ihre Geschäfte), und daneben, oder eher darüber, eine Dienstwohnung mit zwei Zimmern, die leer stand, weil niemand hier wohnen wollte. Er war froh, daß ich bereit war, diese Dienstwohnung zu mieten. Er brachte mich an einem Abend mit dem Auto hin und half mir, die Sachen hinaufzutragen (man stieg über eine an der Außenwand des Gebäudes befestigte Eisentreppe in den ersten Stock). Im Inneren herrschte angenehme Kühle, weil Emilio schon am Morgen die Klimaanlage eingeschaltet hatte. Auch der Kühlschrank war in Betrieb. Der Italiener wünschte mir eine gute Nacht und verschwand eilig, weil er am nächsten Morgen nach Rom fliegen wollte – nach dem letzten Militärputsch befürchtete er neue Unruhen und wollte einen Teil seines Geldes außer Landes schaffen.

Ich begann auszupacken.

Nach einer Stunde ging das Licht aus.

Die Wohnung lag sofort in völliger Dunkelheit, und ich besaß keine Taschenlampe. Am schlimmsten war jedoch, daß auch die Klimaanlage aussetzte und es im selben Moment heiß und stickig wurde. Ich öffnete das Fenster. Von draußen drang Gestank ins Zimmer, eine Mischung von verfaulten Früchten, verbranntem Öl, Abwaschwasser und Urin. Obwohl das Meer nicht weit sein konnte, war in diesem engen Gäßchen kein Lufthauch zu spüren. Es war März, der Monat der schlimmsten Hitze, die Nacht schien noch schwüler und heißer zu sein als der Tag. Ich schaute aus dem Fenster. Unten in der Gasse lagen halbnackte Menschen auf geflochtenen Matten oder einfach auf dem Boden. Frauen und Kinder schliefen, ein paar Männer hockten an der Wand einer Lehmhütte und schauten zu mir herauf. Ich wußte nicht, was ihre Blicke zu bedeuten hatten. Wollten sie mich kennenlernen? Mir helfen? Mich umbringen?

Ich war überzeugt, daß ich es in der Hitze, die in der Wohnung herrschte, nicht bis zum Morgen aushalten würde, und ging hinunter. Zwei Männer erhoben sich, die anderen schauten mich nur unbewegt an. Wir alle waren in Schweiß gebadet, waren tödlich erschöpft, es ist allein schon eine entsetzliche Anstrengung, in diesem Klima zu existieren. Ich fragte sie, ob es öfter einen Stromausfall gebe. Sie wußten es nicht. Ich fragte, ob man das reparieren könne. Sie unterhielten sich in einer mir unverständlichen Sprache. Einer ging irgendwohin. Es vergingen Minuten, eine Viertelstunde. Schließlich kehrte er in Begleitung zweier junger Männer zurück. Die sagten, sie könnten den Strom für zehn Pfund reparieren. Ich war einverstanden. Wenig später war es in der Wohnung wieder hell, und auch die Klimaanlage arbeitete wieder. Nach ein paar Tagen – wieder ein Stromausfall, wieder zehn Pfund, dann fünfzehn und zwanzig.

Und die Diebstähle? Anfangs packte mich schon Wut, wenn ich die ausgeplünderte Wohnung betrat. Wenn man bestohlen wird, bedeutet das vor allem, daß man erniedrigt, betrogen wird. Doch hier überzeugte ich mich bald davon, daß es einen gewissen psychischen Luxus darstellt, einen Diebstahl bloß als Erniedrigung und Betrug anzusehen. Nachdem ich einige Zeit unter den Armen meines Viertels gewohnt hatte, begriff ich, daß ein Diebstahl, sogar ein geringfügiger Diebstahl, ein Todesurteil bedeuten kann. Ich sah in einem Diebstahl einen Totschlag, einen Mord. In der kleinen Gasse lebte in einem Winkel eine alleinstehende Frau, deren einziger Besitz ein Topf war. Sie verdiente ihren Lebensunterhalt damit, daß sie von den Gemüsehändlerinnen Bohnen auf Kredit kaufte, diese kochte, mit Soße zubereitete und an die Leute verkaufte. Für viele war eine Schüssel Bohnen die einzige Mahlzeit am Tag. Doch eines Nachts weckte uns ein durchdringender Schrei. Die ganze Gasse schreckte auf. Die Frau rannte verzweifelt und wie von Sinnen herum: Man hatte ihr den Topf gestohlen und damit hatte sie das einzige Hilfsmittel verloren, von dem sie lebte.

Viele Leute in der kleinen Gasse besitzen nur einen Gegenstand. Der eine besitzt ein Hemd, jener eine Panga, ein anderer – niemand weiß, woher – eine Keilhaue. Wer ein Hemd hat, kann sich als Nachtwächter verdingen (denn keiner will einen halbnackten Wächter anstellen), wer eine Panga hat, kann zum Schneiden von Unkraut angestellt werden, der mit der Keilhaue kann Gräben ausheben. Andere haben nur ihre Muskelkraft zu verkaufen. Die hoffen darauf, daß sie jemand als Träger oder Boten brauchen kann. Doch in allen Fällen sind die Aussichten auf Beschäftigung gering, denn die Konkurrenz ist riesig groß. Im übrigen sind das alles nur kurzzeitige Beschäftigungen – für einen Tag, für ein paar Stunden.

In meiner kleinen Gasse, in den Nebengassen und im ganzen Viertel wimmelt es daher von untätigen Menschen. Sie wachen am Morgen auf und gehen auf die Suche nach Wasser, um sich das Gesicht zu waschen. Dann kauft sich derjenige, der etwas Geld besitzt, ein Frühstück: ein Glas Tee und ein Stück trockenes Brot. Doch viele Menschen essen gar nichts. Schon vormittags ist die Hitze kaum zu ertragen – man muß daher einen Ort suchen, wo es Schatten gibt. Mit dem Vorrücken der Stunden zieht der Schatten hinter der Sonne her, und hinter dem Schatten wiederum der Mensch, dessen einzige Beschäftigung tagsüber darin besteht, hinter dem Schatten herzukriechen, in seinem dunklen, kühlen Inneren Schutz zu suchen. Der Hunger. Man möchte unbedingt etwas essen, doch es gibt nichts. Noch dazu zieht von der nahen Bar der Duft von gebratenem Fleisch herüber. Warum stürmen diese Menschen nicht die Bar, sie sind doch jung und kräftig?

Und wirklich, einer von ihnen hat es nicht länger ausgehalten. Denn plötzlich ist ein Schrei zu hören. Es ist eine Straßenhändlerin, die schreit, weil ihr ein Junge ein Büschel Bananen gestohlen hat. Die Bestohlene und ihre Nachbarinnen rennen ihm nach und holen ihn schließlich ein. Man weiß nicht, von wo die Polizei gekommen ist. Die Polizisten hier tragen große, hölzerne Knüppel, mit denen sie blindlings und brutal dreinschlagen. Der Junge liegt nun auf der Straße, eingerollt, zusammengekrümmt, und versucht sich vor den Schlägen zu schützen. Sofort entsteht ein Auflauf, was hier oft der Fall ist, weil die Masse der untätigen Menschen auf jedes Ereignis, jede Unruhe, jede Sensation lauert, nur damit sie eine Unterhaltung, etwas zum Gaffen, einen Zeitvertreib hat. Jetzt drängen die Menschen immer näher, als stellten das Klatschen der Knüppelschläge und das Stöhnen des Geprügelten einen echten Ohrenschmaus dar. Mit Rufen und Geschrei feuern sie die Polizisten an. Wenn man hier einen Dieb schnappt, möchte man den auf der Stelle zerfleischen, lynchen, in Stücke hauen. Der Junge wimmert von Zeit zu Zeit, die Bananen hat er schon losgelassen. Die Umstehenden stürzen sich auf die Bananen, reißen sie einander aus den Händen.

Dann kehrt alles wieder zur Normalität zurück. Die Händlerin jammert und klagt immer noch, die Polizisten marschieren ab, der verdroschene Junge schleppt sich in irgendein Versteck – schmerzgekrümmt und hungrig. Die Menschen gehen auseinander, alle kehren an ihren Platz an der Hauswand, unter ein Dach – in den Schatten zurück. Dort bleiben sie, bis der Abend hereinbricht. Nach einem heißen und hungrig verbrachten Tag ist man geschwächt und wie gelähmt. Doch eine gewisse Betäubung, eine innere Lähmung erweist sich sogar als Vorteil – sonst könnte der Mensch gar nicht überleben: Der biologische, tierische Teil seiner Natur würde alles zerstören, was es an ihm noch Menschliches gibt …

DAS HERZ DER KOBRA. Aus diesem Gefühl der Begeisterung und Ekstase führten uns die Realien und Geheimnisse unseres Weges rasch wieder auf den Boden der Tatsachen zurück. Die erste und wichtigste Frage lautete: Wohin sollen wir fahren? Denn kaum waren wir in der großen Ebene, als sich unser bisher breiter Weg plötzlich gabelte, in mehrere ganz identisch aussehende Feldwege auseinanderlief, die allerdings in völlig unterschiedliche Richtungen führten. Und nirgends ein Wegweiser, eine Aufschrift, ein Pfeil. Eine Ebene, glatt wie ein Tisch, bewachsen von hohem Gras, ohne Berge und Flüsse, ohne natürliche Orientierungspunkte und Zeichen, nur von diesem nicht enden wollenden, immer schwerer lesbaren, verwirrenderen, geheimnisvolleren Netz von Wegen überzogen.

Nicht einmal Kreuzungen gab es, nur alle paar Kilometer, und manchmal sogar alle paar hundert Meter, tauchten Sterne, Knäuel und Knoten auf, von denen gleich aussehende Abzweigungen chaotisch in die verschiedensten Richtungen liefen.

Ich fragte den Griechen, was wir machen sollten, doch er schaute sich nur unsicher um und wiederholte, statt einer Antwort, meine Frage. Lange Zeit fuhren wir einfach blind drauflos, immer den Weg wählend, der uns nach Westen zu führen schien (also zum Viktoriasee), doch kaum waren wir ein Paar Kilometer weit gefahren, als die von uns gewählte Abzweigung plötzlich, ohne ersichtlichen Grund, in eine ganz andere Richtung bog. Ich hatte völlig die Orientierung verloren und hielt den Wagen an, um zu überlegen, in welche Richtung wir uns wenden sollten – zu allem Überfluß besaßen wir weder eine genaue Karte noch zumindest einen Kompaß.

Wenig später tauchte noch eine weitere Schwierigkeit auf, denn es wurde Mittag, die Zeit der schlimmsten Hitze, in der die Welt in absoluter Reglosigkeit und Stille erstarrt. Um diese Zeit suchen die Tiere im Schatten der Bäume Zuflucht. Doch eine Büffelherde kann nirgends Zuflucht finden. Die Tiere sind zu groß, sind zu zahlreich. Eine einzige Herde kann tausend Stück umfassen. Eine solche Herde bleibt in den Stunden der größten Hitze einfach bewegungslos stehen, wie leblos. Und so bleibt sie zum Beispiel mitten auf dem Weg stehen, den wir entlangkommen. Wir kommen näher: Vor uns stehen tausend dunkle, granitene, machtvoll in der Erde verwurzelte, versteinerte Figuren.

In einer solchen Herde wohnt eine ungeheure, mächtige und, wenn sie irgendwo in unserer direkten Nähe explodiert, tödliche Kraft. Es ist die Kraft einer Berglawine, nur daß diese hier von schäumendem Blut entfesselt, losgejagt, angetrieben wird. Bernhard Grzimek hat beschrieben, wie er von einem kleinen Flugzeug aus monatelang in der Serengeti das Verhalten der Büffel studierte. Ein einzelner Büffel reagierte überhaupt nicht auf das Brummen des im Sturzflug niedergehenden Flugzeugs: Er graste ungestört weiter. Anders war es, wenn Grzimek über eine große Herde folg. Es genügte, daß sich in ihr ein Überempfindlicher befand, ein Hysteriker, eine Mimose, die, durch das Motorengeräusch aufgeschreckt, losstürmte, floh. Sofort wurde die ganze Herde von Panik erfaßt und raste verängstigt auf und davon.

Und jetzt steht vor mir genau so eine Herde. Was tun? Anhalten und stehenbleiben? Aber wie lange stehenbleiben? Umkehren? Dafür ist es bereits zu spät: Ich habe Angst, umzukehren, weil sie uns verfolgen könnten. Das sind höllisch schnelle, leicht in Rage zu bringende, ausdauernde Tiere. Ich bekreuzige mich und fahre langsam, ganz langsam, im ersten Gang, mit schleifender Kupplung, in die Herde hinein. Sie ist groß und reicht fast bis zum Horizont. Ich beobachte die Büffel, die ganz vorne sind. Diejenigen, die im Weg des Wagens stehen, weichen träge zurück, um ihn durchzulassen. Wobei sie nicht einen Zentimeter mehr Platz machen, als unbedingt nötig ist – der Landrover scheuert unablässig an ihren Flanken entlang. Ich bin völlig durchnäßt. Es ist so, als würde man über eine verminte Straße fahren. Aus dem Augenwinkel werfe ich Leo einen Blick zu. Er hält die Augen geschlossen. Meter um Meter, Meter um Meter. Die ganze Herde steht stumm da. Reglos. Hunderte Paare hervorquellender Augen in massiven Leibern. Die Augen sind feucht, stumpf, ohne Ausdruck. Das Abenteuer der Durchfahrt scheint nicht enden zu wollen, doch schließlich haben wir das sichere Ufer erreicht – wir haben die Herde hinter uns gelassen, der kräftige dunkle Fleck vor dem Hintergrund der grünen Oberfläche der Serengeti wird kleiner und kleiner.

Je mehr Zeit verging, je weiter wir fuhren, in immer neuen Schleifen nach dem richtigen Weg suchend, um so unruhiger wurde ich. Seit dem Morgen waren wir keinem Menschen mehr begegnet. Wir waren auch auf keine Straße und schon gar nicht auf einen Wegweiser gestoßen. Die Hitze war entsetzlich, wurde von Minute zu Minute schlimmer, als würde der Weg, als würden vielleicht sogar alle möglichen Wege geradewegs in die Sonne hinein führen und wir uns unausweichlich dem Moment nähern, in dem wir als Opfer auf ihrem Altar verbrannten. Die erhitzte Luft begann zu zittern, sich zu kräuseln. Alles wurde flüssig, die Bilder bewegten sich und verschwammen wie auf einem unscharfen Film. Der Horizont entfernte sich und kam wieder näher, als unterläge er dem ozeanischen Gesetz von Ebbe und Flut. Die grauen, staubbedeckten Schirme der Akazien wogten rhythmisch und änderten ihre Positionen – es schien, als würden sie von irgendwelchen Narren hochgehalten, die hier herumwanderten, ohne zu wissen, wohin.

Doch am schlimmsten war, daß auch das ganze verwirrende Wegnetz zu zittern begann, das uns seit ein paar Stunden in seiner trügerischen, beängstigenden Gewalt gefangenhielt. Ich sah, wie dieses Netz, diese komplizierte Geometrie, die ich nicht entziffern konnte, obwohl sie ein festes, unbewegliches Element in dieser Savanne darstellte, nun ebenfalls zu schwanken und zu driften begann. Wohin driftete es? Wohin zog es uns, die wir uns in seinen Maschen verfangen hatten und darin zappelten? Wir waren irgendwohin unterwegs, Leo, der Wagen und ich, unsere Wege, die Savanne, die Büffel und die Sonne, in eine unbekannte, blendende, glühende Weite.

Plötzlich starb der Motor ab, und der Wagen blieb mit einem Ruck stehen. Als Leo sah, daß mit mir etwas nicht stimmte, hatte er den Zündschlüssel herumgedreht. »Gib her«, sagte er, »ich fahre weiter.« Wir fuhren, bis die Hitze nachließ und wir in der Ferne zwei afrikanische Hütten sahen. Als wir näher kamen, stellten wir fest, daß die Hütten, die weder Türen noch Fenster besaßen, leer waren. Im Inneren standen Pritschen. Diese Hütten gehörten vermutlich niemandem, sie sollten nur zufälligen Reisenden dienen.

Ich weiß nicht, wie ich auf die Pritsche gelangte. Ich war halb tot. Die Sonne rumorte in meinem Kopf. Um die

Schläfrigkeit zu überwinden, zündete ich eine Zigarette an. Sie schmeckte mir nicht. Ich wollte sie ausdrücken, und als ich instinktiv der Hand nachblickte, die sich dem Boden näherte, sah ich, daß ich die Zigarette auf dem Kopf einer unter der Pritsche liegenden Schlange ausdrücken wollte.

Ich erstarrte. Ich wurde so steif, daß ich die Hand mit der glühenden Zigarette, statt sie rasch zurückzuziehen, weiter über dem Kopf des Reptils hielt. Endlich wurde ich mir vollends meiner Situation bewußt: Ich war ein Gefangener einer tödlichen Schlange. Ich wußte nur eines: Ich durfte mich unter keinen Umständen bewegen. Sie würde sofort losschnellen und mich beißen. Es war eine ägyptische Kobra, graugelb, die in einer präzis gewickelten Spirale auf dem Lehmboden lag. Ihr Gift wirkt rasch tödlich, und in unserer Situation – ohne Medikamente, an einem Ort, von dem man bis zum nächsten Spital vielleicht einen ganzen Tag brauchte – war dieser Tod unausweichlich. Vielleicht befand sich die Kobra zu diesem Zeitpunkt in einem kataleptischen Zustand (angeblich ein für diese Reptilien typischer Zustand der Reglosigkeit und Lethargie), denn sie bewegte sich nicht und lag reglos da. Heiliger Himmel, dachte ich panisch, inzwischen hellwach, was soll ich tun?

»Leo«, zischte ich laut, »Leo, ein Schlange!« Leo war im Wagen, er holte gerade das Gepäck heraus. Wir sprachen zunächst kein Wort, weil wir nicht wußten, wie wir vorgehen sollten, dabei hatten wir keine Zeit zu verlieren, wenn die Schlange nämlich aus ihrer Erstarrung erwachte, würde sie unverzüglich angreifen. Da wir keine Waffe besaßen, keine Machete, nichts, hielten wir es für das Beste, daß Leo aus dem Wagen einen Kanister holte, mit dem wir versuchen wollten, die Schlange zu zerquetschen. Dieser Plan war riskant, doch überrumpelt von der unerwarteten Situation, waren wir unfähig, uns etwas anderes auszudenken. Und irgend etwas mußten wir schließlich tun. Unsere Tatenlosigkeit hätte nur der Kobra die Initiative überlassen.

Wir führten Kanister von der englischen Armee mit, groß, mit deutlich vorstehenden Kanten. Leo, ein kräftig gebauter Mann, nahm einen Kanister und schlich damit in die Hütte. Er packte den Kanister am Griff, hob ihn hoch und wartete. Er stand da, berechnete, nahm Maß, zielte. Ich lag währenddessen reglos auf der Pritsche, angespannt, bereit. In der nächsten Sekunde stürzte sich Leo, den Kanister vor den Körper haltend, mit seinem ganzen Gewicht auf die Schlange. Und im selben Moment drückte ich meinen Kollegen mit meinem eigenen Körper zu Boden. Wir wußten, daß diese Sekunden über Leben und Tod entschieden. Doch in Wirklichkeit dachten wir erst später darüber nach, weil sich im selben Moment, da der Kanister, Leo und ich die Schlange unter uns begruben, das Innere der Hütte in die reine Hölle verwandelte.

Ich hätte nie geglaubt, daß in so einer Kreatur so viel Kraft stecken könnte. So viel schreckliche, monströse, kosmische Kraft. Ich war überzeugt, die Kante des Kanisters würde die Schlange mit Leichtigkeit zerquetschen, doch das war keineswegs der Fall! Mir wurde sofort klar, daß das da unter uns keine Schlange war, sondern eine in Vibrationen, in Schwingungen versetzte stählerne Feder, die nichts zerbrechen oder zerdrücken könnte. Die Kobra warf sich hin und her und peitschte den Boden mit solch einer entfesselten Wut und Furie, daß sich das Innere der Lehmhütte vom Staub verfinsterte. Sie schlug ihren

Schwanz mit solcher Energie und Kraft gegen den Lehmboden, daß dieser splitterte und hochspritzte, bis uns dichte Staubwolken alle Sicht nahmen. Für einen Augenblick dachte ich schon voll Entsetzen, wir würden es nicht schaffen, das Reptil würde uns entgleiten und, verletzt und rasend vor Schmerzen, uns beide beißen. Ich drückte meinen Kollegen noch kraftvoller zu Boden. Leo begann zu stöhnen, weil er mit dem Brustkorb auf dem Kanister lag und keine Luft mehr bekam.

Schließlich, doch das dauerte lang, eine ganze Ewigkeit lang, verloren die Schläge der Kobra an Kraft, wurden seltener. »Schau, Blut!« ächzte Leo. Und wirklich, in einer Ritze im Boden, der jetzt aussah, als hätte man hier Tongeschirr zerdeppert, sickerte ein schmaler Faden Blut. Die Kobra wurde schwächer, auch das Vibrieren des Kanisters wurde schwächer, das wir die ganze Zeit über verspürten, ein Vibrieren, mit dem sie uns ihren Schmerz und ihren Haß mitteilte und das uns mit Angst und Panik erfüllte. Doch jetzt, als alles vorbei war, als Leo und ich uns erhoben, als sich der Staub in der Lehmhütte zu setzen begann und ich wieder auf dieses jetzt schon rascher fließende Bächlein Blut starrte, verspürte ich keine Zufriedenheit, keine Freude, sondern nur Leere, ja sogar so etwas wie Trauer, daß dieses Herz, das am Grund der Hölle lag, in der wir uns durch einen seltsamen Zufall alle noch vor wenigen Momenten befunden hatten, aufgehört hatte zu schlagen …

ABKÜHLENDE HÖLLE: Die Piloten hatten noch nicht die Motoren abgestellt, da stürmte schon eine Menge auf das Flugzeug zu. Eine Treppe wurde herangeschoben.

Wir kletterten die Stufen hinunter und fielen gleich den Menschen in die Arme, die atemlos die Maschine umdrängten und einander nun wegstießen, uns an den Hemden zerrten und von allen Seiten bestürmten. »*Passport? Passport?*« brüllten aufdringliche Gesichter. Und gleich darauf im selben drohenden Ton: »*Return ticket?*« Und andere schnauzten uns an: »*Vaccination? Vaccination?*« Diese Forderungen, diese Attacken waren so ungestüm und verwirrend, daß ich, hin und her gestoßen, vor Hitze glühend und völlig zerknittert, Fehler um Fehler beging. Als ich nach dem Reisepaß gefragt wurde, holte ich diesen folgsam aus der Tasche. Sofort wurde er mir von einem aus der Hand gerissen, der damit untertauchte. Als ich bestürmt wurde, mein Retourticket vorzuweisen, wollte ich zeigen, daß ich tatsächlich eines besaß. Doch im nächsten Augenblick war dieses Ticket schon weg, war irgendwohin verschwunden. Dasselbe passierte mit meinem Impfpaß: Einer hatte ihn mir aus der Hand gewunden und sich damit davongemacht. Ich war ohne Dokumente! Was sollte ich tun? Bei wem mich beschweren? Wen um Hilfe anrufen? Die Menge, die mich an der Treppe überfallen hatte, löste sich plötzlich auf und zerstreute sich in alle Winde. Ich blieb allein zurück. Doch im nächsten Moment kamen zwei junge Männer auf mich zu. Sie stellten sich vor: »Zado und John. Wir werden dich beschützen. Ohne uns bist du verloren.«

Ich stellte keine Fragen. Ich hatte zunächst nur einen Gedanken: Wie entsetzlich heiß es hier ist! Es war früher Nachmittag, feuchte, ja nasse Luft hing reglos, undurchdringlich und brütend heiß über dem Boden, so daß ich kaum atmen konnte. Ich dachte nur daran, von hier wegzukommen, an einen Ort, wo es ein wenig kühler war!

»Wo sind meine Dokumente?« rief ich erbittert und verzweifelt. Ich begann meine Selbstbeherrschung zu verlieren – in einer solchen Hitze werden die Menschen gereizt, wütend und aggressiv. »Versuch dich zu beherrschen«, sagte John, als wir in seinen Wagen stiegen, der vor der Baracke des Flughafengebäudes stand, »gleich wirst du alles begreifen.«

Wir fuhren durch die Straßen von Monrovia. Auf beiden Seiten der Fahrbahn ragten die schwarzen, verkohlten Stümpfe ausgebrannter, zerstörter Häuser hoch. Von so einem demolierten Haus bleibt hier nicht viel übrig, weil alles, einschließlich der Ziegel, des Blechs und der ganz gebliebenen Balken, unverzüglich auseinandergerissen und fortgetragen wird. In der Stadt gibt es Zehntausende von Menschen, die aus dem Busch geflohen sind, kein Dach über dem Kopf besitzen und nur darauf warten, daß eine Bombe oder Granate ein Haus in Trümmer legt. Sofort machen sie sich über diese Beute her. Aus den Materialien, die sie von dort wegschleppen, bauen sie sich eine Hütte oder auch einfach nur ein Dach, das sie gegen die Sonne und den Regen schützt. Die Stadt, die allem Anschein nach anfangs aus einfachen, niedrigen Häusern bestand, wurde von diesen hastig zusammengepfuschten Provisorien überschwemmt, so daß sie zunehmend verelendet und längst einer provisorischen Notlösung oder einem Lagerplatz von Nomaden gleicht, die hier nur für einen Moment haltmachen, um Schutz vor der Gluthitze der Mittagsstunden zu suchen, und dann gleich weiterziehen werden, ohne im übrigen zu wissen, wohin.

Ich ersuchte John und Zado, mich zu einem Hotel zu bringen. Ich weiß nicht, ob es eine Auswahl gab, doch sie führten mich wortlos in eine Straße, in der ein einstöckiges, heruntergekommenes Gebäude stand, von dessen Fassade ein Schild mit der Aufschrift *El Mason Hotel* wegstand. Man betrat das Hotel durch die Bar. John öffnete die Tür, doch er konnte keinen Schritt weitergehen. Im künstlichen, farbigen Schummerlicht und der atembeklemmenden Schwüle, die im Inneren herrschten, standen Prostituierte. Wenn man sagt, daß diese Prostituierten dort drinnen standen, beschreibt das nicht den wahren Sachverhalt. In dem kleinen Lokal preßten sich vielleicht hundert schweißüberströmte und erschöpfte Mädchen eng aneinander, quetschten und drängten sich, so daß gar nicht daran zu denken war, den Raum zu betreten oder auch nur eine Hand hineinzustecken. Diese Enge löste einen Mechanismus aus, der auf folgende Weise funktionierte: Wenn ein Klient von der Straße die Tür öffnete, katapultierte der im Inneren der Bar herrschende Druck eines der Mädchen geradewegs in die Arme des verblüfften Freiers. Im nächsten Moment nahm schon eine andere ihren Platz ein.

John zog sich zurück und suchte einen anderen Eingang. In einem kleinen Büroraum saß ein junger Libanese, der freundlich und ehrlich aussah – der Besitzer. Ihm gehörten die Mädchen und das halb verfallene Gebäude mit seinen glitschigen, vom Schwamm zerfressenen Wänden, auf die tief herunterreichende, schwärzliche Wasserflecken eine stumme Prozession langgezogener, hagerer, vermummter Gestalten, phantastischer Ungeheuer und Schemen gezeichnet hatten.

»Ich habe keine Dokumente«, gestand ich dem Libanesen, der darauf nur lächelte. »Das ist nicht wichtig«, sagte er. »Hier hat kaum jemand Dokumente. Dokumente!« – und er brach in Lachen aus und schaute sich Beifall heischend nach John und Zado um. Offensichtlich war ich für ihn so etwas wie ein Ankömmling von einem anderen Stern. Auf dem Stern, der Monrovia hieß, machte man sich eher Gedanken darüber, wie man bis zum nächsten Tag überleben konnte. Wen interessierten da Papiere? »Vierzig Dollar pro Nacht«, sagte er. »Aber ohne Essen. Essen kann man um die Ecke. Bei der Syrerin.«

Sogleich lud ich John und Zado dorthin ein. Die ältere, mißtrauische, ständig die Tür fixierende Frau hatte nur ein Gericht anzubieten – Schaschlik mit Reis. Sie starrte zur Tür, weil sie nie wußte, wer hereinkam – Kunden, die etwas essen, oder Räuber, die ihr alles wegnehmen wollten. »Was soll ich machen?« fragte sie, als sie die Teller vor uns hinstellte. Sie hatte schon ihre Nerven und ihr ganzes Geld verloren. »Ich habe mein Leben vertan«, sagte sie, nicht einmal verzweifelt, sondern ganz einfach so, damit wir Bescheid wüßten. Das Lokal stand leer, von der Decke hing reglos ein Ventilator, um den Fliegen schwirrten, und in der Tür erschienen alle Augenblicke Bettler, die uns ihre Hände entgegenstreckten. Auch vor dem schmutzigen Fenster hatten sich zahlreiche Bettler versammelt, die in unsere Teller starrten. Abgerissene Männer, Frauen mit Krücken, Kinder, denen Minen eine Hand oder ein Bein abgerissen hatten. Hier, an diesem Tisch, vor diesem Teller, wußte man nicht, wie man sich verhalten sollte.

Wir schwiegen lange, doch schließlich fragte ich nach meinen Dokumenten. Zado antwortete, ich hätte die Diensthabenden am Flughafen enttäuscht, weil ich alle nötigen Papiere besessen hätte. Am besten wäre es gewesen, ich hätte gar keine gehabt. Dubiose Luftlinien bringen die verschiedensten zweifelhaften Elemente hierher. Das ist schließlich ein Land von Gold, Diamanten und

Drogen. Viele dieser Typen besitzen weder Visum noch Impfpaß. Und an denen läßt sich dann etwas verdienen: Sie bezahlen dafür, daß man sie einreisen läßt. Von solchen Menschen leben die Beamten am Flughafen, denn die Regierung hat kein Geld, und sie bekommen kein Gehalt. Man kann nicht einmal sagen, daß diese Menschen korrumpiert sind. Sie sind ganz einfach hungrig. Auch ich werde meine Dokumente zurückkaufen müssen. Zado und John wissen, wo und von wem. Sie können das erledigen.

Aus den Notizbüchern

Ein Zyniker eignet sich nicht für den Beruf des Kriegs-
oder Auslandskorrespondenten. Dieser Beruf, diese Mis-
sion setzte ein gewisses Verständnis für die menschliche
Armut voraus, erfordert viel Sympathie für die Menschen. Man muß sich als Mitglied einer großen Familie
fühlen, zu der auch alle einfachen Menschen unseres Erd-
balls zählen, die keinerlei Besitz ihr eigen nennen. Man
muß sich mit uralten Problemen wie Armut und Elend
auseinandersetzen – so ist die Welt nun einmal. Menschliche Wärme ist unerläßlich für diese Arbeit. Zynismus
und Nihilismus, Werteverfall und die Geringschätzung
anderer haben dazu beigetragen, daß die Welt immer
schwerer zu ertragen ist.

Der Typ des Kriegskorrespondenten: Für gewöhnlich
ist er bescheiden, freundlich, bereit zur Zusammenarbeit,
locker im Umgang. Es ist eine ganz spezifische Gruppe
von Journalisten. Sie leben unter den schwierigsten Bedingungen, nicht nur, weil sie immer Gefahr laufen, ver-
wundet oder getötet zu werden. Menschen, die sich an
solche Orte begeben, brauchen mehr als nur berufliche
Motivation. Dieser Beruf braucht Menschen, die zu Op-

fern bereit sind. Oft gibt es kein Wasser, Probleme mit dem Transport, man muß Kälte, Erniedrigung, Schläge, Haft ertragen können. Ich habe unter ihnen nie Abenteurer getroffen. Sie versuchen einfach, möglichst richtig zu handeln, ihre Pflicht zu erfüllen.

Natürlich macht mir die Ignoranz und das mangelnde Interesse für die Situation in der Dritten Welt Sorgen. Es erfüllt mich mit Trauer, daß die Kluft zwischen der Konsumgesellschaft und der armen Gesellschaft nicht überwunden werden kann.

Ich bin überzeugt von der völligen Verschiedenheit der Kulturen. Wenn heute ein Entwicklungshelfer in ein afrikanisches Dorf fährt, dann für gewöhnlich, weil er selber das will, und nicht, weil die Menschen dort besonders interessiert daran wären. Vielleicht ist ihre Kultur minimalistisch und sie ziehen es vor, nichts zu tun. Es hat etwas von Gewalt an sich, wenn man sie zwingt, an den Wert einer fremden Kultur zu glauben. Die Vertreter der entwickelten Länder sich oft verblüfft, wenn andere Menschen ihre Lebensweise ablehnen. Aber es gibt Kulturen, in denen die Arbeit weniger zählt als das Gebet. Auf diese Weise werden sie zwar keine Autos und Computer herstellen, aber das wollen sie ja auch gar nicht. Und das enttäuscht mich auch nicht, weil ich die Wertskala anderer Menschen akzeptiere, die etwa meinen, die Familie sei das höchste Gut und Wurzel ihrer Zufriedenheit. Eine solche Zufriedenheit hat viel Würde und ist ein positiver Wert. Wenn diese einfachen Menschen durch Afrika ziehen, haben sie oft nur ein kleines Bündel dabei. Sie haben kein ausgeprägtes Bedürfnis, mehr zu besitzen, und begnügen sich mit einem Minimum. Wenn man mit ihnen spricht, lachen sie, sind gastfreundlich und hilfsbereit. Man hat den Eindruck, sie seien glücklich. Sie finden ihre Erfüllung in anderen Dingen. Es wäre das beste, wir würden das akzeptieren. Man muß nicht alles verändern.

Meine Neugierde treibt mich immer wieder in die Welt hinaus. Es gibt keinen Ort auf der Erde, wo ich sagen möchte: »Hier will ich für immer bleiben.« Es gibt da jedoch eine kleine Verlockung: nach Afrika zu fahren, in die Sahara. Ich liebe die Wüste. Sie hat etwas Metaphysisches, Transzendentes an sich. In der Wüste reduziert sich der ganze Kosmos auf ein paar Elemente. Sie ist die vollkommene Reduktion des Weltalls: Sand, Sonne, in der Nacht die Sterne, Stille, Hitze des Tages. Man hat ein Hemd, Sandalen, etwas Einfaches zu essen, ein bißchen Trinkwasser, ganz bescheiden. Es gibt nichts zwischen dir und Gott, zwischen dir und dem Weltall. Wann immer ich durch Afrika reiste und Zeit hatte, suchte ich die einzigartige Erfahrung der Wüste. Dreimal habe ich die Sahara mit Wüstenbewohnern durchquert, einmal mit einer Gruppe von Nomaden, auf die ich zufällig gestoßen war. Wir konnten uns nicht miteinander verständigen, blieben aber zusammen. Wir wechselten keine Worte, teilten jedoch die Erfahrung von Freundschaft und Brüderlichkeit. Mit einem Mal entstand das starke Gefühl, daß deine Brüder und Schwestern überall sind, daß du dir ihrer Existenz nur nicht bewußt bist – ein wunderbares Gefühl.

Alle sind wir auf irgendeine Art Nomaden und werden es immer sein. In früheren Zeiten zogen die Menschen herum auf der Suche nach Nahrung, um zu überleben.

Mit den großen Migrationsbewegungen wird das Nomadentum neuerlich zu einer Lebensform. Irgendwo kehren wir wieder zurück zu den Anfängen.

Früher faszinierte mich die Front – ausschließlich die Front, an der Front zu sein, darüber zu schreiben. Jetzt interessiert mich immer mehr eine andere Seite des Konfliktes, nämlich die Normalität in der Ausnahmesituation, das hartnäckige, fast instinktive, gleichzeitig jedoch energische, erfindungsreiche und zielgerichtete Streben des Menschen nach Normalität in einer nicht normalen Situation. Zum Beispiel der Alltag in einer belagerten Stadt oder direkt hinter der Front, hinter dem Stacheldraht eines Lagers, in der Verbannung.

Diese Normalität erlaubte es manchmal, die Nichtnormalität zu überwinden. Die Sehnsucht nach der Normalität siegt immer. Das Recht der Normalität setzt sich gegen alle Widrigkeiten durch, gegen Feuer und Schutt.

Im allgemeinen kann ich mich besser an Gestalten und Gesichter erinnern als an das, was sie sagten. Diese Gesichter haften schweigend, stumm in meinem Gedächtnis. Die Vergangenheit schweigt. Wir sind es, die ihr eine Stimme verleihen …

Im August 1999 sendete BBC eine Reportage aus einem Flüchtlingslager an der Grenze zwischen Ruanda und Tansania. Man hörte Klagen der Afrikaner, albanische Flüchtlinge aus dem Kosovo würden viel mehr Aufmerksamkeit und Geld erhalten, während man für Millionen von Flüchtlingen aus Afrika so wenig aufwende.

Der UN-Hochkommissar für Flüchtlinge bestätigt das. Für einen Flüchtling aus dem Kosovo werden 265 Dollar aufgewendet, für einen afrikanischen Flüchtling nur ein Achtel davon – 35 Dollar. Dasselbe sagt Jesse Jackson, zweimaliger Präsidentschaftskandidat der USA: »Während wir die Menschen aus dem Kosovo schützen, überlassen NATO und die USA die Afrikaner ihrem Schicksal«, schreibt er in der ›Newsweek‹ vom 7. April 1999. Das schreibt er anläßlich des Krieges in Sierra Leone, den er den »längsten, blutigsten und schrecklichsten Krieg im letzten Jahrzehnt des 20. Jahrhunderts« nennt, »von dem man in Wahrheit gar nichts weiß«. Der Rassismus ist im internationalen Leben tief verwurzelt. Und obwohl er sich oft lautstark bemerkbar macht, bleibt im Grunde alles beim Alten.

Der Fußballkrieg

Die Veranda war von der Straße aus zu sehen. Sie wurde durch ein paar schwache Glühlampen erhellt. In ihrem Licht waren von unten die Schatten auszumachen, die sich auf dem Floß bewegten. Diese Schatten gehörten zu niemandem. Ihre stumme Pantomime, ihr langsamer Tanz fanden mitten in Kokompe statt. Doch das Viertel – ein echtes Schwarzenviertel – nahm ihre Existenz nicht zur Kenntnis. Kokompe hatte ein ganz eigenes Leben, fremd und für das Metropol unerreichbar. Nach Meinung des Viertels gehörten die Schatten auf dem Floß zu einer anderen Welt. Zur Welt der Bungalows der weißen Beamten und Kaufleute, zum Viertel des Cantonments. Ihr gehört zu jener Familie – sagte Kokompe, dessen Bewohner gleichgültig das Hotel passierten.

Doch auch für das Cantonment existierten die Schatten nicht. Woher denn? Das Cantonment wandte sich voll Abscheu und Scham vom Floß ab. Das Floß war eine Schande, über die das Cantonment lieber schwieg, das Cantonment – diese reiche, wohlerzogene, snobistische Bürokratin, diese Kapitalistin.

Das Floß war an keiner Barke festgemacht: die Schatten existierten nur für sich selber. Sie konnten sich vermehren oder verschwinden – das war bedeutunglos. »Was hat Bedeutung?« fragte Onkel Wally. Keiner antwortete ihm …

Nur wenige Menschen wissen, worin die Arbeit des Korrespondenten einer Presseagentur besteht.

Er soll Zeuge aller wichtigen Ereignisse auf einer Fläche von dreißig Millionen Quadratkilometern sein (der Fläche von Afrika); er soll wissen, was sich zur selben Zeit in fünfzig Ländern des Kontinents ereignet, was sich dort früher ereignet hat und was sich vielleicht in Zukunft ereignen wird; er sollte mindestens die Hälfte der zweitausend Stämme kennen, in die die Bevölkerung Afrikas zerfällt; er sollte Tausende von technischen Details beherrschen, etwa: Wie komme ich am schnellsten von Rabat nach Lilongwe, wie gelange ich am einfachsten von Tamarasset nach Mombasa, wo bekomme ich ein Visum für die Komoren, welches Land verlangt eine Choleraimpfung, wie lautet die Telexnummer von Yaounde, und außerdem – eigentlich nicht außerdem, sondern vor allem – soll er denken, denken, und nochmals denken. Er braucht auch geistige Widerstandfähigkeit und körperliche Ausdauer. Denn was nützt es, daß unser Korrespondent denkt, wenn er für ein paar Monate in einen lähmenden Koller verfällt und in dieser Zeit keine Zeile zu Papier bringt, während ungemein wichtige Dinge passieren? Oder er wandert von Spital zu Spital statt von Front zu Front, statt von einem Land, in dem eben ein Putsch beendet wurde, ins nächste, wo gerade ein Putsch beginnt? Ungeeignet als Korrespondent ist auch, wer sich vor Tsetsefliegen fürchtet, vor der schwarzen Kobra, vor Elefanten, vor Menschenfressern, davor, Wasser aus Flüssen und Bächen zu trinken, Torten zu essen, die aus Ameisen gebacken wurden; wer schon beim Gedanken an Amöben und venerische Krankheiten wie Espenlaub zittert oder auch bei dem Gedanken, bestohlen und verprügelt zu werden; wer Dollars auf die hohe Kante legen will, um sich daheim ein Häuschen zu bauen; wer es verschmäht in afrikanischen Lehmhütten zu schlafen; und wer die Menschen verachtet, über die er berichten soll.

Anfang der sechziger Jahre war Afrika tatsächlich eine faszinierende Welt. Ich schrieb ganze Bände darüber (ich habe noch nicht erwähnt, daß von einem Agenturkorrespondenten auch erwartet wird, daß er schreibt, schreibt und nochmals schreibt, ohne Pause und ohne Atem zu holen – ich kann nicht sagen: ohne nachzudenken, obwohl es vorkommen kann, daß man von ihm verlangt, per Fernschreiber, per Depesche, per zufällig sich anbietender Gelegenheit und per Briefpost einen unaufhörlichen Schwall von Informationen, Kommentaren, Reportagen, Beurteilungen, Einschätzungen usw. zu senden; denn erst, wenn in der Zentrale die Mappen des betreffenden Korrespondenten aus allen Nähten platzt, wenn die Ablagekästen überquellen, darf er damit rechnen, daß man anerkennend sagt: Der ist nicht schlecht, der ist wirklich nicht schlecht). Obwohl ich selber nie gut war und als negatives Beispiel genannt wurde, habe auch ich ein paar Ordner mit Informationen und Kommentaren gefüllt, von denen keine Spur geblieben ist. Doch unsere Arbeit erinnert an jene des Bäckers: Seine Semmeln schmecken, solange sie frisch sind, nach zwei Tagen sind sie alt, und nach einer Woche beginnen sie zu schimmeln und können nur noch weggeworfen werden …

Das Militär fuhr in der Abenddämmerung ab. Wir hörten das Dröhnen der Motoren, dann rollten acht schwere Lastwagen über den Platz. Die Soldaten trugen Helme und standen auf der Ladefläche, an die Bordwand gelehnt, Karabiner auf dem Rücken. Es ist hierzulande nicht Brauch, daß Soldaten singen. Sie fuhren schweigend durch die leere Stadt, durch die wegen der strengen Polizeistunde entvölkerten Straßen. Insgesamt vielleicht dreihundert Soldaten. Die Wagen bogen in die Landstraße ein, erst war noch das Brummen der Motoren zu hören, dann verlor sich der Lärm in der Stille, im Dschungel, in der Dunkelheit der plötzlich hereinbrechenden Nacht.

Ich wäre gern mit ihnen gefahren. Ich wollte den Krieg sehen, aus diesem Grund war ich in den Kongo gekommen. Doch im Kongo hatten wir keinen Krieg vorgefunden, nur Schlägereien, absurdes Gezänk und miese imperialistische Machenschaften. Es gab hier für uns nichts zu tun. An manchen Tagen setzten wir keinen Fuß vor die Tür des Hotels, weil es sich nicht lohnte, irgendwo hinzugehen. Es hätte keinen Zweck gehabt. Alles erschien entweder zu unverständlich oder zu offensichtlich. Nicht einmal Gespräche hatten einen Sinn. Ein Anhänger Lumumbas hat einen Anhänger Mobutus immer schon für einen Lumpen gehalten, und der Anhänger Mobutus hat im Lumumbista stets einen Strolch gesehen. Wie oft kann man sich so etwas anhören? Am geduldigsten war Fedjaschin. Fedjaschin ließ sich immer in Gespräche verwickeln, und dann kam er mit solchen Eröffnungen zu uns wie: »Hört mal, der Junge dort sagt, sie hätten in Kindu zahlreiche Anhänger.« Ich weiß nicht, was mit mir los war, aber die Tatsache, daß sie in Kindu zahlreiche Anhänger hatten, regte mich irgendwie gar nicht auf.

Aus diesem Grund wollte ich mit dem Militär fahren. Militär, das ist eine konkrete Wirklichkeit und nicht irgendeine Schaumblase in einem Glas Bier. Das Militär begann nun eine Offensive. Dreihundert Soldaten im Herzen des Kontinents gingen in den Krieg. Und ich durfte nicht dabei sein. Ich hatte meine rote Karte erhalten. Die bekommt man, wenn man einen bestimmten Breitengrad überquert. Wenn man in eine Gegend kommt, wo man erfährt, daß man weiß ist. Das ist eine Entdeckung, eine Sensation, ein Schock. Ich habe 25 Jahre gelebt, ohne mir meiner Hautfarbe bewußt zu sein. Im Hof meines Hauses in Warschau spielen täglich hundert Kinder, und nicht eines von ihnen hat sich je Gedanken über seine Haut gemacht. Sie wissen nur, daß es Ärger gibt, wenn die Haut schmutzig ist. Doch wenn sie rein und weiß ist? Das ist gut! Nun aber ist genau das schlecht. Sehr schlecht sogar. Eine weiße Haut, die bedeutet eben Ausschluß.

Früher habe ich mich oft über Afrika-Bücher geärgert: In denen ist ständig von Weiß und Schwarz die Rede. Diese oder jene Farbe in allen Schattierungen. Bis ich selber hinfuhr. Dann begriff ich es. Man wird sofort eingeordnet, klassifiziert. Und die Haut beginnt zu jucken. Entweder sie wird als störend empfunden, oder sie bringt Vorteile. Man kann nicht aus ihr heraus, auch wenn sie einen hindert. Sie macht jede normale Existenz unmöglich. Stets ist man entweder etwas Höheres oder etwas Niedrigeres oder ein Außenseiter. Jedoch nie ist man an seinem Platz. Ich spazierte einmal durch das Schwarzenviertel von Accra. Mit einer schwarzen Studentin. Wir gingen nebeneinander, und die Straße höhnte hinter uns her. Wir mußten uns die schlimmsten Beschimpfungen anhören. Flüche und Verwünschungen begleiteten das

Mädchen. Es war nicht auszuhalten. »Ich hatte fünf Mann unter mir und zwanzig Schwarze«, erzählt ein Engländer. Das sind die Leute, die diesen Mythos in die Welt gesetzt haben. Den absurden Mythos der Hautfarbe, der heute noch lebt.

Es gibt Leute, die fragen, weshalb im Kongo die Weißen verprügelt werden. Was für eine Frage! Weil die Weißen die Schwarzen prügelten. Nun hat sich der Kreis der Rache geschlossen. Was gibt es da noch zu erklären? Die Menschen lassen sich von dieser Psychose anstecken, sie deformiert sie, raubt ihnen das Leben. Im Dschungel in der Ostprovinz traf ich einen polnischen Emigranten. Im Umkreis von hundert Kilometern war er als einziger Weißer geblieben. Er war schwer krank. Er saß gebückt und murmelte sinnlos vor sich hin: »Mein Herr, ich halte das nicht aus, ich halte es nicht aus.« Er war in der kolonialen Welt aufgewachsen: Ein Schwarzer kam den Weg entlang, die weiße Herrschaft kehrte von einem Empfang zurück, der Schwarze wollte nicht Platz machen, da blieb das Auto stehen, und der weiße Herr gab dem Schwarzen ein paar in die Zähne, der Schwarze ging zu langsam, ein paar in die Zähne, er setzte sich – in die Zähne, er murmelte etwas – in die Zähne, er trank – in die Zähne. Die Schwarzen haben kräftige Zähne, doch irgendwann reicht es ihnen, ständig einzustecken und einzustecken, auch wenn sie ein kräftiges Gebiß besitzen. Die Welt hat sich verändert, und nun sitzt der Emigrant da und bangt um seine lockersitzenden Plomben.

Nun sind die starken Zähne in die Offensive übergegangen und die kariösen haben sich verkrochen. Ich wollte auch an die Front, doch ich hatte die rote Karte erhalten. Ich überlegte, ob ich nicht trotzdem gehen und einfach sagen sollte: »Ich bin aus Polen. Mit sechzehn Jahren bin ich in die Jugendorganisation eingetreten. Auf deren Banner standen die Verbrüderung der Rassen und der gemeinsame Kampf gegen den Kolonialismus. Ich war Funktionär dieser Organisation. Ich organisierte Begegnungen der Solidarität mit dem koreanischen, vietnamesischen, algerischen Volk, mit allen Völkern der Erde. Ich schlug mir mehr als eine Nacht um die Ohren, um Transparente zu malen. Ihr habt ja unsere Transparente nie gesehen: die waren herrlich, riesig groß, so daß sie einem gleich in die Augen sprangen. Ich war mit meinem Herzen auf eurer Seite, mein ganzes Leben lang. Ich habe immer schon die Kolonialisten als schlimme Schufte betrachtet. Ich bin auf eurer Seite und will das durch Taten beweisen.«

Wir machten uns auf, um das vorzubringen. Um uns der Offensive anzuschließen. Wir ließen erleichtert das stickige Hotelzimmer zurück und gingen durch die Stadt. Es war heiß, makaber heiß, doch nichts vermochte uns aufzuhalten. Wir verließen das Zentrum und gelangten in das Eingeborenenviertel. Dahinter lag das Militärlager, in dem sich der Stab befand. Das war unser Ziel. Doch wir kamen nicht weit, plötzlich wurden wir von einem Offizier angehalten. Er funkelte uns drohend an und fragte etwas. Wir verstanden ihn nicht. Der Offizier war kleingewachsen, und wir hätten ihn mühelos erledigen können, doch gleich umringte uns eine Schar von Gaffern. Die Situation war ernst. Der Offizier fluchte und deutete mit dem Finger auf uns, wir aber standen ratlos und stumm vor ihm. Auch er verstand kein Wort von dem, was wir sagten. Wieder begann er zu fragen. Wir blieben stumm. Nun wurde der Kriegsmann wild. Gleich werden sie loslegen, dachte ich. Doch was sollten wir tun: wir standen da und warteten. Da bog aus einer Seitengasse ein Junge auf einem Fahrrad. Er blieb stehen und drängte sich zu uns durch. Er verstand Französisch und übersetzte für uns. Wir sagten, wir seien aus Polen und aus der Tschechoslowakei. Der Junge übersetzte. Die Menschen, die uns umringten, blickten einander an, ob sich vielleicht ein kluger Kopf fände, der mit diesen Namen etwas anfangen könne. Auch dem Offizier sagten sie nichts, und das machte ihn nur noch wütender. Er brüllte wieder los, so daß wir uns wie verängstigte Kaninchen aneinanderdrängten. Wir wollten ihm erklären, daß wir tiefe Freundschaft empfänden und uns voll und ganz mit dem Kampf dieses Volkes identifizierten, wie ja auch unser Wunsch, an der Offensive teilzunehmen, beweise, doch der Offizier brüllte nur wie ein Stier und ließ uns nicht zu Wort kommen. Offenbar bestand er darauf, daß wir Belgier waren, ich weiß auch nicht, wieso. Endlich fand Jarda einen Ausweg. Jarda wohnt in Kairo und besitzt einen in arabischer Sprache ausgestellten Führerschein. Dieses Dokument holte Jarda heraus und hielt es dem Offizier unter die Nase. Die Menge glotzte erwartungsvoll, und Jarda sagte: »Nasser. Das ist von Nasser.«

Dieses Wort wirkt in ganz Afrika Wunder. Aha – nun begriff der Offizier endlich – dann kommt ihr von Nasser. Hol's der Teufel, daß auch so viele Menschen auf dieser Welt wie Belgier aussehen!

»Das ist nicht unsere Schuld«, sagte ich auf polnisch, »nicht im geringsten unsere Schuld.«

Der Offizier reichte uns die Hand, machte kehrt und stolzierte davon. Die Menge zerstreute sich, und wir blieben allein zurück. Wir hätten weitergehen können, doch irgendwie hatte alles seinen Glanz verloren. Wir hatten eigentlich keinen Grund zu klagen. Auch bei uns gibt es viele Menschen, die nicht wissen, daß Länder wie Gabun oder Botsuana existieren, obwohl es die tatsächlich gibt. Ich blätterte einmal ein Lehrbuch der belgischen Geschichte durch, das für die Schulen im Kongo geschrieben wurde. Wenn man von diesem Lehrbuch ausgeht, könnte man meinen, es gebe auf der Welt nur Belgien. Nichts weiter.

Wir saßen wieder im Hotel. Jarda hörte Radio. Dušan las ein Buch, ich trainierte Schattenboxen …

1961

Meinen Aufenthalt in Afrika betrachtete ich nicht einfach als Erfüllung meines Vertrages. Ich war dorthin nach Jahren gereist, in denen ich als bloßes Rädchen in einem starren Mechanismus von Instruktionen und Anweisungen, Thesen und Richtlinien funktioniert hatte. Afrika bedeutete meine private Befreiung. Irgendwo zwischen 37°20' N und 34°23' S geographischer Breite und 17°33' W und 51°24' O geographischer Länge, zwischen dem nördlichen Kap Ras Ben Sekka und dem südlichen Nadelkap, zwischen dem westlichen Kap Almadi und dem östlichen Kap Hafun war ein Teil von mir zurückgeblieben. Vor meinen Augen lief immer noch der afrikanische Film ab, ohne anzuhalten, nonstop, Vorstellung um Vorstellung, doch niemand interessierte sich für das, was in meinem Kino vorging. Die Leute redeten darüber, wer wen in Koszalin abgelöst hatte, sie zankten sich über eine Fernsehaufführung, in der die Ćwiklińska hervorragend gespielt hatte, während andere das bestritten, oder sie versorgten einander mit wohlgemeinten Ratschlägen, wie man eine

Urlaubsreise nach Bulgarien macht, bei der man nicht nur nicht draufzahlt, sondern sogar noch ordentlich verdienen kann. Ich war dem Menschen nie begegnet, der nach Koszalin ging, hatte das Fernsehprogramm nie gesehen und war nie in Bulgarien gewesen. Am schlimmsten jedoch war, daß mich alle Bekannten, die ich auf der Straße traf, mit den Worten begrüßten »Was machst du denn hier?« oder »Was, bist du noch nicht abgereist?«. Ich begriff, daß sie mich schon nicht mehr als einen der Ihren ansahen. Das Leben ging weiter und sie schwammen mit. Sie beredeten etwas, erledigten etwas, heckten etwas aus, doch ich wußte nicht, was, mir sagte keiner etwas, mich weihten sie nicht ein, mich wollten sie nicht dabeihaben – sie hatten mich abgeschrieben.

Aus den Notizbüchern

Neben der gegenseitigen Abhängigkeit von Thema und Stil gibt es auch eine Verbindung zwischen dem Thema und dem Sprachmaterial. Als ich ›König der Könige‹ schrieb, wollte ich die autoritäre Macht definieren. Eine solche Macht hat etwas Anachronistisches, Feudales an sich. Um den Anachronismus des Gegenstandes zum Ausdruck zu bringen, mußte ich den Eindruck von etwas längst Vergangenem, hoffnungslos Veraltetem schaffen. Gleichzeitig ging es darum, den Anachronismus unseres autoritären Systems in Osteuropa aufzuzeigen. Ich las daher die alte polnische Literatur des 16., 17. und 18. Jahrhunderts, um archaische, in Vergessenheit geratene, doch plastische und farbige Worte zu finden, die ich dann beim Schreiben von ›König der Könige‹ verwendete.

Die spanische Sprache zeichnet sich durch barocken Reichtum, rokokohaften Überfluß aus. Ich glaube, daß sich Spuren dieses Stils, dieser Tradition in der Sprache des ›Fußballkrieges‹ finden. Wenn man hingegen über Afrika schreibt, muß man eine Sprache wählen, die die Stimmung der Tropen wiedergibt. Die moderne afrikanische Literatur wird nicht in den heimischen Sprachen verfaßt, sondern französisch oder englisch. Man muß daher auf ältere nationale afrikanische Schriftsteller zurückgreifen. Die traditionelle afrikanische Poesie ist Rhythmus, Einfachheit, Wiederholung. Aus diesen Wiederholungen entsteht ein musikalischer Effekt: Die Instrumente im traditionellen Afrika sind vor allem die Trommeln, sprechende Trommeln. Nur wenige europäische Autoren haben versucht, Atmosphäre und Klima des dichten tropischen Dschungels wiederzugeben. Am ehesten hat das noch Joseph Conrad erreicht. Seine Prosa wurde stark von der Erfahrung der Tropen geprägt. Er bereicherte sie durch Wiederholungen, sprachliche Mysterien, übersinnliche Elemente, die den Menschen umgeben, ohne daß es diesem jedoch gelingt, zum Herzen dieser Finsternis vorzudringen. Die polnische Sprache kennt diese »tropische« Tradition nicht …

Wenn man einen Historiker fragt, was das Ziel seiner Forschungen und Untersuchungen ist, antwortet er in den meisten Fällen: die Fakten. Er sucht Fakten, erforscht Fakten, sammelt und vergleicht sie. Daten, Namen, Orte, Verwandtschaften, Beziehungen, Maße und Gewichte, Dokumente, den Ablauf der Ereignisse. Mich interessieren die Fakten und nur die Fakten – das sagt der Historiker.

Der Mensch hingegen, der die Geschichte miterlebt und am eigenen Leib erfahren hat, wird bezweifeln, ob sich der Forschungsgegenstand unseres Historikers wirklich ausschließlich auf die sogenannten nackten Tatsachen reduzieren läßt. Denn er weiß, daß eine Tatsache, herausgerissen aus dem breiten Kontext der Unwägbarkeiten, herausgeschält aus dem ganzen Theatrum, in das sie eingebettet war, ohne das Klima und die Stimmung, die sie begleiten, nicht viel aussagt und wenig bedeutet, oft sogar einen falschen Sinn und eine irreführende Aussage bekommt.

Denn dieser Mensch, der gelernt hat aus der Geschichte, die ihn gnadenlosen Proben unterworfen und zu den grausamsten und radikalsten Entscheidungen gezwungen hat, weiß sehr genau, wie wichtig, vielleicht wichtiger als alles andere, der Kontext ist, aus dem die gegebene Tatsache hervorging und zur Realität wurde, und er weiß auch, daß es am schwierigsten ist, anderen diesen Kontext zu vermitteln – und für sie, ihn zu verstehen.

König der Könige

Y.M.:

Der Kaiser begann seinen Tag damit, daß er sich die Berichte der Informanter anhörte. Die Nacht ist die gefährliche Stunde der Verschwörung, und Haile Selassie wußte, das die Ereignisse der Nacht wichtiger sind als das, was am Tag geschieht. Am Tag hatte er alle im Auge, aber in der Nacht war das nicht möglich. Aus diesem Grund maß er auch den morgendlichen Spitzelberichten so große Bedeutung bei. Hier möchte ich eines erklären: unser weiser Herr war nicht gewohnt zu lesen. Für den Kaiser existierte das geschriebene und gedruckte Wort nicht, alles mußte ihm mündlich vorgetragen werden. Der edle Herr hatte keine Schulen besucht, sein einziger Lehrer – und der nur in der Kindheit – war ein französischer Jesuit gewesen, Monsignore Jérome, der spätere Bischof von Harar und ein Freund des Dichters Arthur Rimbaud. Es gelang dem Geistlichen nicht, den Kaiser mit dem Lesen zu befreunden, und das war ja auch insofern schwierig, als Haile Selassie schon seit den Jahren seiner Kindheit verantwortliche Führungspositionen innehatte und ihm die Zeit zum Lesen fehlte.

Aber ich glaube, es war nicht nur eine Frage mangelnder Zeit und Gewohnheit. Der mündliche Vortrag hatte den Vorteil, daß der Kaiser gegebenenfalls behaupten konnte, dieser oder jener Würdenträger habe etwas ganz anders berichtet, als es der Wirklichkeit entsprach, und der Betroffene konnte sich nicht rechtfertigen, da er ja keine schriftlichen Beweise in der Hand hatte. So hörte der Kaiser von seinen Untergebenen nicht das, was sie tatsächlich sagten, sondern was seiner Meinung nach gesagt werden sollte. Unser erhabener Herr hatte eine bestimmte Konzeption, und dieser wurden alle Signale angepaßt, die den Kaiser aus seiner Umgebung erreichten. Ähnlich verhielt es sich mit dem Schreiben, denn unser Herrscher vernachlässigte nicht nur die Kunst des Lesens, sondern er schrieb auch nie etwas und unterzeichnete nichts eigenhändig. Obwohl er ein halbes Jahrhundert herrschte, wissen nicht einmal die ihm Nächststehenden, wie seine Unterschrift aussah.

Während der Amtsstunden stand dem Kaiser immer der Minister der Feder zur Seite, der alle Befehle und Verordnungen aufzeichnete. Ich muß hinzufügen, daß der Kaiser während der Arbeitsaudienzen sehr leise sprach und kaum die Lippen bewegte. Der Minister, der nur einen halben Meter neben dem Thron stand, war daher gezwungen, sein Ohr dicht am kaiserlichen Mund zu halten, um die Entschlüsse des Monarchen hören und notieren zu können. Dazu waren die Worte des Kaisers in der Regel unklar und zweideutig, vor allem, wenn er vermeiden wollte, eindeutig Stellung zu beziehen, die Situation aber verlangte, daß er sich äußerte. Die Geschicklichkeit des Monarchen war bewunderungswürdig. Wenn ein Würdenträger ihn um die kaiserliche Entscheidung bat, antwortete er nicht gerade heraus, sonder sprach mit so leiser Stimme, daß diese nur an das wie ein Mikrophon über seinen Lippen hängende Ohr des Ministers der Feder drang. Dieser notierte das knappe und undeutliche Gemurmel der Macht. Der Rest war eine Frage der Interpretation, und die oblag dem Minister, der die Entschlüsse in eine schriftliche Form goß und sie nach unten weiterleitete.

Der Minister der Feder war der engste Vertraute des Kaisers, und er besaß große Macht. Aus der geheimnisvollen Kabbala des kaiserlichen Gemurmels konnte er beliebige Entscheidungen ableiten. Wenn alle von der Trefflichkeit und Weisheit der höchsten Verfügungen in Erstaunen versetzt wurden, dann war dies nur ein weiterer Beweis für die Unfehlbarkeit des Gotterwählten. Drang aber aus der Luft oder irgendeinem Winkel des Reiches auch nur ein Wispern der Unzufriedenheit an das Ohr des Monarchen, dann konnte er alles auf die Dummheit des Ministers schieben. Dieser war somit der meistgehasste Mann am Hof, denn die öffentliche Meinung war von der Weisheit und Güte unseres huldreichen Herrn überzeugt und machte für alle schlechten und gedankenlosen Entscheidungen, von denen es viele gab, den Minister verantwortlich. Die Dienerschaft flüstere zwar, weshalb Heile Selassie nicht den Minister wechsle, aber im Palast durften immer nur von oben nach unten Fragen gestellt werden, nie umgekehrt. Als dann zum ersten Mal laut und vernehmlich in die umgekehrte Richtung gefragt wurde, war dies ein Signal für den Ausbruch der Revolution.

Aber ich eile in die Zukunft voraus und muß zu jenem Moment am Morgen zurückkehren, da der Herrscher auf den Stufen des Palasts erscheint und zum Morgenspaziergang aufbricht. Er betritt den Park. In diesem Augenblick nähert sich ihm der Chef des Geheimdienstes des Palastes, Solomon Kedir, um Bericht zu erstatten. Der Kaiser wandelt durch die Allee, und einen Schritt hinter ihm geht Kedir, der redet und redet. Wer sich mit wem getroffen hat, wo das war und worüber sie gesprochen haben. Gegen wen sie sich verbünden und ob man das als Verschwörung ansehen kann. Kedir informiert den Kaiser auch über die Arbeit des militärischen Dechiffrierdienstes. Diese Abteilung, die ebenfalls Kedir untersteht, liest die verschlüsselten Gespräche, die zwischen den Divisionen geführt werden – es ist immer gut, zu wissen, ob dort nicht umstürzlerische Gedanken gedeihen. Seine Hoheit fragt nichts, kommentiert nichts, geht nur und hört. Manchmal bleibt der Kaiser vor dem Löwenkäfig stehen, um den Tieren eine Kalbskeule zuzuwerfen, die ihm ein Diener reicht. Er beobachtet die Gier der Löwen und lächelt. Dann geht er zu den angeketteten Leoparden und füttert sie mit Ochsenrippen. Hier muß er vorsichtig sein, denn er tritt nahe an die Raubkatzen heran, und diese sind unberechenbar. Schließlich nimmt er den Spaziergang wieder auf, und hinter ihm geht Kedir, der immer noch Meldung erstattet. Schließlich nickt der Herrscher, und das ist das Zeichen für Kedir, sich zu entfernen. In diesem Moment tritt zwischen den Bäumen der Minister für Industrie und Handel, Makonen Habte-Wald, hervor, der schon gewartet hat. Er nähert sich dem dahinschreitenden Kaiser und erstattet Bericht, sich immer einen Schritt hinter ihm haltend. Habte-Wald besitzt ein privates Netz von Zuträgern; er hält es einerseits aufrecht, weil er leidenschaftlich gern Intrigen spinnt, und andererseits, weil er dem Monarchen gefallen möchte. Jetzt berichtet er dem Kaiser, gestützt auf die Meldungen seines Geheimdienstes, über den Verlauf der vergangenen Nacht. Und wieder fragt der gütige Herr nichts und kommentiert nichts, schreitet nur dahin und hört mit auf dem Rücken verschränkten Armen zu. Der Kaiser nähert sich einer

Flamingoherde, aber die schreckhaften Vögel fliegen sofort auf, und er lächelt beim Anblick der Geschöpfe, die ihm den Gehorsam versagen. Schließlich neigt er wieder im Gehen den Kopf, Habte-Wald verstummt und zieht sich, rückwärts gehend, in die Allee zurück.

Jetzt wächst die bucklige Gestalt des vertrauten Zuträgers Asha Walde-Mikaela wie aus der Erde. Dieser Würdenträger steht an der Spitze der politischen Polizei, die eng mit dem Geheimdienst des Palastes von Solomon Kedir zusammenarbeitet, aber einen erbitterten Konkurrenzkampf gegen die privaten Spitzeldienste führt, wie etwa jenem von Habte-Wald.

Die Aufgabe dieser Leute war schwierig und gefahrvoll. Sie lebten in ständiger Angst, daß sie etwas nicht rechtzeitig melden und in Ungnade fallen könnten, oder das ein Widersacher ausführlicher Meldung erstattete und der Kaiser dann denken könnte: »Warum hat mir Solomon heute ein Festmahl bereitet, Makonen aber nur Reste gebracht? Hat er nichts gesagt, weil er nichts weiß, oder hat er geschwiegen, weil er selbst in die Verschwörung verstrickt ist?« Hatte denn unser Herr nicht oft genug am eigenen Leibe erfahren müssen, daß die nächsten und engsten Vertrauten ihn verrieten? Daher bestrafte der Kaiser das Schweigen. Andererseits wurde das kaiserliche Ohr durch einen ungehemmten Strom von Worten ermüdet und beleidigt, daher war auch rastlose Schwatzhaftigkeit nicht am Platz. Allein schon das Aussehen dieser Menschen ließ ahnen, in welcher Furcht sie lebten. Unausgeschlafen und erschöpft, waren sie in ständiger Spannung, wie im Fieber, immer auf der Suche nach Opfern, auf Schritt und Tritt umgeben von Angst und Haß. Ihr einziger Schild war der Kaiser, aber dieser konnte sie mit einer Handbewegung vernichten. O nein, der mildherzige Herr machte ihnen das Leben nicht leicht.

Wie schon gesagt, wenn Haile Selassie während des Morgenspaziergangs die Informationen über den Stand der Verschwörung im Kaiserreich hörte, stellte er keine Fragen und kommentierte die Meldungen nicht. Er wußte genau, warum. Er wollte die Spitzelberichte im reinen Zustand bekommen, wahre Berichte. Hätte er aber gefragt und Meinungen geäußert, dann hätte der Informant die Berichte beflissen gefärbt und den Vorstellungen des Kaisers angepasst; damit wäre aber die Zuträgerei der Willkür und subjektiven Einschätzung unterworfen worden, und der Monarch hätte nie in Erfahrung gebracht, was im Staat und im Palast tatsächlich vor sich ging.

Kurz vor Beendigung des Spazierganges hört der Kaiser noch, was Ashas Leute vergangene Nacht zusammengetragen haben. Er füttert die Hunde und den schwarzen Panther, dann bewundert er den Ameisenbären, den er kürzlich bekommen hat – ein Geschenk des Präsidenten von Uganda. Er nickt, und Asha verschwindet gebückt, unsicher ob er mehr oder weniger berichtet hat als seine erbittertsten Feinde – Solomon, der Feind von Makonen und Asha, und Makonen, der Feind von Asha und Solomon.

Die letzte Runde seines Spazierganges absolviert Haile Selassie allein. Im Park wird es hell, der Nebel lichtet sich, und in der Wiese brechen sich die ersten Sonnenstrahlen im Tau. Der Kaiser denkt nach. Das ist die Stunde, in der er sich Strategie und Taktik zurechtlegt, die personellen Kreuzworträtsel löst und die nächsten Züge auf dem Schachbrett der Macht vorbereitet. Er denkt über die Meldungen nach, die ihm seine Informanten gebracht haben. Es ist kaum etwas Wichtiges darunter, meistens denunziert nur einer den anderen. Der Monarch hat alles im Kopf notiert, sein Denken funktioniert wie ein Computer, der jedes Detail speichert, selbst die geringste Kleinigkeit bleibt haften. Im Palast gibt es kein Personalbüro, keine Akten und Fragebögen. Der Kaiser hat alles im Kopf, die ganze geheime Kartothek der Machtelite. Ich sehe ihn vor mir, wie er dahinschreitet, dann stehenbleibt und das Gesicht emporhebt, wie ins Gebet versunken. O Herr befreie mich von jenen, die vor mir auf den Knien rutschen und dabei den Dolch im Gewand verstecken, den sie mir in den Rücken bohren wollen. Aber welche Hilfe vermag der Herrgott zu geben? Alle Menschen, die den Kaiser umgeben, sind so – auf den Knien und den Dolch im Gewande. Oben auf den Gipfeln ist es nie warm. Dort wehen eisige Sturmböen, jeder steht gebückt und muß darauf achten, daß ihn sein Nachbar nicht in den Abgrund stürzt …

Aus Anlaß des Treffens der Präsidenten gab der Kaiser einen prachtvollen Empfang. Für das Fest wurden eigens aus Europa Weine und Kaviar eingeflogen; aus Hollywood holte man für eine Gage von 25 000 Dollar Miriam Makeba, die nach dem Festmahl die Herrscher mit Zulu-Liedern erfreuen sollte. Insgesamt wurden mehr als dreitausend Personen eingeladen, der Hierarchie entsprechend in höhere und niedere Kategorien eingeteilt; jede Kategorie bekam eine andersfarbige Einladungskarte und ein eigenes Menü. Der Empfang fand im alten Kaiserpalast statt. Die Gäste schritten durch ein langes Spalier der kaiserlichen Garde, die Säbel und Hellebarden trug. Von den Turmspitzen bliesen von Scheinwerfern bestrahlte Trompeter den kaiserlichen Tusch. In den Kreuzgängen brachten Schauspielergruppen historische Szenen aus dem Leben verstorbener Herrscher zur Aufführung. Von den Balkonen ließen Mädchen in nationalen Kostümen Blumen auf die Gäste niederregnen. Der Himmel explodierte im Sternregen eines Feuerwerks.

Nachdem die Gäste an den Tischen im Großen Festsaal Platz genommen hatten, ertönten Fanfaren, und der Kaiser erschien, Präsident Nasser zu seiner Rechten. Sie waren ein ungewöhnliches Paar: Nasser ein hochgewachsener, kräftiger, gebieterischer Mann, den Kopf nach vorne gestreckt und ein Lächeln auf den breiten Kinnladen, daneben die zarte, beinahe gebrechliche Gestalt Haile Selassies, von den Jahren gebeugt, ein hageres, ausdrucksvolles Gesicht, große, glänzende, forschende Augen. Hinter ihnen kamen die übrigen Staatsführer in Paaren herein. Der Saal erhob sich, und alle applaudierten. Es wurden Hochrufe auf die Einheit und den Kaiser ausgebracht. Dann erst begann das eigentliche Festmahl. Ein schwarzhäutiger Kellner bediente jeweils vier Gäste (in ihrer Aufregung ließ die Bedienung immer wieder etwas fallen). Das Tafelbesteck bestand aus altem Harar-Silber, auf den Tischen lagen da ein paar Tonnen kostbarsten, antiken Silbers. Manche Gäste ließen ein Stück in die Taschen verschwinden, einer einen Löffel, ein anderer eine Gabel.

Die Tische bogen sich unter Bergen von Fleisch und Früchten, Fischen und Käse. Von vielstöckigen Torten tropfte der süße, bunte Zuckerguß. Die erlesenen Weine warfen einen farbigen Schimmer und verströmten ein köstliches Aroma. Die Musik spielte auf, und kostümierte Possenreißer schlugen zum Gaudium der ausgelassenen

Festgäste Purzelbäume. Die Zeit verflog unter Geplauder, Lachen und Essen.

Es war herrlich.

Während der Veranstaltung mußte ich einen stillen Ort aufsuchen, wußte aber nicht, wo er zu finden sei. Ich trat durch eine Nebentür aus dem großen Festsaal in den Hof. Die Nacht war sternenlos, und es nieselte; ein Mairegen, aber kalt. Vor der Tür fiel eine sanfte Böschung ab, und in einer Entfernung von ein paar Dutzend Metern war unten eine schwach erleuchtete Baracke ohne Seitenwände zu erkennen. Von der Tür bis zur Baracke erstreckte sich eine Schlange von Kellnern, die Schüsseln mit den Überresten vom Festmahl hinunterreichten. In den Schüsseln floß ein Strom von Knochen, Überbleibseln, zermatschten Salaten, Fischköpfen und angebissenen Fleischbrocken bis zur Baracke. Ich ging auf das Gebäude zu, wobei ich im Schlamm und auf zu Boden gefallenen Speiseresten ausglitt.

Als ich davorstand, wurde ich gewahr, daß die Dunkelheit dahinter lebte, daß sich dort etwas bewegte, murrte und schlürfte, seufzte und schmatzte. ich warf einen Blick in die Baracke.

Im Dunkel der Nacht, in Schlamm und Regen drängte sich hier ein dichtes Heer von bloßfüßigen Bettlern. Die Abwäscher in der Baracke warfen ihnen die Reste aus den Schüsseln zu. Ich betrachtete die Menge, wie sie emsig und völlig versunken die Überbleibsel, Knochen und Fischköpfe verzehrte. Dieses Schmausen erfolgte mit einer hingebungsvollen und gewissenhaften Konzentration, es hatte etwas ungestüm Biologisches an sich – ein Hunger, der in angsterfüllter Spannung, in Ekstase gestillt wird.

Von Zeit zu Zeit wurden die Kellner aufgehalten, der Strom der Schüsseln kam zum Stillstand, und die Menge entspannte sich für einen Moment, als hätte ihr jemand befohlen, sich zu rühren. Die Leute wischten sich über die feuchten Gesichter und brachten ihre schmutzstarrenden Lumpen, in die sie gehüllt waren, in Ordnung. Dann begann der Strom von Schüsseln erneut zu fließen – denn auch oben war ein großes Fressen, Schmatzen und Schlürfen im Gang –, und die Menge gab sich erneut voll Eifer der gesegneten Tätigkeit des Essens hin …

Z.T.:

Im Augenblick der Nominierung sah unser Herr den gebeugten Kopf desjenigen vor sich, den er zu hohen Würden berief. Aber selbst der weitreichende Blick unseres Herrn konnte nicht erkennen, was dann mit diesem Kopf geschehen würde. Der Kopf, der sich im Audienzsaal locker auf dem Hals bewegt hatte, veränderte schon beim Passieren der Tür seine Haltung, er hielt sich hoch und steif und nahm eine kraftvolle und entschlossene Gestalt an. Ja, mein lieber Herr, die Macht der kaiserlichen Ernennung war schon erstaunlich! Denn ein ganz gewöhnlicher Kopf, der sich vorher natürlich und frei bewegt hatte, jederzeit bereit, sich zu drehen und zu wenden, zu nicken und zu neigen, unterlag jetzt, gesalbt mit der kaiserlichen Ernennung, einer verblüffenden Beschränkung: von nun an bewegte er sich nur mehr in zwei Richtungen – zum Boden hinunter, in Anwesenheit des ehrwürdigen Herrn, und nach oben, in Anwesenheit der übrigen Menschen. Einmal auf dieses vertikale Geleise gesetzt, war der Kopf nicht mehr beliebig beweglich, und wenn jemand von hinten herantreten und plötzlich rufen würde: »Hallo, mein Herr!« – könnte dieser sich nicht einfach nach dem Rufer umdrehen, sondern müßte die würdige Haltung bewahren und den Kopf mitsamt dem Körper in die Richtung der Stimme wenden.

Bei meiner Arbeit als Beamter des Protokolls im Audienzsaal fiel mir überhaupt auf, daß die Ernennung eine grundlegende physische Veränderung in den Menschen hervorrief. Das faszinierte mich, und ich begann, diesen Vorgang genau zu studieren. Vor allem die Figur des Menschen veränderte sich. Vorher schlank und biegsam, nehmen die Umrisse jetzt immer deutlicher eine quadratische Gestalt an. Ein massives, solides Quadrat – Symbol der Würde und des Gewichtes der Macht. Schon die Silhouette läßt erkennen, daß wir nicht irgend jemanden vor uns haben, sondern ein Ausbund von Würde und Verantwortung. Dieser Veränderung der Figur entspricht eine allgemeine Verlangsamung der Bewegungen. Ein Mann, der von unserem ehrwürdigen Herrn ausgezeichnet wurde, wird nicht springen, laufen, hüpfen oder herumtollen. O nein, sein Schritt ist gemessen, er setzt den Fuß fest auf den Boden, eine leichte Neigung des Körpers nach vorn signalisiert Bereitschaft, eventuell auftauchenden Hindernissen die Stirn zu bieten. Die Bewegung der Hände ist bedächtig, frei von jeder unkontrollierten und nervösen Gestik. Auch die Gesichtszüge sind strenger und irgendwie gefroren, ernst und verschlossen, aber immer noch fähig, plötzliche Zustimmung und Optimismus anzuzeigen; aber insgesamt wird das Gesicht so, daß wir keinen psychologischen Kontakt mehr mit ihm herstellen können. Man kann sich in seiner Gegenwart nicht mehr entspannen oder aufatmen. Auch der Blick verändert sich. Länge und Auffallwinkel werden anders. Der Blick verlängert sich auf einen Punkt hin, der außerhalb unseres Gesichtsfeldes liegt. Wenn wir daher mit einem Ernannten sprechen, können wir von ihm auf Grund der allgemein bekannten Gesetze der Optik gar nicht gesehen werden, weil sich sein Blickpunkt weit hinter uns befindet. Er kann uns nicht sehen, weil der Einfallswinkel seines Blickes sehr stumpf ist – nach dem sonderbaren Gesetz des Periskops schaut selbst noch der kleinste Ernannte weit über unseren Kopf hinweg in eine unerreichbare Ferne oder auf einen bemerkenswerten Gedanken. Wir haben jedenfalls das Gefühl, daß seine Gedanken vielleicht nicht unbedingt profunder sind als unsere, aber jedenfalls wichtiger und verantwortungsvoller; es erscheint uns daher sinnlos und kleinlich, ihm unsere eigenen Gedanken mitteilen zu wollen, und wir versinken in Schweigen. Aber auch der Günstling des Kaisers verspürt keine Lust zu reden, denn mit der Ernennung verändert sich auch die Art zu sprechen. Volle und klare Sätze machen einem einsilbigen Brummen, Knurren, Räuspern, bedeutungsvollen Pausen, verschwommenen Worten und überhaupt einem Gehabe Platz, das anzeigt, er habe all das schon längst und viel besser gewußt. Wir fühlen uns daher überflüssig und gehen. Sein Kopf bewegt sich auf seinem vertikalen Geleise von oben nach unten in einer Geste des Abschieds.

Es kam aber vor, daß der gütige Herr nicht nur beförderte, sondern jemanden – wenn er illoyales Verhalten feststellte – leider auch degradierte oder ihn gar – mein Freund, verzeih mir den harten Ausdruck – mit Schwung auf die Straße warf. Dann konnte man ein interessantes Phänomen beobachten: In dem Moment, da jemand die Straße berührte, verschwanden alle Anzeichen der Ernennung, die physischen Veränderungen wurden rückgängig gemacht, und der gefeuerte war wieder wie früher. Er legte sogar eine nervöse und etwas übertrieben erscheinende Neigung, sich zu verbrüdern, an den Tag, als wollte er die ganze Angelegenheit vergessen machen, sie mit einer Handbewegung vom Tisch wischen und sagen: »Ach, vergessen wir's«, als handelte es sich um eine Krankheit, die nicht der Rede wert ist …

Sie sagen, in den ersten Tagen nach der Rückkehr des Kaisers habe im Palast ungewöhnlicher Betrieb geherrscht. Putzmänner scheuerten die Böden und kratzten die eingesickerten Blutflecken vom Parkett. Lakaien nahmen die zerrissenen und angebrannten Portieren ab, Lastwagen führten ganze Haufen von zerbrochenen Möbeln und Kisten mit leeren Granaten weg, Glaser setzten neue Scheiben und Spiegel ein, Maurer verputzten die von Kugeln zerlöcherten Wände. Langsam verzog sich der Brandgeruch und Pulverdampf. Noch lange später fanden die feierlichen Begräbnisse derjenigen statt, die, bis zum Ende loyal, ihr Leben gegeben hatten, zur selben Zeit wurden die Leichen der Aufständischen im Schutz der Nacht an unbekannten, versteckten Orten verscharrt. Die meisten Opfer waren zufällig ums Leben gekommen. Während der Straßenkämpfe waren Hunderte gaffender Kinder, Frauen auf dem Weg zum Markt, Männer, die zur Arbeit gingen oder müßig in der Sonne flanierten, getötet worden. Jetzt waren die Schießereien verstummt und Militär patrouillierte durch die Straßen der Stadt, die erst viel später, nachdem alles vorüber war, den Schrecken und Schock zu spüren schien. Sie erzählen auch, daß Wochen erschreckender Verhaftungen, quälender Nachforschungen, brutaler Verhöre folgten. Unsicherheit und Furcht regierten; die Menschen flüsterten und klatschten, sie beredeten die Details des Putsches und schmückten sie aus, soweit ihre Phantasie und ihr Mut das erlaubten. Aber das alles geschah im Verborgenen, denn jede Diskussion der jüngsten Ereignisse war offiziell streng verboten, und die Polizei – über die man sich nie lustig machen soll, selbst dann nicht, wenn sie das selbst herausfordert (und das war jetzt bestimmt nicht der Fall!) – wurde noch gefährlicher und tüchtiger als sonst, weil sie sich von dem Vorwurf reinigen wollte, sie habe sich an der Verschwörung beteiligt. Es gab auch genug Willige, die die Polizeistationen mit immer neuen verängstigten Kunden versorgten. Alle warteten, was der Kaiser tun und welche Erklärung er jetzt abgeben würde.

Nach seiner Rückkehr in die verschreckte und vom Stigma des Verrats gezeichnete Hauptstadt hatte er seinem Schmerz und seinem Mitleid für die Handvoll Schafe Ausdruck verliehen, die sich von der Herde entfernt und in der steinigen und blutgetränkten Wüste vom Weg abgekommen waren …

G.: Die ganze Welt, mein lieber Freund, stand kopf, denn am Himmel erschienen seltsame Zeichen. Mond und Jupiter blieben im siebten und zwölften Haus des Himmels stehen und begannen, statt sich in Richtung des Dreiecks zu bewegen, unheilverkündend die Gestalt eines Quadrates zu bilden. In der Folge flohen nun die Inder, die am Hofe die Zeichen deuteten, aus dem Palast – wahrscheinlich hatten sie Angst, den ehrwürdigen Herrn mit einem bösen Omen zu reizen. Aber Prinzessin Tene Work traf sich wohl weiter mit jenen Indern, denn sie lief aufgeregt durch den Palast und drangsalierte den alten Herrn, er möge Verhaftungen vornehmen und Hinrichtungen anordnen. Und auch die übrigen Kerkerleute drangen auf den erhabenen Herrn ein und flehten ihn sogar auf Knien an, die Verschwörer aufzuhalten und in den Kerker zu werfen. Wie verschlug es ihnen aber die Sprache, als sie sahen, daß der ehrwürdige Herr nun täglich seine Armee-uniform anlegte, mit den Orden klimperte und den Marschallstab in der Hand trug, gleichsam als sichtbares Zeichen, daß er immer noch seine Armee anführte, an ihrer Spitze stand und sie befehligte. Es macht nichts, wenn diese Armee sich gegen den Palast erhebt – ja, sie erhebt sich, aber unter seiner Führung, es ist immer noch seine treue und loyale Armee, die alles im Namen des Kaisers macht! Sie rebellieren. Ja, aber sie rebellieren loyal!

Das war es, mein Freund, der erhabene Herr wollte alles beherrschen. Selbst wenn es eine Rebellion gab, wollte er über die Rebellion herrschen, auch wenn sie sich gegen seine eigene Krone richtete. Die Kerkerleute murmeln, offensichtlich sei unser Herr umnebelt, wenn er nicht begreifen könne, daß er mit seinem Vorgehen seinen eigenen Sturz überwache. Aber der gütige Herr hört auf niemanden und empfängt im Palast eine Delegation jenes Komitees, auf Amharisch Derg genannt, schließt sich mit ihm in seinem privaten Arbeitszimmer ein und konferiert mit den Verschwörern! In diesem Augenblick, mein Freund, das muß ich beschämt gestehen, ging ein gottloses und bedauerliches Raunen durch die Gänge des Palastes, unser Herr sei nicht mehr ganz richtig im Kopf, denn jener Delegation gehörten normale Sergeanten und

Korporale an, und wer hätte sich je vorstellen können, daß sich unser erlauchter Herr mit solch einer niedrigen Soldateska an einen Tisch setzt! Es ist heute schwer zu ergründen, worüber unser Herr mit jenen Leuten beraten hatte, aber gleich nachher setzten neue Verhaftungen ein und der Palast wurde noch menschenleerer. Sie nahmen Prinz Mesfin Shileshi in Gewahrsam, und er war ein großer Mann, der eine eigene Armee besaß, die freilich sofort entwaffnet wurde. Sie setzten Prinz Worku Selassje gefangen, der unermeßliche Landgüter besaß. Sie sperrten den Schwiegersohn des Kaisers und Verteidigungsminister, General Abiye Abebe, ein. Zum Schluß sperrten sie Premierminister Endelkachew und ein paar seiner Minister ein. Nun wanderte bereits jeden Tag jemand ins Gefängnis, und immer sagten sie, es geschehe im Namen des Kaisers.

Die Kerkerdame ging herum und beschwor den erhabenen Vater, seine Härte zu zeigen. »Vater, behaupte dich«, sagte sie, »und zeig deine Härte!« Aber, um ehrlich zu sein, welche Härte kann man in so einem Alter schon zeigen? Unser Herr konnte sich jetzt nur seiner Nachgiebigkeit bedienen, und er stellte seine überragende Klugheit unter Beweis, indem er sich versöhnlich und konziliant zeigte, statt zu versuchen, den Widerstand mittels Härte zu brechen – auf diese Weise wollte er die Verschwörer beruhigen. Aber je nachgiebiger er sich gab, um so mehr Härte forderte die Kerkerdame, um so zorniger wurde sie angesichts seiner Weichheit, und nichts vermochte sie zu versöhnen und ihre Nerven zu besänftigen. Aber unser gütiger Herr wurde nie zornig, im Gegenteil, er lobte die Dame unablässig, sprach ihr Trost zu und ermutigte sie. In diesen Tagen kamen die Verschwörer immer öfter in den Palast, und unser Herr empfing sie, hörte sie an, rühmte ihre Loyalität und ermutigte sie. Das beglückte die Redner, die ständig dazu aufriefen, sich an den Verhandlungstisch zu begeben und die Wünsche der Rebellen zu erfüllen. Und jedes Mal, wenn die Redner ein in diesem Geiste verfaßtes Memorandum ausarbeiteten und dem Kaiser vorlegten, rühmte der Herr ihre Loyalität, sprach ihnen Mut zu und ermunterte sie. Aber auch die Redner wurden von den Militärs einer nach dem anderen verhaftet, so daß ihre Reihen sich lichteten und ihre Stimmen immer schwächer erklangen.

Die Salons, Gänge, Korridore und Höfe wurden von Tag zu Tag leerer, doch niemand raffte sich zur Verteidigung des Palastes auf; niemand erteilte den Befehl, die Tore zu schließen und zu den Waffen zu rufen. Einer schaute den anderen an und dachte: Vielleicht nehmen sie ihn mit und lassen mich übrig? Wenn ich jetzt aber ein Geschrei gegen die Verschwörer erhebe, dann werden sie mich einstecken, die anderen aber in Ruhe lassen! Darum ist es besser, man sitzt still und schließt die Augen. Besser, nicht springen, damit sie mich nicht verschlingen. Besser, nicht schreien, sonst könnt' es mich reuen. Manchmal gingen alle nur zum Herrn und fragten ihn, was sie tun sollten, und der allmächtige Herrscher hörte ihre Klagen an, lobte und ermutigte sie. Später wurde es aber schwieriger, eine Audienz zu erhalten, denn der erhabene Herr war es müde, ständig nur Seufzen und Klagen, Denunziationen und Forderungen zu hören; am liebsten empfing er die Botschafter fremder Länder und ausländische Delegationen, denn diese brachten ihm Erleichterung, indem sie ihm Mut zusprachen, in lobten und ermunterten. Diese Botschafter, und auch die Verschwörer, waren die letzten Menschen, mit denen unser Herr vor seinem Hinscheiden sprach, und sie sagten übereinstimmend, er wäre bei guter Gesundheit und im vollen Besitz seiner geistigen Kräfte gewesen.

D.: Die Handvoll Kerkerleute, die noch im Palast verblieben war, schritt durch die Gänge und rief zu Taten auf. Wir müssen uns aufmachen, sagten sie, in die Offensive übergehen, etwas gegen die Unruhestifter unternehmen, sonst zerfällt alles auf elendige Weise. Aber wie soll man in die Offensive übergehen , wenn der ganze Haufen in der Defensive steht, wie kann man raten, wenn solche Ratlosigkeit herrscht, wie auf die Redner hören, die Veränderung fordern, wenn sie nicht sagen, was man verändern und woher man die Kraft dafür nehmen soll? Alle Veränderungen mußten vom Monarchen ausgehen, brauchten seine Zustimmung und Unterstützung, sonst wurden sie zum Verrat, den strenger Tadel trifft. Dasselbe galt für alle Gunstbeweise – unser Herr allein konnte sie austeilen, und was einer nicht vom Thron bekommen hatte, das konnte er von niemandem erlangen. Aus diesem Grunde quälte eine Sorge die Höflinge: Wenn unser Herr einmal nicht mehr wäre, wer würde ihnen dann seine Gunst erweisen und ihren Reichtum vermehren?

In unserem Palast, umzingelt und verurteilt, waren nun alle nach Kräften bemüht, die lähmende Passivität zu durchbrechen und etwas Wertvolles zu präsentieren, eine brillante Idee, Vitalität zu zeigen! Wer noch die Kraft dazu hatte, schritt durch die Gänge und zermarterte sich mit sorgendurchfurchter Stirn den Kopf nach jener Idee, bis schließlich einer den Einfall hatte, man müsse eine Jubiläumsfeier organisieren. »Was ist denn das für eine

Idee«, riefen die Redner empört, »sich jetzt mit einem Jubiläum die Zeit zu vertreiben! Dabei ist es nun wirklich die letzte Gelegenheit, sich an den Verhandlungstisch zu setzen, das Kaiserreich zu retten und in Ordnung zu bringen!« Die Schwimmer jedoch meinten, es wäre ein würdiges und den Untertanen Respekt abnötigendes Lebenszeichen, und sie machten sich voll Enthusiasmus daran, das Jubiläum in die Wege zu leiten, die Festivitäten zu planen und ein Freudenmahl für die Ärmsten der Armen vorzubereiten. Der Anlaß, mein Freund, bestand darin, daß unser Herr sein zweiundachtzigstes Lebensjahr vollendete, obwohl die Studenten, die nun in alten Papieren zu kramen begannen, ein großes Geschrei erhoben und riefen, er sei nicht zweiundachtzig, sondern schon zweiundneunzig, denn vor langer Zeit habe der Herr, so giften sie, ein paar Jahre von seinem Alter abgezogen. Aber die boshaften Zungen der Studenten konnten uns den Feiertag nicht vergällen, und der Informationsminister – wie durch ein Wunder nach wie vor auf freiem Fuße – nannte das Fest einen Erfolg und das beste Beispiel für Harmonie und Loyalität. Der Minister ließ sich durch keine Widrigkeit unterkriegen, denn er war scharfsinnig genug, noch im schlimmsten Verlust einen Gewinn zu entdecken, und er verstand alles so zu drehen und zu wenden, daß er in der Niederlage einen Sieg erblickte, im Unglück Glück, in der Armut Wohlstand und in der Katastrophe Erfolg. Hätte er nicht alles so schlau zu wenden gewußt, wie hätte man jenen traurigen Festtag wunderbar nennen können?

Ein kalter Regen fiel an jenem Tag, und Nebelschwaden lagen über dem Boden, als unser Herr auf den Balkon des Palastes hinaustrat, um eine Thronrede zu halten.

Neben ihm auf dem Balkon stand nur eine Handvoll Würdenträger, durchnäßt und niedergeschlagen, der Rest saß entweder hinter Gittern oder war ins Ausland geflüchtet. Volksmassen waren keine zu sehen, nur die Palastdiener und ein paar Soldaten der Kaiserlichen Garde, die am Rand des menschenleeren Hofes standen. Unser erhabener Herr versicherte den hungernden Provinzen sein Mitgefühl und erklärte, er würde keine Gelegenheit versäumen, das Kaiserreich weiter fruchtbar zu entwickeln. Er dankte auch der Armee für ihre Loyalität, lobte die Untertanen, ermutigte sie und wünschte ihnen allen Erfolg. Aber seine Worte waren so leise, daß man im Rauschen des Regens nur ein paar Satzfetzen verstand. Und du sollst wissen mein Freund, daß mich diese Erinnerung bis zu meinem Grabe begleiten wird, denn ich höre noch heute die Stimme des Herrn, wie sie immer mehr bricht, und ich sehe vor mir, wie Tränen über sein greises Antlitz laufen. Und damals, ja, damals dachte ich zum ersten Mal daran, daß tatsächlich alles zu Ende geht, daß an diesem regnerischen Tag alles Leben versiegt und ein kalter und klebriger Nebel sich auf uns legt. Mond und Jupiter, die im siebten und zwölften Haus des Himmels stehen geblieben waren, formten die Gestalt eines Quadrats.

Aus den Notizbüchern

Ich verehre die Prosa Tschechows. Einmal wollte er eine Erzählung über ein Erlebnis am Meer schreiben und suchte verzweifelt eine Definition des Meeres. Zufällig las er den Aufsatz einer Schülerin, in dem der erste Satz lautete: »Das Meer ist ungeheuer groß.« Tschechow schreibt, daß »darin alles enthalten war, was sich über das Meer sagen läßt.« Für den gelungenen Anfang eines Buches brauche ich einen einfachen beschreibenden Satz. Die Sätze sollen einfach sein, die Komposition hingegen polyphon. Eine gewisse Schule der Einfachheit war für mich die Arbeit in der Presseagentur. Als Agenturjournalist muß man sich beschränken können. Ich war Afrikakorrespondent der bitter armen polnischen Presseagentur. Für die Schilderung des Staatsstreiches in Nigeria im Jahre 1964 bekam ich genau 100 Dollar. Ein Telex kostete 50 Cent pro Wort. ich mußte daher mit 200 Worten auskommen – das ist eine Seite –, um so ein kompliziertes politisches Ereignis zu beschreiben. Ich mußte ungeheuer sparsam umgehen mit jedem Wort ...

Ein Paradoxon der literarischen Reportage: Obwohl man die Reportage mit der Presse assoziiert, wird sie nur selten von Journalisten geschrieben. Es handelt sich um eine äußerst zeitraubende Gattung, und Journalisten, die in Redaktionen arbeiten, haben wenig Zeit. In der von Egon Erwin Kisch herausgegebenen Anthologie ›Klassischer Journalismus‹ gibt es ein Kapitel wie *Leitartikel, Lokalchronik, Feuilleton,* aber kein Kapitel über die *Reportage.* Im übrigen führt diese Anthologie ein paar Dutzend Namen, darunter Autoren wir Martin Luther, Jonathan Swift, Victor Hugo oder Heinrich Heine, jedoch kaum Journalisten. In einer anderen umfangreichen Reportage-Anthologie, ›The Faber Book of Reportage‹, findet man Tacitus, Marco Polo, Chateaubriand, Dickens, Flaubert und Dutzende anderer Autoren, Wissenschaftler und Reisender, aber auch hier nur wenige Journalisten.

Insgesamt gibt es mehr Reportagen als Reporter, weil die Mehrheit der Reportagen, die in der Welt geschrieben werden, nicht von Reportern stammen, sondern von Prosaautoren, Dichtern, Wissenschaftlern, Militärs. Vor allem jedoch von Schriftstellern. In Polen wären etwa Autoren, wie Henryk Sienkiewicz, Władysław Reymont, Ksawery Pruszyński, Zofia Nałkowska, Witold Gombrowicz u.a. zu nennen, eigentlich gibt es nur wenige, die keine Reportagen schrieben.

Über Stellung und Platz der Reportage in der Literatur schrieb 1987 der Professor für englische Literatur in Oxford, John Carey, in seinem ›Faber Book of Reportage‹:

»Die Frage, ob die Reportage ›Literatur‹ ist, scheint weder interessant noch von wirklicher Bedeutung. Die ›Literatur‹, wie wir sie heute begreifen, ist keine objektiv feststehende Kategorie, der von ihrem Wesen her bestimmte Werke zugeordnet werden könnten. Sie ist eher ein Begriff – gebraucht von meinungsbildenden Institutionen und Gruppen, die großen Einfluß auf die Kultur ausüben –, der darauf abzielt, jene Texte hervorzuheben, denen sie aus diesem oder jenem Grund mehr Wert verleihen wollen. Wir sollten daher nicht fragen, ob die Reportage Literatur ist, sondern warum Intellektuelle und literarische Institutionen ihr so verbissen den Status absprechen wollen.

Die ablehnende Haltung gegenüber den Massen, die als Konsumenten der Reportage gelten, trägt natürlich dazu bei, dieses Vorurteil zu verstärken. Die Terminologie, mit der das zum Ausdruck gebracht wird, enthält oft versteckte soziale Bedeutung. Die ›Hochkultur‹ wird unterschieden von der ›Trivialität‹, die angeblich die Reportage auszeichnet. In der Diskreditierung der Reportage spiegelt sich der Wunsch wider, eher das Irreale zu fördern als das Reale. Man ist der Ansicht, fiktive Werke stünden von vorneherein höher als andere und zeichneten sich darüber hinaus durch geistige Elemente aus, die dem ›Journalismus‹ fehlten. Der schöpferische Künstler beschäftigte sich mit höheren Wahrheiten als den realen, und das verleihe ihm bevorzugt Einsicht in die menschliche Seele.

Diese Überzeugungen sind offensichtlich Relikte eines magischen Denkens. Die Flucht in Vorstellungen von Höhenflügen, wie man sie bei Vertretern dieses Denkens findet, aber auch die Betonung der Reinheit, der Ekel vor irdischer Verunreinigung, Schmutz und Glaube an die Inspiration, das alles gehört zu den traditionellen Mythen von Priestertum und geheimnisvollen Kulten. Menschen mit solchen Ansichten von der Literatur tendieren auch dazu, jeden Versuch zu verwerfen, eine Verbindung zwischen den Werken und dem Leben ihrer Schöpfer herzustellen, wie manche Kritiker das tun. Sie sind vielmehr überzeugt, eine biographische Sichtweise bedeute eine Herabsetzung der Literatur, weil sie diese mit gewöhnlicher Wirklichkeit in Verbindung bringe: Man müsse die Texte von ihren Autoren trennen und sie rein und abgehoben oder – bestenfalls – gemeinsam mit anderen, eben so reinen und abgehobenen Texten, auf sich wirken lassen.

Die Vorurteile, die hinter solchen Dogmen stecken, mögen ebenso interessant sein wie die Relikte primitiver Kulturen, es wäre jedoch schlimm, wollte man ihnen in der Diskussion das Gewicht ernsthafter Argumente beimessen. Die Überlegenheit der Reportage gegenüber der fiktiven Literatur ist deutlich. Damit fiktive Literatur ihre Wirkung entfalten kann, muß der Leser freiwillig und von vornherein an das glauben, wovon sie spricht. Das setzt Elemente des Spielerischen, der Übereinkunft oder des Selbstbetrugs voraus. Im Gegensatz dazu beschreibt die Reportage, was wirklich ist, was die Literatur nur mittels der Fiktion zeigen kann.

Es wäre selbstverständlich unklug, wollte man aus diesem Grund die Rolle der fiktiven Literatur herabsetzen. Die Tatsache, daß sie nicht real ist, daß ihre Trauer, Liebe und ihr Tod nur scheinbar sind, ist ja der einzige Grund dafür, daß wir uns zu ihr hingezogen fühlen. Sie ist ein Traum, den wir jeden Moment unterbrechen können, weshalb sie uns im ständigen Zwang des realen Lebens die wertvolle Illusion der Freiheit schenkt. Sie läßt uns die Wonnen der Leidenschaft, aber auch andere Gefühle (Zorn, Angst, Mitleid usw.) auskosten, die im normalen Leben nur in mit Schmerz oder Sorgen verbundenen Situationen auftreten. Auf diese Weise befreit sie uns und erweitert den Horizont unserer Gefühle. Es ist anzunehmen, daß die Mehrheit der Leser viele Reportagen als Fiktion betrachten. Die in den Reportagen dargestellten Schicksalsschläge und Katastrophen werden von ihnen nicht als wirklich erkannt, sondern als Teil einer irrealen Welt, weit entfernt von ihren eigenen Sorgen und der bedrückenden Wirklichkeit. Daher konnte die Reportage im Leben vieler Menschen den Platz der fiktiven Literatur einnehmen. Sie lesen lieber Zeitungen als Bücher, und diese Zeitungen können ebenso gut mit Fiktion gefüllt sein wie die Romane von Frayn.

So angenehm das auch wäre, würde es doch eine Flucht vor der Wirklichkeit bedeuten, ähnlich wie die fiktive Literatur, während es das Ziel jeder guten Reportage ist, diese Flucht zu verhindern. Die Reportage verbannt uns aus dem Land der Fiktion in die bitteren Gefilde der Wahrheit. Alle großen realistischen Autoren des neunzehnten Jahrhunderts – Balzac, Dickens, Tolstoi, Zola – näherten sich der Technik der Reportage an, indem sie in ihre Romane Berichte von Augenzeugen und aus Zeitungen einfügten, um ihnen ein größeres Maß von Realismus zu verleihen. Doch das angestrebte Ziel erreichten sie nie. Bestenfalls gelang ihnen eine Imitation der Reportage, der jedoch das wichtigste Element fehlte: das Wissen des Lesers, daß das alles wirklich passiert ist.

Wenn wir (um das drastischste Beispiel zu nennen) die Berichte von Zeugen lesen, die den Holocaust überlebten, können wir uns nicht damit trösten (wie wir das bei Leidensberichten in realistischen Romanen tun), dies sei alles bloß Fiktion. Die berichteten Tatsachen verlangen unsere Akzeptanz und zwingen uns zu reagieren, obwohl wir nicht wissen, wie. Wir lesen Details – Juden, die am Rand von Massengräbern auf ihre Erschießung warten; ein Vater, der seinen Sohn tröstet und zum Himmel deutet; eine Großmutter, die mit einem kleinen Kind spielt – und sind schon überwältigt von unserer eigenen Hilflosigkeit, vom absurden Wunsch zu helfen, Gefühle, die für immer ungestillt und nutzlos bleiben.

Oder vielleicht doch nicht völlig nutzlos. Denn auf dieser Ebene (so, daß jeder hoffen darf) kann die Reportage ihre Leser verändern, deren Gefühle formen, deren Ansichten zum Thema, was es heißt, Mensch zu sein, in beide Richtungen erweitern und ihre Toleranz für jegliche Unmenschlichkeit verringern. Diese Verdienste werden für gewöhnlich der fiktiven Literatur zugeschrieben. Weil aber die Reportage – im Gegensatz zur Literatur – die Wirklichkeit allen Zierrats beraubt, sind ihre Lehren viel wichtiger. Und weil sie Millionen erreicht, die für die Literatur unerreichbar sind, hat sie auch unvergleichlich größere Möglichkeiten.«

Schah-in-schah

Fotografie 7

Auf diesem Bild sieht man eine Gruppe Menschen in einer Straße von Teheran an der Bushaltestelle stehen. Menschen, die auf den Autobus warten, sehen auf der ganzen Welt ähnlich aus. Sie haben denselben apathischen, stumpfen Gesichtsausdruck, die selbe benommene, resignierte Haltung, denselben trüben, unwilligen Blick. Der Mann, von dem ich die Fotografie bekam, fragte mich, ob mir darauf etwas Besonderes auffiele. Nein, sagte ich nach einigem Nachdenken, ich kann nichts entdecken. Er erwiderte, das Bild sei aus einem Versteck aufgenommen worden, aus einem Fenster auf der gegenüberliegenden Straßenseite. Ich sollte diesen Mann näher betrachten (dem Aussehen nach ein kleiner Beamter ohne besondere Kennzeichen), der neben drei ins Gespräch vertieften Männern steht und den Kopf horchend in ihre Richtung wendet. Dieser Mann gehörte zur Savak und tat immer an derselben Haltestelle Dienst, wo er die Menschen belauschte, die auf einen Autobus warteten und sich manchmal über dieses und jenes unterhielten. Der Inhalt ihrer Gespräche war stets belanglos. Die Menschen wagten nur über belanglose Themen zu sprechen, aber selbst dabei mußten sie ihre Worte vorsichtig wählen, damit die Polizei keine Anspielung heraushören konnte. Die Savak besaß ein feines Ohr für Anspielungen.

Eines schönen, heißen Nachmittags kam ein alter, herzkranker Mann zu dieser Bushaltestelle und stöhnte – wie drückend es heute ist, man kann kaum Luft schöpfen. »Sehr richtig«, bestätigte der diensttuende Savak-Mann und schob sich näher an den ermatteten Passanten heran, »und der Druck wird immer schlimmer, die Menschen können schon gar nicht mehr atmen.« »So ist es«, stimmte der alte, naive Mann zu und griff sich ans Herz, »die Luft ist stickig, und dazu dieser unerträgliche Druck!« In diesem Moment nahm der Savak-Mann Haltung an. »Sie werden gleich Gelegenheit bekommen, sich zu erholen«, schnarrte er und führte den Alten ohne ein weiteres Wort ins Gefängnis. Die anderen Wartenden hatten ängstlich zugehört, ihnen war es gleich als ein unverzeihlicher Fehler erschienen, daß der alte, kranke Mann in einer Unterhaltung mit einem Fremden das Wort Druck in den Mund nahm. Die Erfahrung hatte sie gelehrt, daß es besser ist, bestimmte Worte gar nicht erst auszusprechen, wie etwa *Druck, Finsternis, Schwere, Abgrund, Zusammenbruch, Sumpf, Käfig, Gitter, Kette, Knebel, Knüppel, Stiefel, Unsinn, Wahnsinn*; auch Zeitworte wie *hängen, fallen, vergeuden, versinken*; und sogar einzelne Redewendungen wie *etwas läuft schief, hier ist etwas faul, da stimmt etwas nicht* waren zu vermeiden, denn all diese Hauptwörter, Zeitwörter, Phrasen konnten als Anspielung auf das Schah-Regime ausgelegt werden. Es waren dies semantische Mienenfelder, in die man bloß einen Fuß zu setzen brauchte – schon flog man in die Luft. Für einen Augenblick aber waren die Menschen an der Autobusstation sich nicht sicher – vielleicht war der Kranke selbst ein Savak-Mann? Er hatte immerhin gewagt, das Regime zu kritisieren (indem er das Wort *Druck* ins Gespräch einflocht) – bedeutete dies nicht, daß er kritisieren durfte? Wenn nicht, würde er doch schweigen oder über angenehme Dinge plaudern, etwa darüber, daß die Sonne scheint oder daß der Autobus sicher bald kommen wird. Wer aber konnte es sich erlauben, Kritik zu äußern? Nur die Savak-Leute, die auf diese Weise unvorsichtige Schwätzer provozierten, um sie dann abzuführen. Der allgegenwärtige Terror verwirrte die Menschen und machte sie mißtrauisch, so daß sie nicht mehr an die Ehrlichkeit, Sauberkeit, Tapferkeit ihrer Mitmenschen glauben mochten. Sich selbst betrachtete jeder als ehrlich, war aber nicht dazu zu bewegen, über etwas ein Urteil zu fällen oder jemanden zu beschuldigen, denn jedermann kannte die Folgen. Wenn daher einer den Monarchen kritisierte und verdammte, meinten alle, dieser besäße eine tückische Absicht: Er wollte lediglich herausfinden, wer zustimmend nickte, um diesen dann zu vernichten. Je schärfer und treffender er die ängstlich gehütete Meinung vertrat, um so mehr machte er sich allen verdächtig, einen um so weiteren Bogen schlugen alle um ihn. und sie warnten auch ihre Freunde – nehmt euch in acht, mit diesem Kerl stimmt etwas nicht, er hat eine zu scharfe Zunge. Auf diese Weise triumphierte die Angst – wer sich aus ehrlicher Überzeugung gegen die Gewalt auflehnte, begegnete Mißtrauen und Haß. Die Angst brachte das Denken der Menschen in Unordnung, bis sie zum Schluß Mut als Hinterlist und Kühnheit als Kollaboration ansahen. Als die Menschen an der Haltstelle aber nun selbst Zeugen wurden, wie brutal der Savak-Mann sein Opfer fortschleppte, ließen sie ihren Verdacht fallen, daß dieser kränkliche Alte ein Spitzel sei. Im übrigen verloren sie die beiden bald aus den Augen. Wohin waren sie gegangen? Niemand wußte es, niemand konnte mit Sicherheit sagen, wo die Savak residierte. Die Savak besaß kein Hauptquartier, sie war über die ganze Stadt (und das ganze Land) verstreut, überall und nirgends zugleich. Sie war in unscheinbaren Mietshäusern untergebracht, in Villen, in Appartements. Es gab dort keinerlei Hinweistafeln allenfalls die Schilder nicht existierender Firmen. Die Telefonnummern waren nur Eingeweihten bekannt. Vielleicht hatte die Savak ein paar Zimmer in jedem Wohnblock gemietet, oder man betrat ihr Büro durch jenen Laden, jene Wäscherei, jenes Nachtlokal. Unter diesen Umständen konnten alle Wände Ohren haben und alle Türen, Tore und Einfahrten zur Savak führen. Wer ihr in die Hände fiel, verschwand spurlos (oft für immer). Er verschwand unversehens, und niemand wußte, was mit ihm geschehen war, wo man ihn suchen, wen man nach ihm fragen, bei wem man um Gnade für ihn flehen konnte. Vielleicht steckte er im Kerker – aber in welchem? Es gab deren sechstausend. Nach Ansicht der Opposition gab es im Iran hunderttausend politische Gefangene. Vor den Menschen ragte eine unsichtbare, aber undurchdringliche Mauer auf, vor der sie ratlos standen, unfähig, einen Schritt vorwärts zu tun. Der Iran war Eigentum der Savak, aber die Savak benahm sich wie eine Untergrundorganisation, die auftaucht und wieder verschwindet, alle Spuren hinter sich verwischt, keine Anschrift besitzt. Zugleich gab es verschiedene Abteilungen, die offiziell existierten. Die Savak zensierte Bücher, Zeitungen und Filme. (Es war die Savak, die alle Aufführungen von Shakespeare und Molière verboten hatte, weil in ihren Stücken die Schwächen der Monarchen bloßgestellt wurden.) Doie Savak regierte an den Hochschulen, in den Ämtern und Fabriken. Sie war wie ein Krake mit unzähligen Gliedern, der alles umklammert hielt, seine Saugnäpfe überall festpreßte, in jeden Winkel kroch, jeden Spalt untersuchte, allgegenwärtig war. Die Savak verfügte über sechzigtausend Agenten, und man hat errechnet, daß sie mehr als drei Millionen Informanten besaß, die ihr aus verschiedenen Motiven Nachrichten zutrugen: um Geld zu machen, um sich zu retten, um Arbeit zu bekommen oder auch eine Beförderung. Die Savak kaufte die Menschen oder ließ sie foltern, verlieh ihnen Würden oder warf sie in den Kerker; sie setzte fest, wer ein Feind ist, und damit, wer ausgemerzt wird. Gegen ihr Urteil gab es weder Einspruch noch Revision. Allein der Schah hatte es in der Hand, einen Verurteilten zu retten. Ihm allein war die Savak Rechenschaft schuldig, alle die unter ihm standen, waren in seiner Macht. Das alles wissen die Menschen an der Haltestelle, und daher brechen sie auch dann nicht ihr Schweigen, als der Savak-Agent und der Kranke längst verschwunden sind. Einer mustert den anderen mißtrauisch von der Seite, keiner weiß, ob nicht sein Nachbar gezwungen ist, der Savak Informationen zuzutragen. Vielleicht kommt er eben von einem Gespräch zurück, bei dem ihm eröffnet wurde, sein Sohn dürfe studieren, wen er, der Vater, die Ohren offen halte und der Savak Spitzeldienste leiste? Oder vielleicht hat man versprochen, den Vermerk über seine Zugehörigkeit zur Opposition aus den Akten zu tilgen, wenn er sich als nützlich erweise? »Aber ich habe doch mit der Opposition gar nichts zu schaffen!« verteidigt er sich. »Doch, doch, mein Guter, hier steht es geschrieben.« Unwillkürlich (mancher versucht es zu verbergen, weil er den anderen nicht provozieren will) werfen die Wartenden einander wütende und verächtliche Blicke zu. Sie sind zu neurotischen, heftigen Reaktionen fähig. Etwas scheint sie zu stören, riecht unangenehm, schon rücken sie auseinander und warten, wer zuerst wem an den Kragen fährt. Das gegenseitige Mißtrauen ist das Werk der Savak, die jedem ins Ohr flüstert, alle stünden im Dienst der Organisation. Der, der, dieser da und jener. Der auch? Der? Selbstverständlich. Alle sind dabei! Andererseits sind die Wartenden an der Haltestelle vielleicht rechtschaffene Menschen, und ihre innere Erregung, die sie hinter Schweigen und unbewegten Mienen zu verbergen suchen, kommen daher, daß sie plötzlich von heftiger Angst gepackt wurden, weil sie die Nähe der Savak spürten. Wäre ihr Instinkt nur für einen Moment eingenickt und sie hätten eine Unterhaltung über ein heikles Thema begonnen, etwa über Fisch, der bei dieser Gluthitze im Nu verdirbt und noch dazu die irritierende Eigenschaft aufweist, daß er vom Kopf her zu stinken beginnt, weshalb man diesen unverzüglich abschneiden muß, will man den Rest retten; hätten sie sich also auf ein solches gastronomisches Thema eingelassen, dann wäre ihnen vielleicht dasselbe widerfahren wie jenem alten Mann, der sich ans Herz griff. Aber sie sind noch einmal davongekommen, sind gerettet, und nun stehen sie weiter an der Haltestelle, wischen sich den Schweiß von der Stirn und fächeln Luft in die verschwitzten Hemden.

Aus den Notizen 5

Ein Whisky, den man unter konspirativen Bedingungen trinkt (und man muß es tatsächlich im Verborgenen tun, denn es gilt die von Chomeini verordnete Prohibition), hat, wie jede verbotene Frucht, ein besonders verlockendes Aroma. Das Glas enthält allerdings nur wenige Tropfen – die Gastgeber haben die letzte Flasche aus dem tiefsten Versteck geholt, und jeder weiß, daß es keinen Nachschub mehr gibt. In diesen Tagen gehen die letzten iranischen Alkoholiker elend zugrunde. Da sie nirgends Wodka, Wein oder Bier bekommen, schütten sie irgendwelche chemischen Lösungsmittel in sich hinein, die sie innerlich verätzen. Wir sitzen im Erdgeschoß einer kleinen, aber komfortablen und gepflegten Villa; durch die offene Glasschiebetür schaut man in einen kleinen Garten und dahinter auf eine Mauer, die das Grundstück von der Straße abschließt. Die Meter hohe Mauer erweitert die intime Räumlichkeit, indem sie so etwas wie ein Außenhaus schafft, in welchem das Wohngebäude steht. Beide Gastgeber sind um die Vierzig, haben ihr Studium in Teheran abgeschlossen und arbeiten in einem Reisebüro (von diesen gibt es, in Anbetracht der Reiselust der Iraner, Hunderte in der Stadt).

»Wir sind seit mehr als zehn Jahren verheiratet«, sagt der Hausherr, dessen Haar grau zu werden beginnt, »aber erst jetzt, zum ersten Mal, beginnen meine Frau und ich über Politik zu sprechen. Früher haben wir dieses Thema nie berührt. Bei all unseren Freunden war es ähnlich.«

Nein, damit möchte er nicht sagen, daß sie einander nicht vertraut hätten. Es gab auch keine Abmachung zwischen ihnen, es war eher eine stille Übereinkunft, die beide unbewußt akzeptierten; sie entsprang einer realistischen Reflexion über die Natur des Menschen, daß man nämlich nie wissen könne, wie dieser in einer Ausnahmesituation reagiere; wozu er gezwungen werden könne, zu welcher Verleumdung, zu welchem Verrat.

»Das Unglück beruht darin«, ergreift die Gastgeberin das Wort; obwohl es dämmert, sieht man ihre großen Augen blitzen, »daß niemand im vorhinein weiß, bis zu welchem Grad er der Folter standhält. Die Savak aber bedeutet vor allem unvorstellbare Foltern. Ihre Methode bestand darin, einen Menschen auf der Straße zu packen, ihm die Augen zu verbinden und ihn, ohne auch nur eine einzige Frage gestellt zu haben, in die Folterkammer zu schleppen. Dort wurde er unverzüglich den schlimmsten Foltern unterworfen, es wurden ihm die Knochen gebrochen, die Fingernägel ausgerissen, die Hände in ein Becken mit glühenden Kohlen gesteckt, bei lebendigem Leib ein Loch in den Schädel gesägt; erst wenn der Schmerz ihn halb wahnsinnig gemacht hatte er und er nur mehr ein blutiges Bündel war, begannen die Fragen. Wer bist du? Vorname? Name? Adresse? Was hast du über den Schah gesagt? Gib zu, was du gesagt hast! Dabei war es durchaus denkbar, daß er nichts gesagt hatte, völlig unschuldig war. Unschuldig? Das hatte nichts zu bedeuten. Auf diese Weise sitzt allen die Angst im Nacken, Schuldige und Unschuldige, alle werden eingeschüchtert, keiner fühlt sich sicher. Darin bestand das Wesen des Savak-Terrors, daß er jeden treffen konnte, daß wir alle unter Anklage standen, weil diese sich nicht auf konkrete Taten beschränkte, sondern auch Absichten einbezog, die man jedem zuschreiben konnte. Warst du gegen den Schah? Nein, war ich nicht. Aber du wolltest gegen ihn sein, du Kanaille! Und das genügte bereits. Manchmal wurden auch Prozesse abgehalten. Für politische Gefangene (aber wer ist schon ein politischer Gefangener? bei uns wurde jeder als Politischer angesehen) war allein das Kriegsgericht zuständig. Unter Ausschluß der Öffentlichkeit, ohne Verteidigung und ohne Zeugen, das Urteil wurde auf der Stelle vollstreckt. Dann fanden die Exekutionen statt. Hat jemand errechnet, wie viele Menschen die Savak erschossen hat? Sicherlich Hunderte. Unser großer Dichter Khosrow Golesorkhi wurde erschossen. Unser großer Regisseur Karamatola Daneschian wurde erschossen. Dutzende Schriftsteller, Professoren und Künstler saßen im Gefängnis. Dutzende andere mußten außer Landes fliehen. Die Savak war eine Bande dumpfer, brutaler Schläger, und wenn die einen zwischen die Finger bekamen, der gerne Bücher las, dann quälten sie ihn mit besonderer Freude.

Ich glaube, die Savak hielt nicht viel von Prozessen und Tribunalen. Sie zog andere Methoden vor, meist kamen ihre Mörder aus dem Hinterhalt. Das hinterließ keine Spuren. Wer hat den tödlichen Schuß abgefeuert? Man weiß es nicht. Wo sind die Schuldigen? Es gibt keine.

Die Menschen konnten diesen Terror nicht länger ertragen und stürzten sich mit nackten Händen auf die Armee und die Polizei. Man kann das den Mut der Verzweiflung nennen, aber uns war schon alles gleich. Das ganze Volk erhob sich gegen den Schah, denn die Savak, das war für uns der Schah, sie waren seine Ohren, Augen und Hände.

Wissen Sie, wenn man sich mit jemandem über die Savak unterhielt, musterte man seinen Gesprächspartner manchmal nach einiger Zeit und begann zu überlegen – vielleicht gehörte er selbst zur Savak? Diese Vorstellung setzte sich dann fest und blieb lange in unserem Denken haften. Der Gesprächspartner aber konnte mein Vater sein, mein Mann, meine engste Freundin. dann sagte ich mir oft: Nimm dich zusammen, das ist doch alles Unsinn, aber es half nichts, diese Vorstellung kehrte immer wieder zurück. Das war alles krank, das ganze Regime war krank, und ich kann nicht sagen, wann wir uns endlich erholt, unser Gleichgewicht wiedererlangt haben werden. Nach Jahren einer solchen Diktatur sind wir psychisch gebrochen, und ich fürchte, es wird noch lange dauern, bis wir wieder normal zu leben beginnen.

Fotografie 8

Diese Aufnahme hing zwischen Parolen, Aufrufen und einigen weiteren Fotografien auf einer Anschlagtafel vor dem Revolutionskomitee von Schiras. Ich bat einen Studenten, mir die handschriftlichen Erläuterungen zu übersetzen, die mit Reißnägeln unter das Bild geheftet waren. »Hier steht«, sagte er, »daß der Bub drei Jahre alt ist, Habib Fardust heißt und ein Häftling der Savak war.« »Ein Häftling?« fragte ich. Er erklärte, es hätte Fälle gegeben, in denen die Savak ganze Familien verhaftete, und dieses sei so ein Fall gewesen. Er las den Text zu Ende und fügte hinzu, die Eltern des Knaben seien unter der Folter gestorben. Ich sah sogar, und das hat mich am meisten erschüttert, wie vor der Universität farbige Postkarten feilgeboten wurden, auf denen die geschundenen Leiber von Savak-Opfern abgebildet waren. Alles war wie in den Zeiten von Tamerlan: seit sechshundert Jahren hat sich nichts geändert, es herrschte dieselbe pathologische Grausamkeit, nur ihre Technik ist raffinierter geworden. Das beliebteste Folterinstrument der Savak war ein elektrisch aufgeheizter eiserner Tisch, Bratpfanne genannt, auf dem die Opfer mit Armen und Beinen festgeschnallt wurden. Auf solchen Tischen kamen zahlreiche Menschen ums Leben. Mancher Angeklagte verlor bereits durch die schrillen Schreie der Gequälten und den Gestank verbrannten Fleisches den Verstand, während er noch im Vorraum zur Folterkammer wartete, bis er selbst an die Reihe kam. Aber der technische Fortschritt konnte in dieser Welt sinnlosen Entsetzens den Methoden des Mittelalters nicht den Rang ablaufen. In den Kerkern von Isfahan wurden Menschen in geräumige Säcke gesteckt, in denen vor Hunger halb wahnsinnige Katzen oder giftige Vipern zappelten. Die Berichte über solche Methoden, die nicht selten von den Savak-Leuten selbst ganz bewußt in Umlauf gesetzt wurden, gingen jahrelang in der Bevölkerung von Mund zu Mund, wobei ihre Bedrohlichkeit dadurch erhöht wurde, daß sich angesichts der ziellosen Willkür der Häscher jeder sehr gut in die Lage des Gefolterten versetzen konnte.

Fotografie 9

Dieses Bild wurde am 23. Dezember 1973 in Teheran aufgenommen. Der Schah spricht, abgeschirmt durch einen Wald von Mikrophonen, in einem Saal voll Journalisten. Mohammed Reza, der sich für gewöhnlich distinguiertes Benehmen und einstudierte Zurückhaltung auferlegt, vermag diesmal seine Rührung und Ergriffenheit nicht zu verbergen; die Reporter werden sogar über seine heftige Erregung schreiben. In der Tat, der Augenblick ist von größter Bedeutung für die ganze Welt, denn der Schah verkündet eben die neuen Ölpreise. Innerhalb von etwas weniger als zwei Monaten ist der Preis für Rohöl um das Vierfache gestiegen; der Iran, der jährlich fünf Milliarden Dollar an den Ölexporten verdiente, wird nun zwanzig Milliarden bekommen. Man muß hinzufügen, daß allein der Schah die Verfügungsgewalt über diese gigantische Summe besitzt. Er kann in seinem autokratischen Königreich damit nach Belieben schalten und walten – er kann alles Geld ins Meer werfen, sich Eis dafür kaufen, es in seine goldene Schatztruhe sperren. Kein Wunder, daß der Monarch in diesem Moment von solcher Erregung erfaßt wird. Wir wissen nicht, wie wir uns benehmen würden, wenn wir unversehens zwanzig Milliarden Dollar in unseren Taschen entdeckten und noch dazu erführen, daß wir mit einem solche Sümmchen künftig Jahr für Jahr rechnen dürfen, später sogar noch mit mehr. Kein Wunder, daß mit dem Schah geschah, was mit ihm geschehen ist, daß er nämlich den Kopf verlor. Anstatt seine Familie, die getreuen Generäle und vertrauten Berater zusammenzurufen und gemeinsam zu erörtern, wie man dieses Vermögen klug anlegen könne, verspricht der Schah, der – wie er selbst sagt – plötzlich eine seherische Eingebung hat, aus dem Iran (und dieser ist ein unterentwickeltes, zurückgebliebenes, halb analphabetisches, in Lumpen gehülltes Land) im Verlauf einer einzigen Generation das fünftstärkste Weltreich zu machen. Gleichzeitig prägt er die attraktive Losung vom Wohlstand für alle, die große Hoffnungen weckt und anfangs auch allgemeinen Glauben findet, denn jedermann weiß, daß der Schah tatsächlich in den Besitz eines unvorstellbaren Vermögens gelangt ist.

Wenige Tage nach der Pressekonferenz, die wir auf der Fotografie sehen, gibt der Schah einem Korrespondenten des Wochenmagazins »Der Spiegel« ein Interview, in dem er sagt:

»In zehn Jahren werden wir denselben Standard erreicht haben, den heute ihr Deutschen, Franzosen und Engländer besitzt.«

»Meinen Sie wirklich«, fragt ungläubig der Korrespondent, »daß sich dies in nur einem Jahrzehnt bewerkstelligen läßt?«

»Ja, natürlich.«

»Aber«, sagt der verblüffte Journalist, »der Westen hat viele Generationen gebraucht, bis er den gegenwärtigen Standard erreichte! Werden sie diese überspringen können?«

»Ohne Zweifel!«

An dieses Interview denke ich nun, da der Schah längst den Iran verlassen hat, während ich durch unbeschreiblichen Schmutz und Kot zwischen den erbärmlichen Lehmhütten eines kleinen Dorfes in der Nähe von Schiras wate; vor einer Hütte formt eine Frau runde Fladen aus Kuhmist, die (in diesem Land, wo Öl und Erdgas fließen!) getrocknet werden und in den ärmlichen Behausungen als einziger Brennstoff dienen. Während ich also durch dieses deprimierende, mittelalterliche Dorf stapfe und mich jenes Gespräches erinnere, das ein paar Jahre zurückliegt, geht mir ein ganz banaler Gedanke durch den Kopf: Es gibt keine Dummheit, die ein menschlicher Geist nicht ersinnen würde.

Einstweilen aber zieht sich der Schah in seinen Palast zurück, von wo er Hunderte Dekrete ins Land hinausjagt, die den Iran aufrütteln und fünf Jahre später seinen eigenen Untergang herbeiführen sollen. Er ordnet an, die Investitionsausgaben zu verdoppeln, einen gigantischen Technologie-Import in die Wege zu leiten, eine Armee mit der drittbesten technischen Ausrüstung der ganzen Welt aus dem Boden zu stampfen. Er verfügt, die modernsten technischen Einrichtungen im Ausland zu kaufen, rasch zu installieren und in Gang zu setzen. Er beschließt, Atomkraftwerke zu errichten, Betriebe für elektrische Produkte, Stahlwerke und zahllose andere Fabriken. Dann begibt er sich, in Europa herrscht der schönste Winter, nach St. Moritz zum Skilaufen. Aber die prachtvoll und elegant eingerichtete Residenz des Schahs in St. Moritz ist mit einem Mal kein Ort der Ruhe und beschaulichen Abgeschiedenheit mehr. Die Kunde vom neuen Eldorado ist längst um die ganze Welt geeilt und hat die Metropolen in höchste Aufregung versetzt. Eine solche Summe wirkt ungeheuer anregend auf die Phantasie, und jeder begann sogleich zu berechnen, wie viel sich im Iran verdienen ließe. Vor dem Schweizer Domizil des Herrschers standen Kanzler und Minister der angesehensten und wohlhabendsten Länder Schlange. Der Schah saß in seinem Lehnstuhl, wärmte sich die Hände über dem Kaminfeuer und lauschte dem Strom von Vorschlägen, Angeboten und Erklärungen. Auf einmal lag ihm die ganze Welt zu Füßen. Er sah vor sich gebeugte Häupter, geneigte Nacken, ausgestreckte Hände. »Seht ihr«, sagte er zu den Kanzlern und Ministern, »ihr versteht nicht zu regieren, das ist der Grund, weshalb ihr nun kein Geld habt!« Und er erteilte London und Rom Belehrungen, gab Paris einen Ratschlag und verpaßte Madrid eine scharfe Rüge. Die Welt aber hörte ihn demütig an und schluckte selbst die bittersten Pillen, weil sie dabei wie gebannt auf die schimmernde Pyramide aus Gold starrte, die sich in der iranischen Wüste erhob. Die ausländischen Botschafter in Teheran gerieten in Panik, denn sie wurden von zu Hause mit zahllosen Depeschen bombardiert, in denen es um Geld ging: Wieviel Geld kann der Schah uns geben? Wann? Und zu welchen Bedingungen? Er hat gesagt, wir bekommen nichts? Exzellenz, Sie müssen hartnäckig bleiben! Wir garantieren besten Service und sorgen für eine freundliche Presse! Selbst noch im Vorzimmer des geringsten Ministers des Herrschers gab es ein ständiges Schieben und Drängen, ein Stimmgewirr und Scharren von Sesseln, hektische Blicke und schweißfeuchte Hände. Die Bittsteller stoßen und ziehen einander am Ärmel, schnauben die Umstehenden an und keifen: in der Reihe anstellen! Sie sind die Präsidenten großer Weltkonzerne, Direktoren internationaler Konsortien, Vertreter renommierter Gesellschaften oder respektabler Regierungen. Jeder überreicht Vorschläge, unterbreitet Offerten, preist seine Ware an, dieser eine Flugzeugfabrik, jener ein Automobilwerk, der einen Montagebetrieb für Fernseher oder Uhren. neben diesen prominenten und − unter normalen Bedingungen − durchaus distinguierten Lords des Großkapitals und der Weltindustrie ziehen aber auch ganze Schwärme kleiner Fische in Richtung Iran, billige Spekulanten und Schwindler, Spezialisten für Gold und edle Steine, Diskotheken und Stripteaselokale, Opium, Bars, für das Barbieren über den Löffel und das Fangen von Gimpeln. Studenten, die ihre Gesichter unter Kapuzen verbergen, drücken diesen Geschäftemachern auf europäischen Flughäfen vor der Abreise Flugblätter in die Hand, auf denen zu lesen steht, daß in ihrer Heimat Menschen zu Tode gefoltert werden und man nicht sicher weiß, wie viele von jenen Unglücklichen, die von der Savak verschleppt wurden, überhaupt noch am Leben sind; aber was interessiert das jemanden, der eine Gelegenheit wittert, sich tüchtig die Taschen zu füllen? Noch dazu geschieht das alles unter der edlen Losung des Schahs, der verspricht, die Große Zivilisation zu errichten. Der Schah kehrte unterdessen gut ausgeruht und zufrieden vom Winterurlaub zurück. Endlich wird er von allen so richtig gelobt, die ganze Welt schreibt ihm Elogen, preist seine Verdienste und hebt hervor, daß ringsum Probleme ohne Zahl existieren und Unverschämtheit regiert, nur im Iran nicht – dort steht alles zum besten.

Leider wird die Zufriedenheit der Majestät nicht von langer Dauer sein. Die Entwicklung ist ein tückischer Strom, wovon sich jeder überzeugen kann, der einen Fuß hineinsetzt. An der Oberfläche scheint das Wasser immer glatt und munter zu fließen, aber es genügt, daß der Steuermann den Kahn für einen Moment sorglos und allzu selbstsicher lenkt, und schon muß er erfahren, wie viele gefährliche Strudel und ausgedehnte Untiefen die Strömung birgt. Je häufiger das Boot in solche Hindernisse gerät, um so länger wird das Gesicht des Steuermannes. Anfangs singt er noch und lärmt, um sich selbst Mut einzuflößen, aber in seinem Innersten beginnt bereits der Wurm der Bitternis und Enttäuschung zu nagen, denn das Boot treibt dem Anschein nach zwar noch dahin, in Wahrheit aber liegt es bereits still: Der Kiel ist auf eine Sandbank aufgelaufen. Das alles aber wird erst später kommen. Noch gab der Schah in aller Welt Milliardenbeträge für seine Pläne aus; noch nahmen von allen Kontinenten Schiffe, beladen mit Waren, Kurs auf den Iran. Als sie jedoch im Persischen Golf einliefen, stellte sich heraus, daß der Iran keine Häfen hatte (was der Schah nicht gewußt hatte). Das heißt, der Iran hatte schon Häfen, aber diese waren eng und veraltet und nicht geeignet, diese Menge von Waren aufzunehmen. Ein paar hundert Schiffe ankerten vor der Küste und warteten, bis sie zum Entladen an die Reihe kamen; nicht selten dauerte das ein halbes Jahr. Für die Wartezeit mußte der Iran den Schiffseignern eine Milliarde Dollar im Jahr bezahlen. Allmählich gelang es, Waren an Land zu schaffen, aber nun stellte sich heraus, daß der Iran über keine Magazine und Lagerhäuser verfügte (was der Schah nicht gewußt hatte). Millionen Tonnen verschiedenster Produkte lagerten unter freiem Himmel, in der Wüste, in glühender Hitze, die Hälfte davon Lebensmittel und verderbliche Chemikalien, die bald nicht mehr zu gebrauchen waren. Alle herangeschafften Güter sollten nun ins Landesinnere transportiert werden, aber jetzt stellte sich heraus, daß der Iran keine Transportmittel besaß (was der Schah nicht gewußt hatte). Das heißt, das Land besaß schon Lastkraftwagen und Eisenbahnwaggons, aber nicht in ausreichender Menge. Also wurden in Europa zweitausend Lastkraftwagen eingekauft, aber nun stellte sich heraus, daß es im Iran keine Fahrer gab (was der Schah nicht gewußt hatte). Nach langem Beraten wurden Flugzeuge ausgeschickt, die aus Seoul südkoreanische Chauffeure holten. Die Lastwagen setzten sich in Bewegung und der Transport begann. Kaum aber hatten die Chauffeure ein paar Brocken Farsi gelernt, da fanden sie heraus, daß sie nur die Hälfte vom Lohn eines iranischen Fahrers verdienten. Empört stellten sie die Transporter am Straßenrand ab und kehrten in ihre Heimat zurück. Die Wagen stehen, längst unbrauchbar, heute noch in der Wüste, an der Straße von Bandar Abbas nach Teheran, halb vom Sand bedeckt. Im Laufe der Zeit gelang es endlich, mit Hilfe ausländischer Fuhrunternehmen die in aller Welt eingekauften Fabriken und Maschinen an ihren Bestimmungsort zu bringen. Nun war der Zeitpunkt gekommen, mit der Montage zu beginnen. Es stellte sich aber heraus, daß es im Iran keine Ingenieure und Techniker gab (was der Schah nicht gewußt hatte). Nach den Regeln der Logik müßte man den Aufbau der Großen Zivilisation bei den Menschen beginnen, damit, Kader von Fachleuten und eine heimische Intelligenz auszubilden. Aber dieser Weg schien dem Schah undenkbar. Neue Universitäten eröffnen? Jede dieser Bildungseinrichtungen war ein einziges Hornissennest. Jeder Student ein Aufrührer, Unruhestifter und Freidenker. Kann man es dem Schah verdenken, daß er nicht seinen eigenen Galgen zimmern wollte? Der Monarch wußte einen Ausweg – er hielt die Mehrheit der Studenten vom Iran fern. In dieser Hinsicht war das Land einzigartig in der ganzen Welt. Mehr als hunderttausend junge Menschen studierten in Europa und Nordamerika. Diese Politik kostete den Iran mehr als die Einrichtung neuer Hochschulen. Aber auf diese Weise sicherte das Regime sein Fortbestehen. Die meisten jungen Menschen kehrten nie mehr nach Hause zurück. In San Francisco und in Hamburg leben heute mehr iranische Ärzte als in Täbris und Meschhed. Sie blieben im Ausland, obwohl der Schah sie mit hohen Gehältern lockte: Sie hatten Angst vor der Savak und wollten niemandem die Schuhe küssen. Das war seit vielen Jahren die große Tragödie dieses Landes. Die Diktatur des Schahs, die Unterdrückung und Verfolgung verurteilten die besten Köpfe des Iran, seine größten Schriftsteller, Gelehrten und Denker, zur Emigration, zum Schweigen oder zu Kerkerstrafen. Es war leichter, in Marseille oder Brüssel einen gebildeten Perser zu finden, als in Hamadan oder Kaswin. Im Iran durfte ein Perser die Bücher seiner besten Dichter nicht lesen (sie konnten nur im Ausland verlegt werden), die Filme seiner besten Regisseure nicht sehen (sie durften nicht vorgeführt werden), die Stimme seiner hervorragendsten Intellektuellen nicht hören (sie waren zum Schweigen verdammt). Nach dem Willen des Monarchen hatten die Menschen die Wahl zwischen der Savak und den Mullahs. Natürlich wählten sie die Mullahs. Wenn man über den Sturz einer Diktatur spricht (und das Schah-Regime war eine Diktatur besonders brutaler und perfider Art), darf man sich nicht der Illusion hingeben, daß mit ihrem Zerschlagen gleich auch das ganze System zerbricht und wie ein böser Alptraum verschwindet. Natürlich, physisch hat das System aufgehört zu existieren. Aber die psychischen und sozialen Folgen wirken nach und machen sich oft noch Jahre später bemerkbar, manchmal auch in Gestalt unbewußt verfestigter Verhaltensweisen. Die Diktatur zerstört die Intelligenz, und die Kultur und läßt eine leere, tote Wüstenlandschaft zurück, in der das Denken nicht so leicht neuerliche Wurzeln schlägt. Es sind nicht immer die Besten, die aus dem Untergrund, aus ihren diversen Schlupfwinkeln und Verstecken auf dieses dürre Feld strömen, sondern oft die Robusteren, nicht immer diejenigen, die neue Werte schaffen, sondern eher die mit dem dicksten Fell, die am leichtesten überleben. In solchen Situationen beginnt sich die Geschichte in einem tragischen Kreislauf zu drehen, und es braucht oft Epochen, bis es gelingt, diesen zu durchbrechen. An dieser Stelle müssen wir aber innehalten und sogar ein paar Jahre zurückgehen, denn wir sind den Ereignissen vorausgeeilt und haben die Große Zivilisation zertrümmert, ehe sie noch errichtet wurde. Wie aber soll man etwas aufbauen, wenn es keine Fachleute gibt und das Volk, selbst wenn es sich zum Wissen drängt, nicht einmal Schulen besitzt? Um die Vision des Schahs zu verwirklichen, hätte man auf der Stelle siebenhunderttausend Spezialisten benötigt. Er fand einen ebenso einfachen wie sicheren Ausweg – wir werden sie aus dem Ausland holen. Die Sicherheit war dabei ein wichtiges Argument, denn es ist klar, daß ein Ausländer keine Verschwörungen und Aufstände anzettelt, nicht opponiert oder gegen die Savak wettern wird; ihm geht es darum, seine Arbeit zu tun, Geld zu verdienen und wieder sein Bündel zu schnüren. Es gäbe überhaupt keine Revolution auf dieser Welt, wenn zum Beispiel die Menschen aus Ecuador Paraguay aufbauten und die Inder Saudi-Arabien. Zusammenmischen, durchmischen, umsiedeln, zerstreuen – und Ruhe tritt ein. Es werden also Zehntausende Fremde in den Iran geholt. Auf dem Flughafen von Teheran landet Maschine auf Maschine. Da kommen Haushälterinnen aus den Philippinen, Installateure aus Griechenland, Elektriker aus Norwegen, Buchhalter aus Pakistan, Mechaniker aus Italien, Militärs aus den Vereinigten Staaten. Wenn wir diese Aufnahmen vom Schah aus jenen Tagen betrachten – der Schah im Gespräch mit einem Ingenieur aus München, der Schah im Gespräch mit einem Kranfahrer aus Boston, der Schah im Gespräch mit einem Techniker aus Kunsezk. Und wer sind die paar Iraner, die wir auf den Bildern entdecken? Es sind Minister und Leute von der Savak, die den Schah bewachen. Die Perser aber, die auf den Fotografien nicht zu sehen sind, bekommen beim Anblick dieser Entwicklung immer größere Augen. Diese Spezialisten beginnen allein dank ihrer Fachkenntnis das Land zu dominieren, allein dadurch, daß sie es verstehen, die richtigen Knöpfe zu drücken, die rechten Hebel umzulegen, die passenden Kabel miteinander zu verbinden. Auch wenn sich die ausländischen Fachleute oft durchaus bescheiden geben, jagen sie den Iranern Minderwertigkeitskomplexe ein. Der Fremde kann es, ich aber nicht. Die Iraner sind ein stolzes Volk und ungemein empfindlich, was ihre Würde angeht. Ein Iraner wird unter keinen Umständen zugeben, daß er etwas nicht kann, das wäre für ihn die größte Schmach, bedeutete den Verlust des Gesichts. Er wird leiden, in Depressionen verfallen und schließlich zu hassen beginnen. Die Iraner begriffen rasch, was der Schah vorhatte: Ihr bleibt nur ruhig im Schatten der Moscheen sitzen und hütet eure Schafe, denn ehe man mit euch etwas Großes aufbauen kann, vergehen noch Jahrhunderte; ich aber muß mit Hilfe der Amerikaner und Deutschen innerhalb eines Jahrzehnt ein Weltreich errichten. Aus diesem Grund betrachteten die Iraner die Große Zivilisation vor allem als große Demütigung ...

Aus den Notizen 6

Mahmud Azari kehrte Anfang 1977 nach Teheran zurück. Er hatte acht Jahre in London verbracht, wo er mit Übersetzungen für verschiedene Verlage und Werbeagenturen sein Brot verdient hatte. Azari war ein älterer, einsamer Herr, der nach der Arbeit gern ausgedehnte Spaziergänge unternahm und anregende Gespräche mit seinen Landsleuten führte. Sie diskutierten aber vor allem über jene Probleme, mit denen sich die Engländer in letzter Zeit konfrontiert sahen, denn auch in London war die Savak allgegenwärtig, und es war nicht ratsam, sich über die Heimat zu unterhalten.

Gegen Ende seines Aufenthaltes erhielt er einige Briefe von seinem Bruder in Teheran, die dieser nicht auf dem offiziellen Postweg geschickt hatte. Darin forderte ihn der Bruder auf, heimzukehren, denn sie gingen interessanten Zeiten entgegen. Mahmud hatte nicht viel übrig für interessante Zeiten, aber in ihrer Familie hatte immer der Bruder den Ton angegeben, daher packte er seine Koffer und fuhr zurück nach Teheran.

Er erkannte die Stadt kaum wieder.

Die einst beschauliche Wüstenoase hatte sich in einen lärmenden Hexenkessel verwandelt. Fünf Millionen Menschen, auf engem Raum zusammengedrängt, wollten alle zur selben Zeit handeln, sprechen, fahren, essen. Eine Million Autos wälzten sich durch die engen Gassen und kamen immer wieder zum Stillstand, weil zwei Kolonnen aus entgegengesetzten Richtungen aufeinandertrafen und von anderen Kolonnen, von links und von rechts, von Südwesten und von Nordosten, zerzaust, zerrissen, atomisiert wurden; zusammengenommen ergaben diese Reihen einen gigantischen qualmenden und dröhnenden Seestern, der in den engen, verwinkelten Straßen, wie in einem engmaschigen Netz gefangen, zappelte. Tausend Autohupen heulten Tag und Nacht, ohne Sinn und Wirkung.

Die Menschen, so beobachtete er, die einst so ruhig und ausgeglichen waren, gerieten einander nun beim geringsten Anlaß in die Haare, fielen wegen einer Kleinigkeit wütend übereinander her, sprangen einander an die Gurgel, brüllten und stießen Verwünschungen aus. Diese Menschen erschienen ihm wie gespaltene, surrealistische Monster, die ihren Rumpf demütig vor allem Stärkeren beugten, während sie gleichzeitig mit den Hinterbeinen Schwächere niedertrampelten. Offenbar erlangten sie auf diese Weise irgendwie ihr inneres Gleichgewicht, das zwar kläglich und erbärmlich, aber dennoch unentbehrlich war, um sich an der Oberfläche behaupten zu können. Ihn quälte die Befürchtung, er würde beim ersten Zusammentreffen mit einem solchen Monstrum nicht wissen, welche Gliedmaßen zuerst reagieren, diejenigen, die sich verneigen, oder die anderen, die stoßen und rempeln. Bald erkannte er, daß die tretenden Glieder die aktiveren waren und nur zurückschreckten, wenn sie auf einen Stärkeren stießen.

Sein erster Spaziergang führte ihn in einen Park. Er setzte sich auf eine Bank, auf der sich ein Mann ausruhte, und versuchte, mit diesem ins Gespräch zu kommen. Darauf stand dieser wortlos auf und machte sich eilig davon. Mahmud versuchte einen anderen Passanten anzusprechen. Der warf ihm nur einen erschrockenen Blick zu, als habe er einen gefährlichen Geisteskranken vor sich. Da gab er es auf und beschloß, in das Hotel zurückzukehren, in dem er nach der Ankunft abgestiegen war.

An der Rezeption teilte ihm ein gähnender, unwirscher Portier mit, er solle sich schleunigst bei der Polizei melden. Zum ersten Mal seit acht Jahren verspürte er Angst, und er merkte mit einem Mal, daß sich dieses Gefühl nicht verändert hatte. Er empfand dieselbe Kälte, die ihm von früher so deutlich in Erinnerung war, als hätte ihm jemand plötzlich einen Klumpen Eis auf den nackten Rücken gepackt, dieselbe Schwere in den Beinen wie damals.

Die Polizeistation war in einem obskuren, düsteren Gebäude am Ende derselben Straße untergebracht, in der sich sein Hotel befand. Mahmud stellte sich ans Ende einer langen Schlange von griesgrämigen, apathischen Menschen. Hinter einer hölzernen Barriere saßen Polizisten und lasen Zeitung. Es war totenstill in dem großen, mit Menschen gefüllten Raum: Die Polizisten waren in ihre Lektüre vertieft, und die Wartenden wagten nicht, auch nur eine Silbe zu sprechen. Niemand konnte sagen, warum die Beamten plötzlich die Amtsgeschäfte aufnahmen. Die Polizisten begannen mit den Sesseln zu scharren, wühlten in Schubladen und schnauzten die Bittsteller grob an.

Woher kommt diese allgemeine Grobheit? fragte sich Mahmud erschreckt. Als er an die Reihe kam, wurde ihm ein Fragebogen vorgelegt, den er auf der Straße ausfüllen mußte. Er hielt bei jeder Spalte inne und registrierte, daß alle ihn mißtrauisch beobachteten. Verängstigt begann er nervös und unbeholfen zu schreiben, wie ein halber Analphabet. Er spürte, wie ihm der Schweiß auf die Stirn trat, und als er feststellen mußte, daß er sein Taschentuch vergessen hatte, begann er noch heftiger zu schwitzen. Nachdem er den Fragebogen abgegeben hatte, verließ er in Eile das Gebäude und ging gedankenverloren durch die Straßen, wobei er unachtsam gegen einen Passanten stieß. Dieser begann lautstark zu krakeelen, so daß ein paar Vorübergehende stehenblieben. Damit hatte sich Mahmud einer Übertretung schuldig gemacht, denn er hatte durch sein Verhalten eine Menschenansammlung provoziert; das verstieß gegen das Gesetz, das jeden nicht genehmigten Auflauf streng untersagt. Binnen kurzem erschien ein Polizist, und Mahmud mußte des langen und breiten erklären, wie es zu dem unglückseligen Zusammenstoß gekommen war, und das während des ganzen Geschehens keine Rufe gegen den Monarchen laut geworden waren. Trotzdem notierte der Polizist seine Personalien und steckte tausend Rials in die Tasche.

Bedrückt kehrte Mahmud in sein Hotel zurück. Er war nun schon zum zweiten Mal notiert worden. Er überlegte, was passieren würde, wenn die beiden Vermerke irgendwo zusammenträfen. Dann tröstete er sich mit dem Gedanken, daß sie in dem Durcheinander, das bei den Behörden herrschte, auch verlorengehen könnten.

Am nächsten Morgen besuchte ihn sein Bruder. Nach der ersten Begrüßung teilte Mahmud ihm mit, daß er bereits notiert worden war; ob es nicht vernünftiger wäre, fragte er, nach London zurückzukehren? Der Bruder hatte früher einen bedeutenden Verlag geleitet, der von der Savak ruiniert worden war. Die Savak zensierte Bücher erst dann, wenn die ganze Auflage hergestellt war. Wenn ein Buch ihr Mißfallen erregte, mußten alle Exemplare eingestampft werden, die Kosten hatte der Verleger zu tragen. Auf diese Weise wurden die meisten Verlage zugrunde gerichtet. Andere hatten Angst, Auflagen von mehr als tausend Stück zu riskieren – in einem Land mit fünfunddreißig Millionen Einwohnern. Der Bestseller der großen Zivilisation, »Wie pflege ich mein Auto?«, kam in fünfzehntausend Exemplaren auf den Markt, eine zweite Auflage wurde verhindert, weil die Savak hinter den Kapiteln über den kaputten Motor, die schadhafte Ventilation und die leere Batterie Anspielungen auf die Regierung argwöhnte.

Der Bruder wollte mit ihm sprechen, deutete aber stumm auf den Leuchter, das Telefon, die Steckdose und die Nachttischlampe, dann machte er den Vorschlag, einen Ausflug in die Umgebung der Stadt zu unternehmen. Sie fuhren mit seinem alten, klapprigen Auto in die nahen Berge. Unterwegs machten sie auf einer einsamen Straße halt. Es war März, auf den Hängen lag Schnee, und es wehte ein kalter Wind. Sie suchten Schutz hinter einem hohen Felsen zitternd vor Kälte.

(»Damals eröffnete mir der Bruder, daß ich hierbleiben müsse, weil die Revolution begonnen hätte und ich gebraucht würde. ›Welche Revolution‹, fragte ich, ›bist du von Sinnen?‹ Ich hatte Angst vor allen Unruhen, hatte nichts übrig für Politik. ›Ich mache täglich Yoga-Übungen, lese Gedichte und übersetze. Wozu brauche ich da die Politik!‹ Aber mein Bruder meinte, ich verstünde gar nichts, und begann mir die Situation auseinanderzusetzen. ›Der Ausgangspunkt‹, so sagt er, ›ist Washington, dort wird unser Schicksal entschieden. Und in Washington spricht Jimmy Carter jetzt von den Menschenrechten. Das kann der Schah nicht ignorieren. Er muß der Folter Einhalt gebieten, einen Teil der Menschen aus den Gefängnissen entlassen und zumindest einen Anschein von Demokratie herstellen. Das aber genügt uns für den Anfang!‹ Mein Bruder geriet zusehends in Erregung und ich bat ihn, leiser zu sprechen, obwohl keine lebende Seele zu sehen war. Während des Treffens gab er mir ein maschinengeschriebenes Manuskript von mehr als zweihundert Seiten. Es handelte sich um das Memorandum unseres Dichters Ali Asquara Dschawadi – seinen offenen Brief an den Schah. Dschawadi schreibt darin über die herrschende Krise, die Abhängigkeit unseres Landes und die Skandale am Hof. Über Korruption, Inflation, Repression und den allgemeinen Niedergang der Moral. Mein Bruder sagte, das Dokument kursiere im Untergrund und würde immer von neuem abgeschrieben. ›Jetzt‹, so fügte er hinzu, ›warten wir, wie der Schah reagiert. Ob Dschawadi verhaftet wird oder nicht. Bisher hat er nur telefonische Drohungen erhalten, weiter ist nichts passiert. Er besucht ganz normal sein Kaffeehaus, und dort kannst du ihn auch treffen.‹ Ich antwortete, es erschiene mir zu riskant, mich mit einem Menschen zu treffen, der mit Sicherheit überwacht würde.«)

Sie kehrten in die Stadt zurück. Mahmud schloß sich in seinem Zimmer ein und las die ganze Nacht hindurch das Memorandum. Dschawadi warf dem Schah vor, den Geist der Nation zu zerstören. Jeder Gedanke, so schrieb er, wird verfolgt, die besten Köpfe werden zum Schweigen verurteilt. Die Kultur befinde sich hinter Gittern oder im Untergrund. Er warnte, der Fortschritt lasse sich nicht an der Zahl von Panzern und Maschinen messen. Das Maß des Fortschritts sei der Mensch, das Gefühl menschlicher Würde und Freiheit. Mahmud las, hielt dabei aber ständig die Ohren offen und lauschte, ob sich auf dem Korridor etwas bewegte.

Am nächsten Tag zerbrach er sich den Kopf, wo er das Manuskript verstecken sollte. Er nahm es mit, denn im Zimmer wollte er es nicht liegenlassen. Auf der Straße kamen ihm aber Bedenken, ein solcher Packen Papier könnte Verdacht erregen; er kaufte daher eine Zeitung und schlug das Memorandum darin ein. Trotzdem war er ständig in Sorge, man könnte ihn anhalten und durchsuchen. Am schlimmsten war es an der Rezeption. Mahmud war überzeugt, das keinem der Angestellten das Paket entgangen war, das er ständig unter dem Arm geklemmt trug. Er beschloß, um sicherzugehen, nur mehr in dringenden Fällen das Zimmer zu verlassen.

Im Laufe der Zeit gelang es ihm wieder, die alten Freunde und Kollegen aus der Studentenzeit ausfindig zu machen. Ein Teil von ihnen war nicht mehr am Leben, viele waren emigriert, einige saßen im Gefängnis. In der Universität traf er Ali Kaidi, mit dem er einst gemeinsame Bergtouren unternommen hatte. Kaidi war nun Professor für Botanik und ein Spezialist für hartblättrige Gewächse. Mahmud fragte ihn vorsichtig nach seiner Meinung über die Situation im Lande. Kaidi überlegte reiflich, dann stellte er fest, er beschäftige sich seit Jahren ausschließlich mit hartblättrigen Gewächsen. Er begann nun dieses Thema ausführlich zu erörtern und sagte, die Regionen, wo die hartblättrigen Pflanzen zu finden seien, zeichneten sich durch ein spezifisches Klima aus. Die Winter seien kühl und regnerisch, die Sommer hingegen trocken und heiß. Der Winter, holte er aus, ist am günstigsten für die ephemeren Gattungen, also Therophyten und Geophyten, während die Xerophyten eher im Sommer gedeihen, weil sie die Fähigkeit besitzen, ihren Wasserhaushalt zu regulieren. Mahmud, der von diesen Dingen nichts verstand, fragte den Freund beiläufig, ab seiner Meinung nach große Ereignisse im Land bevorstünden. Kaidi versank erneut in Nachdenken, dann begann er voll Begeisterung die Krone der Atlaszeder (*Cedrus atlantica*) zu schildern. »Aber«, er wurde lebhaft, »letzthin habe ich die bei uns heimische Himalajazeder (*Cedrus deodara*) studiert, und ich kann mit Freude sagen, daß ihre Krone noch schöner ist!«

Ein andermal traf Mahmud einen Kollegen, mit dem er in der Schule gemeinsam ein Drama zu schreiben versucht hatte. Er war nun Bürgermeister der Stadt Keredsch. Gegen Ende des Essens, zu dem ihn der Bürgermeister in ein elegantes Restaurant eingeladen hatte, wollte Mahmud hören, wie die Stimmung in der Bevölkerung sei. Der Bürgermeister wollte aber nur für seine eigene Stadt sprechen. In Keredsch, führte er aus, werde die Hauptstraße asphaltiert; wir haben sogar begonnen eine Kanalisation zu bauen, wie sie nicht einmal Teheran besitzt.

Eine Lawine von Zahlen und Fachausdrücken ergoß sich über Mahmud und drohte, ihn zu ersticken: er spürte, daß die Frage ungehörig gewesen war. Er wollte aber nicht locker lassen und fragte den ehemaligen Mitschüler, worüber sich die Bewohner seiner Stadt denn so unterhielten. Dieser überlegte einen Moment. »Was weiß ich? Wahrscheinlich über private Dinge. Die Menschen denken nicht viel, ihnen ist alles egal, sie sind träge, unpolitische Kreaturen und sorgen sich nur um den eigenen Hof. Die Probleme des Iran! Was kümmern sie diese schon?« Und er sprach davon, daß in Keredesch eine Paraldehyd-Fabrik errichtet worden sei, die das ganze Land mit Paraldehyd überschwemme. Aber Mahmud wußte nicht einmal, was Paraldehyd ist, und er schämte sich seiner Ignoranz und Rückständigkeit. »Sonst hast du keine Sorgen?« fragte er verwundert den Kollegen. »Und ob!« antwortete dieser, beugte sich über den Tisch und fügte leise hinzu: »Die gesamte Produktion dieser neuen Fabrik ist wertlos, Schund, Ausschuß, Tinnef. Die Menschen wollen nicht arbeiten, sie geben sich nicht ein bißchen Mühe, überall herrscht Apathie, ein verborgener Widerstand lähmt alles. Das ganze Land wirkt, als wäre es auf einer Sandbank aufgelaufen.« »Aber warum?« fragte Mahmud. »Ich weiß es nicht«, antwortete der Freund, dann richtete er sich auf und winkte dem Kellner. »Es ist schwer zu sagen.« Mahmud mußte betrübt feststellen, daß die ehrliche Seele des gescheiterten Schuldramatikers, die sich für einen kurzen Augenblick gezeigt hatte, schon wieder hinter dem Schutzwall von Generatoren, Förderbändern, Relaisstationen und Vorsatzschlüsseln verschwunden war.

(»Für diese Menschen wurde das Konkrete zum Asyl, zum Versteck, ja sogar zur Erlösung. Eine Zeder, ja, die ist konkret, Asphalt ebenfalls. Über konkrete Dinge kann man ungehindert sprechen, frei seine Meinung äußern. Das Konkrete hat den Vorteil, daß es deutlich sichtbare Grenzen besitzt, die mit Alarmglocken versehen sind. Wenn ein mit dem Konkreten beschäftigter Geist sich einer solchen Grenze nähert, wird er durch die Signale gewarnt, daß er sich nun dem Feld gefährlicher, allgemeiner Gedanken, unerwünschter Reflexionen und Synthesen nähert. Sogleich weicht der Geist, zur Vorsicht gemahnt, zurück und widmet sich neuerlich einem konkreten Thema. Dieser Prozeß läßt sich genau verfolgen, wenn wir das Gesicht unseres Gesprächspartners beobachten. Wir sehen, wie sicher er sich im konkreten Thema fühlt. Plötzlich überrumpeln wir ihn mit einer Frage: ›Gut, aber warum sind die Menschen nicht völlig zufrieden?‹ In diesem Moment sehen wir deutlich, wie der Gesichtsausdruck unseres Gegenübers sich verändert: *Er hat die Alarmsignale vernommen, Achtung! In wenigen Augenblicken überschreitest du die Grenzen des Konkreten.* Er versinkt in tiefes Schweigen und sucht fieberhaft nach einem Ausweg, der natürlich nur darin bestehen kann, sich wieder auf das Gebiet des Konkreten zu retten. Glücklich, die Falle rechtzeitig bemerkt zu haben und ihr entgangen zu sein, atmet er erleichtern auf und fährt fort, uns neuerlich mit konkreten Erläuterungen zu bombardieren, die ebenso gut einer Sache gelten können wie einem Lebewesen oder einem Ereignis. Ein Merkmal des Konkreten ist, daß es sich nicht von selbst mit anderen konkreten Themen verbinden läßt und spontan allgemeine Bilder erzeugt. Es kommt vor, daß eine konkrete negative Erscheinung neben einer anderen solchen existiert, ohne daß sie zusammen ein Gesamtbild ergeben. Dazu braucht es synthetisches menschliches Denken, das solche Bilder erzeugt – das Denken aber wird von den Alarmglocken an den Grenzen der einzelnen konkreten Erscheinungen und Themen zurückgehalten. So kommt es, daß ein einzelnes negatives Konkretes für lange Zeit neben anderen ebensolchen besteht, ohne daß sie sich zu einen beunruhigendem Gesamtbild zusammenfügen. Wenn es gelingt, jeden Menschen in den Grenzen seiner konkreten Existenz einzuschließen, erhält man eine atomisierte Gesellschaft, die sich aus beliebig vielen konkreten Einzelpersonen zusammensetzt, die nicht fähig sind, sich zu einer gemeinsam handelnden Gemeinschaft zusammenzuschließen.«

Mahmud beschloß nun, sich von weltlichen Problemen loszureißen und sich in die Gefilde der Phantasie und Emotionen zu erheben. Er machte einen anderen Freund ausfindig, der, wie er gehört hatte, ein gefeierter Dichter geworden war. Hasan Rezvani empfing ihn in einer luxuriös eingerichteten, modernen Villa. Sie aßen in einem sorgfältig gepflegten Garten am Rande eines Schwimmbeckens (der heiße Sommer kündigte sich an) und nippten Gin Tonic aus hohen, eisbeschlagenen Gläsern. Hasan klagte, er fühle sich ausgelaugt, er sei erst gestern von einer Reise nach Montreal, Chicago, Paris, Genf und Athen zurückgekehrt, auf der er über die Große Zivilisation und die Revolution des Schahs und des ganzen Volkes gesprochen hätte. Ein mühsames Unterfangen, stöhnte er, ständig sei er von lärmenden Unruhestiftern gestört worden, die seine Reden unterbrochen und ihn selbst mit Schimpfnamen belegt hätten. Hasan zeigte Mahmud seinen neuen Gedichtband, den er dem Schah gewidmet hatte. Das erste Gedicht trug den Titel »Wohin er blickt, erblühen Blumen.« Wenn der Schah, so behauptete das Gedicht, seinen Blick zu Boden richtete, trieben dort unverzüglich die prächtigsten Nelken und Tulpen aus der Erde.

Wenn sein Auge dort länger ruht,
Erblühen Rosen in farbiger Glut.

Ein anderes Gedicht trug den Titel »Wo er steht, entspringt ein Quell« In diesem Gedicht versichert der Autor dem Leser, daß überall dort, wohin der Schah seinen Fuß setzte, ein Quell kristallklaren Wassers aus dem Boden sprudelte.

Verweilt dort aber länger sein Fuß,
Entspringt ein mächtiger Fluß.

Diese Gedichte wurden im Rundfunk und an den Hochschulen vorgetragen. Und der Schah lobte sie und verlieh Hasan ein Stipendium der Pahlavi-Stiftung.

Als Mahmud eines Morgens die Straße hinunterging, sah er an einem Baum einen Mann lehnen. Er trat näher und erkannte ihn (wenn auch mit Mühe), es war Mohesen Dschalaver, mit dem er einmal gemeinsam die ersten Verse in einer Studentenzeitschrift publiziert hatte. Mahmud wußte, daß Mohesen eingesperrt und gefoltert worden war, weil er in seiner Wohnung einen befreundeten Mudschaheddin versteckt hatte. Er blieb stehen und wollte ihm die Hand reichen, aber der andere blickte ihn nur mit abwesendem Ausdruck an. Mahmud nannte seinen Namen, doch Mohesen verharrte bewegungslos, er sagte nur: »Das ist mir egal.« Er blieb gebückt stehen und starrte auf den Boden. »Laß uns irgendwohin gehen«, sagte Mahmud, »ich möchte mit dir sprechen.« »Das ist mir egal«, wiederholte jener, immer noch regungslos, mit gesenktem Kopf. Mahmud fühlte, wie ihm eiskalt wurde.

»Hör zu«, versuchte er es noch einmal, »vielleicht können wir uns für einen anderen Tag verabreden?« Mohesen blieb stumm, plötzlich aber neigte er sich noch weiter vor und sagte leise, mit erstickter Stimme: »Nehmt die Ratten weg!«

Einige Zeit später mietete Mahmud eine bescheidene Wohnung in der Innenstadt. Er war noch damit beschäftigt, die Koffer auszupacken, als drei Männer eintraten, die ihn als neuen Bewohner des Viertels begrüßten und fragten, ob er Mitglied der Schah-Partei Rasthakis sei. Mahmud verneinte, er sei eben erst von einem mehrjährigen Aufenthalt in Europa zurückgekehrt. Das machte die Männer mißtrauisch; wer irgendwie konnte, verließ das Land und kehrte nicht mehr zurück. Sie wollten die Gründe seiner Rückkehr wissen und einer notierte alles in ein Schreibheft. Mahmud stellte mit Entsetzen fest, daß er nun schon zum dritten Mal aufgeschrieben wurde. Die Besucher überreichten ihm eine Beitrittserklärung, aber Mahmud sagte, er wolle nicht beitreten, er habe sich sein ganzes Leben lang nicht für Politik interessiert. Die Männer starrten ihn entgeistert an, als hätten sie Grund, am gesunden Verstand des neuen Mieters zu zweifeln. Dann holten sie ein Flugblatt hervor, auf dem in großen Lettern folgende Worte des Schahs zu lesen standen. WER NICHT DER PARTEI RASTAKHIS ANGEHÖRT, IST ENTWEDER EIN VERRÄTER, DESSEN PLATZ IM KERKER IST, ODER ER GLAUBT NICHT AN DEN SCHAH, AN DAS VOLK UND DAS VATERLAND; DAHER DARF ER NICHT ERWARTEN, DASS WIR IHN GLEICH WIE ANDERE BEHANDELN. Mahmud aber blieb standhaft und bat um einen Tag Aufschub, er wolle sich erst mit seinem Bruder beraten.

Der Bruder meinte: Du hast keine andere Wahl. Wir sind alle eingeschrieben. Die ganze Nation muß wie ein Mann dazugehören. Mahmud kehrte nach Hause zurück, und als die Aktivisten ihn wieder aufsuchten, erklärte er seinen Beitritt zur Partei. Damit war er zum Vorkämpfer der Großen Zivilisation geworden.

Wenig später erhielt er eine Einladung in das Büro des Rastakhis, das sich nicht weit entfernt von seiner Wohnung befand. Dort war eine Versammlung von Künstlern im Gange, die mit ihren Werken den siebenunddreißigsten Jahrestag der Thronbesteigung des Monarchen würdigen sollten. Alle Jubiläen, die mit der Person des Herrschers und seinen wichtigsten Errungenschaften – der weißen Revolution und der Großen Zivilisation – zusammenhingen, wurden feierlich und mit großem Gepränge begangen: Das ganze Leben im Kaiserreich bewegte sich von einem Festtag zum nächsten, in weihevollem, würdigem Rhythmus. Ein Stab von Mitarbeitern war ständig über den Kalender gebeugt, um nur ja nicht einen Geburtstag des Monarchen, des Thronfolgers oder eines der weitern glücklichen Nachgeborenen, den Jahrestag seiner letzten Eheschließung oder der Krönung zu übergehen. Zu diesen traditionellen Jahrestagen kamen ständig neue hinzu. Kaum war ein Jubiläum gefeiert, wurden bereits Vorbereitungen für das nächste getroffen; fieberhafte Aufregung hing in der Luft, jegliche Arbeit kam zum erliegen, alle sahen freudig erregt dem kommenden Tag entgegen, der mit großen Banketten, der Verleihung von Orden und Titeln, Gratulationszügen und einer erhebenden Liturgie begangen werden sollte.

Als Mahmud die Versammlung verlassen wollte, wandte sich der Dichter und Übersetzer Golam Qasemi an ihn. Sie hatten einander viele Jahre nicht gesehen – Mahmud war im Ausland gewesen, und Qasemi hatte zu Hause Erzählungen geschrieben, in denen er die große Zivilisation verherrlichte. Er lebte im Luxus, genoß unbeschränkten Zutritt zum Palast, seine Bücher erschienen in Leder gebunden. Golam sagte, er müsse ihm etwas Wichtiges zeigen und zog ihn fast mit Gewalt in ein armenisches Kaffeehaus, wo er eine Wochenzeitschrift auf den Tisch legte. »Schau, was mir gelungen ist zu drukken!« sagte er stolz. Es war eine Übersetzung eines Gedichts von Paul Eluard aus seiner Feder. Mahmud warf einen Blick auf das Gedicht und fragte: »Was ist daran so großartig?« »Wie«, empörte sich Golam, »verstehst du denn nicht? Lies es einmal aufmerksam durch.« Mahmud las es aufmerksam, dann wiederholte er seine Frage: »Und was soll daran so ungewöhnlich sein? Worauf bist du so stolz?« »Mensch«, schäumte Golam, »Hast du denn keine Augen im Kopf? Schau her:

›Die Zeit der Trauer brach herein, die Nacht schwarz wie Ruß, so daß man nicht einmal Blinde vor die Tür jagen will.‹«

Während er das las, unterstrich er jedes Wort mit dem Daumennagel. »Welche Anstrengung es mich gekostet hat«, rief er erregt aus, »das drucken zu lassen, die Savak davon zu überzeugen, daß es genehmigt wird! In diesem Land, wo alles Optimismus atmen, blühen und lachen muß, plötzlich – ›die Zeit von Trauer brach herein‹! Kannst du dir das vorstellen?« Golam trug die Miene eines Siegers zu Schau, er schwelgte in seiner Tapferkeit. Erst in diesem Moment, als er in das verzerrte, listige Gesicht Golams blickte, glaubte Mahmud erstmals an die heraufziehende Revolution. Ihm schien, daß er mit einem

Schlag alles durchschaute. Golam spürte das Nahen der Katastrophe und begann sich nun ängstlich zu winden, die Fronten zu wechseln, versuchte zu reinigen, den kommenden Kräften, deren bedrohlicher Tritt bereits mit dumpfem Echo in seinem furchtsam jagenden Herzen widerhallte, zu huldigen. Einstweilen legte Golam nur verstohlen einen Reißnagel auf das karmesinrote Kissen, auf dem der Schah thronte. Das ist keine Sprengbombe, beileibe. Dadurch kommt der Schah nicht ums Leben, aber Golam atmete erleichtert auf – er hatte es gewagt, aufzubegehren! Er wird nun allen Menschen diesen Reißnagel vorführen, von ihm erzählen, bei den Freunden Anerkennung und Lob heischen, sich brüsten, Unabhängigkeit bewiesen zu haben.

Aber am Abend wurde Mahmud von den alten Zweifeln befallen. Er flanierte mit seinem Bruder durch die sich langsam leerenden Straßen. Sie begegneten dumpfen, erloschenen Gesichtern, müden Passanten, die nach Hause hasteten oder schweigsam an den Haltestellen standen. Ein paar Männer saßen unter einer Mauer und dösten vor sich hin, den Kopf auf die Knie gestützt. »Wer wird deine Revolution machen?« fragte Mahmud und wies auf diese Gestalten. »Alles schläft.« – »Dieselben Menschen«, antwortete sein Bruder, »die du hier siehst. Eines Tages werden ihnen Flügel wachsen.« Mahmud vermochte das nicht zu glauben.

(»Aber im Frühsommer begann ich selbst die Veränderung zu spüren, zu fühlen, daß sich in den Menschen etwas regte, etwas in der Luft liegt. Es war ein unbestimmtes Gefühl, ähnlich, als erwache man aus einem lähmenden Schlaf. Die Amerikaner zwangen den Schah, einen Teil der Intellektuellen freizulassen. Der Herrscher aber sträubte sich: Er ließ die einen frei und warf dafür andere in den Kerker. Wesentlich aber war, daß er einen Schritt nachgeben mußte, daß das versteinerte System die ersten Sprünge zeigte, den ersten Riß. Das wollte eine Gruppe ausnutzen und die Organisation der iranischen Schriftsteller wiederbeleben, die der Schah im Jahre neunundsechzig aufgelöst hatte. Damals waren überhaupt alle Organisationen, auch völlig harmlose, verboten worden. Es gab nur die Rastakhis und die Moschee, *tertium non datur.* Aber die Regierung wollte es nicht zulassen, daß die Dichter ihren eigenen Verband erhalten. Daher beriefen diese geheime Versammlungen in privaten Häusern ein, meist in alten Landhäusern außerhalb von Teheran, die sich besonders gut für konspirative Begegnungen eigneten. Sie nannten diese Versammlungen Kulturabende. Zuerst wurden Gedichte gelesen, dann über die aktuelle Situation diskutiert. Ich erinnere mich, daß ich bei einer dieser Begegnungen zum ersten Mal Menschen sah, die eben aus dem Gefängnis entlassen worden waren. Ich las aufmerksam in ihren Gesichtern, welche Spuren große Angst und furchtbare Qualen hinterlassen. Es schien mir, als ob sie sich nicht normal verhielten. Sie bewegten sich unsicher; verschreckt durch das Licht und die Anwesenheit anderer, wahrten sie eine vorsichtige Distanz zu ihrer Umgebung, als befürchteten sie, jede Annäherung eines anderen Menschen könnte Schläge nach sich ziehen. Einer von ihnen bot einen schrecklichen Anblick: Gesicht und Hände waren von Brandnarben entstellt, und er ging am Stock. Er hatte an der juristischen Fakultät studiert, und bei einer Durchsuchung war bei ihm ein Flugblatt der Fedayin entdeckt worden. Ich erinnere mich, daß er erzählte, wie die Savak-

Leute ihn in einen großen Saal brachten, in dem die eine Wand aus weißglühendem Eisen bestand. Am Boden befanden sich Schienen, und auf diesen stand ein eiserner Stuhl mit Rädern, auf dem er mit Riemen festgeschnallt wurde. Einer der Savak-Männer legte einen Hebel um, worauf der Stuhl langsam und ruckartig auf die glühende Wand zuzurollen begann. Er legte etwa drei Zentimeter in der Minute zurück. Der Student berechnete, daß er für die Strecke zur Wand etwa zwei Stunden benötigen würde, aber schon nach der Hälfte des Weges schien ihm die Hitze unerträglich, und er schrie, er würde alles gestehen, obwohl es nichts zu gestehen gab. Das Flugblatt hatte er auf der Straße gefunden. Wir hörten schweigend zu. Der Student schluchzte. Ich erinnere mich, daß er rief: ›Gott, warum hast du mich mit einem schrecklichen Gebrechen, wie das denken es ist, bestraft! Warum hast du mich denken gelehrt anstatt hündische Demut!‹ Am Ende erlitt er einen Schwächeanfall und mußte in ein Nebenzimmer geführt werden. Die anderen, die dem Kerker entronnen waren, schwiegen und sagten kein Wort.«)

Aber die Savak machte bald die Orte dieser Begegnungen ausfindig. Als sie eines Nachts den Hof verließen und auf einem schmalen Pfad zur Straße liefen, vernahm Mahmud plötzlich ein Geräusch in den nahen Büschen. Im nächsten Moment brach ein Tumult los, Schreie ertönten, die Finsternis um ihn herum schien noch dichter zu werden, und dann spürte er einen furchtbaren Schlag auf den Hinterkopf. Er taumelte und schlug mit dem Gesicht voran auf den steinigen Weg, worauf er das Bewußtsein verlor. Als er wieder zu sich kam, lag er in den Armen seines Bruders. Durch die verschwollenen, mit Blut verklebten Augen konnte er in der Dunkelheit das graue, übel zerschlagene Gesicht seines Bruders erkennen. Ringsum hörte man Ächzen und Stöhnen, und einer rief dauernd um Hilfe. Nach einer Weile erkannte Mahmud auch die Stimme des Studenten, der offenbar einen Schock erlitten hatte und ständig wiederholte: »Warum hast du mich denken gelehrt! Warum hast du mich mit diesem schrecklichen Gebrechen bestraft!« Es hörte sich an, als käme die Klage tief aus der Erde. Neben Mahmud stand ein Mann, dessen Arm gebrochen war und leblos herabhing, dort kniete einer am Boden, dem ein Schwall Blut aus dem Mund schoß. Langsam und eng aneinandergepreßt schlichen sie in Richtung Straße, ständig gewärtig, von neuem überfallen und zusammengeschlagen zu werden.

Am nächsten Morgen lag Mahmud mit genähter Stirn und verbundenem Kopf im Bett. Der Hausmeister brachte die Zeitung, in der Mahmud die Beschreibung der nächtlichen Ereignisse lesen konnte. »Vergangene Nacht haben polizeibekannte kriminelle Elemente in der Nähe von Kann auf einem Gutshof eine abstoßende Orgie veranstaltet. Die patriotisch fühlende lokale Bevölkerung machte die Übeltäter mehrmals auf die empörende Art und Unschicklichkeit ihres Betragens aufmerksam. Anstatt sich die wohlmeinenden Ratschläge der örtlichen Patrioten zu Herzen zu nehmen, stürzte sich der entfesselte Abschaum mit Steinen und Knüppeln auf die Bürger, die sich gezwungen sahen, sich ihrer Haut zu erwehren. Sie stellten bald die bislang in jener Gegend herrschende Ordnung wieder her!« Mahmud stöhnte, er glaubte zu fiebern. In seinem Kopf drehte sich alles.

»Die Tage des Schahs sind gezählt«, sagte sein Bruder wenige Tage später mit dem Brustton der Überzeugung. »Er kann nicht jahrelang das wehrlose Volk abschlachten.« »Gezählt?« fragte verblüfft Mahmud und hob den dick bandagierten Kopf vom Kissen. »Hast du den Verstand verloren? Hast du seine Armee gesehen?« Natürlich hatte der Bruder sie gesehen, die Frage war rein rhetorisch gewesen. Mahmud sah Tag für Tag im Fernsehen oder im Kino die Divisionen des Monarchen. Paraden, Manöver, Jagdflugzeuge, Raketen, Haubitzen, alle direkt auf das Herz von Mahmud gerichtet. Er sah voll Abscheu die Reihe der greisen Generäle, die mit Mühe vor dem Schah Haltung annahmen. Es wäre interessant zu wissen, dachte er, wie sie sich verhielten, wenn vor ihren Füßen eine richtige Bombe explodierte. Gewiß erlitten sie eine Herzattacke! Von einem Moment zum nächsten erschienen immer mehr Panzer und Mörser auf dem Bildschirm des Fernsehgerätes. Mahmud erblickte darin eine schreckliche Kraft, imstande, jeden Widerstand zu brechen und alles in Staub und Blut zu verwandeln.

Die heißen Sommermonate begannen. Die Wüste, die vom Süden her Teheran umschließt, blies ihren Glutatem über die Stadt. Mahmud fühlte sich wieder besser und beschloß, neuerlich seine abendlichen Spaziergänge aufzunehmen. Zum ersten Mal seit langem ging er wieder auf die Straße. Es war spät abends, und er wanderte durch die kleinen, dunklen Gassen in der Nähe eines gigantischen, trostlosen Neubaus, der in Rekordtempo in die Höhe wuchs. Es handelte sich um das neue Hauptquartier der Rastakhis. Plötzlich schien ihm, daß er schattenhafte Gestalten sah, die durchs Dunkle huschten und daß er Büsche rascheln hörte. Aber hier gibt es doch gar keine Büsche, versuchte er sich selbst zu beruhigen. Dennoch bog er in die nächste Seitenstraße ein. Er fühlte Angst in sich hochsteigen, obwohl er wußte, daß es keinen Grund dafür gab. Ihn fröstelte, und er beschloß, umzukehren. Er ging eine steil abfallende Straße hinunter, die zum Zentrum führte. Mit einem Mal vernahm er Schritte hinter sich. Er wunderte sich, denn eben noch hatte er sich umgedreht und gesehen, daß die Straße menschenleer war. Unwillkürlich beschleunigte er seine Schritte, aber sein Hintermann folgte seinem Beispiel. Eine Weile gingen sie im gleichen Tritt, wie zwei Wachsoldaten. Mahmud ging noch schneller. Er eilte mit kurzen, hastigen Schritten weiter; sein Verfolger ebenso, er schien sogar näher zu rücken. Vielleicht sollte ich besser das Tempo verlangsamen, dachte Mahmud, verzweifelt einen Ausweg aus der Falle suchend. Aber die Angst war stärker als die Vernunft, und Mahmud holte in weiten Schritten aus, bemüht, dem anderen zu entkommen. Er fürchtete zwar, diesen durch sein Laufen zu provozieren, hoffte aber doch, den Moment, da dieser ihn einholte und niederschlug, hinauszögern zu können. Aber sein Hintermann blieb ihm auf den Fersen, er hörte bereits seinen Atem, der Widerhall ihrer Schritte wurde von der Häuserschlucht wie ein einziges Echo zurückgeworfen. Mahmud verlor die Nerven und begann zu laufen. Sein Verfolger aber ließ nicht locker; Mahmud rannte jetzt, was er konnte, seine Jacke flatterte im Wind wie eine schwarze Fahne. Mit einem Mal wurde er gewahr, daß sein Verfolger nicht mehr allein war, er hörte das Hämmern Dutzender Schritte, die wie eine donnernde Lawine näher kamen. Er lief und lief, schnappte verzweifelt nach Luft; Schweiß strömte ihm aus allen Poren, aber er fühlte, daß er nicht mehr lange durchhalten würde.

Mit letzter Kraft erreichte er eine dunkle Einfahrt, in der er sich an ein herabgelassenes Gitter klammerte. Er meinte, sein Herz müsste zerspringen, und er hatte den Eindruck, daß eine fremde Faust sich durch seine Rippen bohrte, bis tief ins Innere, wo sie unbarmherzig betäubende Schläge austeilte. Er blickte sich um. Die Straße lag wie leergefegt, nur an der Mauer strich eine schwarze Katze entlang. Langsam, die Hand aufs Herz gepreßt, schleppte Mahmud sich nach Hause. Er war zerstört, niedergedrückt, geschlagen.

(»Alles begann nach jenem nächtlichen Überfall im Frühling, als ich die Versammlung verließ. Seit damals wurde ich die Angst nicht mehr los. Sie überfiel mich oft völlig unerwartet. ich schämte mich, war ihr aber machtlos ausgeliefert, sosehr ich mich auch dagegen wehrte. Ich dachte voll Bestürzung, daß ich mit dieser Angst im Inneren gegen meinen Willen Teil jenes Systems geworden war, das auf Angst beruhte. Eine schreckliche, aber untrennbare Bindung, eine pathologische Symbiose war zwischen mir und der Diktatur entstanden. Mit meiner Angst stützte ich das System, das ich haßte. Der Schah konnte auf mich zählen, auf meine Furcht, er konnte sich darauf verlassen, daß ich auf seine strenge Stimme mit ängstlichem Zucken reagierte. Das Regime stützte sich auf mich, das war unleugbar. Wäre es mir gelungen, meine Angst zu überwinden, hätte ich damit ein wenig die Fundamente des Thrones untergraben, zumindest jene, die auf meine Angst bauten, aber dazu war ich damals noch nicht imstande.«)

Den ganzen Sommer über fühlte Mahmud sich elend und hörte gleichgültig die Nachrichten, die ihm sein Bruder brachte.

Dabei lebten alle bereits auf einem Vulkan, schon der geringste Funke konnte den Brand entfachen. In der Stadt

Kermanschah wurden Passanten von einem wildgewordenen Pferd niedergetrampelt. Ein Bauer war mit dem Tier in die Stadt gekommen und hatte es in der Hauptstraße an einen Baum gebunden. Die vorbeifahrenden Autos hatten das Pferd in Panik versetzt – es zerriß seine Zügel, raste durch die Stadt und verletzte einige Personen, bis es endlich von einem Soldaten erschossen wurde. Um das getötete Tier versammelte sich eine Menschenmenge. In der Menge wurden Stimmen laut: »Wo war denn die Polizei, als das Pferd die Passanten niedertrampelte?« Es kam zu Handgreiflichkeiten, und die Polizei eröffnete das Feuer. Aber immer mehr Menschen strömten herbei, die Stadt kochte, in den Straßen wurden Barrikaden errichtet. Nun wurde Militär in die Stadt geschickt, und der lokale Kommandeur ordnete eine Ausgangssperre an. »Glaubst du, es hat viel gefehlt«, fragte der Bruder Mahmud, nachdem er von diesem Ereignis berichtet hatte, »daß ein Aufstand losgebrochen wäre?« Mahmud war aber der Meinung, sein Bruder übertreibe wieder einmal, wie so oft.

Als Mahmud an einem Tag Anfang September die Reza-Khan-Allee entlangschritt, bemerkte er in der Entfernung Unruhe auf der Straße. Vor dem Haupteingang der Universität sah er Militärlastwagen, Helme, Karabiner, Soldaten in grünen Kampfanzügen. Die Soldaten machten Jagd auf Studenten, die sie dann zu ihren Fahrzeugen schleppten. Mahmud hörte Schreie und sah junge Menschen über die Straße davonlaufen.

Plötzlich ertönten Sirenen, und die Armeelastwagen jagten, vollbeladen mit Studenten, die Straße entlang. Die Studenten standen eng aneinandergepreßt auf der Ladefläche, die Hände mit Stricken zusammengebunden, umringt von Soldaten. Offensichtlich war eine große Menschenjagd zu Ende. Mahmud beschloß, zu seinem Bruder zu gehen und ihm von der Razzia zu berichten, die das Militär auf dem Universitätsgelände veranstaltet hatte. In der Wohnung seines Bruder traf er einen jungen Mann, den Gymnasiallehrer Ferejdun Gandschi. Mahmud erinnerte sich, ihn schon bei jenem Kulturabend getroffen zu haben, der damit geendet hatte, daß sie von der Polizei verprügelt wurden. Einige Zeit später hatte ihm sein Bruder erzählt, Gandschi sei tags darauf in die Schule gekommen, aber der Direktor, der bereits von der Savak verständigt worden war, hätte ihn sofort hinausgeworfen und gebrüllt, er sei ein Rowdy und Gewalttäter, dessen er sich vor den Schülern schämen müsse. Gandschi war dann lange Zeit arbeitslos und zog auf der Suche nach einer Beschäftigung durch die Stadt.

Der Bruder machte den Vorschlag, zum Basar zu gehen und dort zu Mittag zu essen. In den engen, stickigen Seitengassen um den Basar fielen Mahmud zahlreiche junge Männer auf, die im Opiumrausch dahintorkelten. Einige saßen auf dem Gehsteig und stierten mit gläsernem, verhangenem Blick vor sich auf den Boden, andere pöbelten die Passanten an, belegten sie mit wüsten Schimpfnamen und drohten ihnen mit den Fäusten. »Wie kann die Polizei dies zulassen«, fragte Mahmud den Bruder. »Natürlich kann sie«, antwortete dieser, »von Zeit zu Zeit hat sie gute Verwendung für dieses Gesindel. Morgen drückt sie ihnen Knüppel und ein Bakschisch in die Hand, dann zieht dieser Pöbel zur Universität, um die Studenten zu verdreschen. Nachher schreiben die Zeitungen, die gesunde patriotische Jugend sei dem Ruf der Partei gefolgt und habe den Abschaum der Gesellschaft und den Unruhestiftern, die sich in den Mauern der Universität eingenistet hätten, eine verdiente Abreibung verpaßt.«

Sie betraten das Restaurant und nahmen an einem Tisch in der Mitte Platz. Nach wenigen Augenblicken, der Kellner war noch nicht erschienen, fielen Mahmud zwei stämmige, träg lümmelnde Kerle am Nebentisch auf. Savak-Männer, schoß es ihm durch den Kopf. »Hört zu«, sagte er zu seinen Begleitern, »vielleicht setzen wir uns besser näher zur Tür.« Sie wechselten den Platz, und gleich darauf kam auch der Kellner. Der Bruder bestellte gerade ein Gericht, als Mahmud an einem nahen Tisch zwei adrett gekleidete Schönlinge entdeckte, die einander zärtlich an den Händen hielten. Savak-Männer als Schwule getarnt! dachte er, und Angst und Abscheu stiegen in ihm hoch. »Ich würde lieber beim Fenster Platz nehmen«, bat er den Bruder, »von dort kann ich besser das Gewühl im Basar beobachten.« Sie wechselten abermals den Tisch. Aber kaum hatten sie den ersten Bissen zum Mund geführt, betraten drei Männer den Saal und steuerten, ohne ein Wort zu wechseln, als hätten sie es vorher abgemacht, dieselbe Fensternische an, in der auch Mahmud und seine Begleiter saßen. »Wir werden beobachtet«, flüsterte Mahmud, im selben Augenblick bemerkte er aber die mißtrauischen Blicke, die ihnen die Kellner zuwarfen. Sie waren aufmerksam geworden, weil die drei so oft den Platz gewechselt hatten. Die Kellner halten uns wahrscheinlich für Savak-Agenten, dachte Mahmud, die auf der Suche nach Opfern von Tisch zu Tisch wandern. Der Appetit war ihm vergangen, der Bissen schien im Mund aufzuquellen. Er schob den Teller zurück und gab mit dem Kopf das Zeichen zum Aufbruch.

Sie kehrten zum Haus des Bruders zurück und beschlossen, mit dem Auto in die nahen Berge zu fahren, um wenigstens für kurze Zeit die drückende Stadt hinter sich zu lassen und frische Luft zu schöpfen. Die Straße führte sie nach Noren, durch eine nach frischem Beton riechende Siedlung von Neureichen, vorbei an luxuriösen Villen und kleinen Palästen, eleganten Restaurants und Modehäusern, weiten Gärten und exklusiven Klubs mit Schwimmbecken und Tennisplätzen. Hier kostet jeder Quadratmeter Wüste (denn rundherum erstreckte sich Wüste) Hunderte, ja Tausende Dollars. Und dennoch war kaum Baugrund zu bekommen. Es war die verzauberte Welt der Hofelite. Eine andere Erde, ein anderer Planet.

In der folgenden Woche tauchten neue Manifeste und Protestbriefe auf. Es fanden geheime Vorträge und Diskussionen statt. Im November wurden ein Komitee zur Verteidigung der Menschenrechte und konspirative Studentenvereinigungen ins Leben gerufen. Mahmud ging manchmal in die benachbarten Moscheen und sah dort die dichtgedrängten Massen, aber das Klima fanatischer Frömmigkeit blieb ihm fremd, er fand keinen gefühlsmäßigen Kontakt zu dieser Welt. Andererseits, so sagte er sich, an wen sollen diese Menschen sich wenden, wohin sollen sie gehen? Die meisten von ihnen können nicht einmal schreiben und lesen. Vor einem Jahr, vielleicht auch erst vor einem Monat, sind sie aus einem kleinen, irgendwo in der Wüste oder den Bergen verlorenen Dorf, in dem sich seit Tausenden Jahren nichts verändert hat, in die Stadt gekommen. Sie haben hier eine ihnen unbegreifliche und feindselige Welt vorgefunden, die sie betrügt und ausprefßt. Sie aber verachten diese Welt und suchen Unterschlupf, Linderung ihrer Leiden und Trost.

Das einzige, was sie wissen, ist, daß nur Allah in dieser neuen und feindseligen Wirklichkeit derselbe ist wie im Dorf, wie überall, wie immer.

Mahmud las nun viel und übersetzte Jack London und Rudyard Kipling ins Persische. Er erinnerte sich seiner Jahre in England und dachte darüber nach, wie verschieden doch Europa von Asien ist; oft rief er sich die Worte Kiplings in Erinnerung: »Der Osten ist der Osten, und der Westen – der Westen, und diese beiden Welten treffen nie aufeinander.« Sie treffen und verstehen einander nie. Asien stößt jede Transplantation Europas wie einen Fremdkörper ab. Die Europäer können sich darüber empören, aber das ändert nichts. In Europa wechseln die Epochen rasch, eine verdrängt die andere, von Zeit zu Zeit wird der Boden von der Vergangenheit gereinigt; die Menschen unseres Jahrhunderts haben Schwierigkeiten, ihre Vorfahren zu verstehen. Hier, im Iran, ist das anders. Die Vergangenheit ist nicht weniger lebendig als die Gegenwart, das unberechenbare und grausame Steinzeitalter existiert Seite an Seite mit dem kühlen, raffinierten Elektronikzeitalter, beide leben im selben Menschen, der genauso ein Nachfahre von Dschingis-Khan ist wie ein Schüler von Edison, sofern er überhaupt schon mit der Welt Edisons in Berührung kam.

Eines Nachts, es war Anfang Januar, wurde Mahmud durch ein Hämmern an der Tür aus dem Schlaf gerissen. Er sprang aus dem Bett.

(»Es war mein Bruder. Ich sah, daß er ungewöhnlich erregt war. Noch im Stiegenhaus stammelte er ein einziges Wort: ›Massaker!‹ Er wollte sich nicht setzen, lief durchs Zimmer, redete unzusammenhängendes Zeug. Er sagte, die Polizei hätte heute in den Straßen von Qom in die Bevölkerung gefeuert. Er nannte die Zahl von fünfhundert Toten. Unter den Opfern waren viele Frauen und Kinder. Anlaß war ein scheinbar nebensächliches Ereignis. In der Tageszeitung *Etelat* war ein Artikel erschienen, in dem Chomeini angegriffen wurde. Der Autor, irgend jemand aus dem Palast oder von der Regierung, nannte Chomeini Ausländer (was in unseren Ohren verächtlich klingt). Als die Zeitung Qom erreichte, die Stadt Chomeinis, rotteten sich die Menschen in den Straßen zusammen und begannen hitzig zu diskutieren. Dann zogen sie zum Hauptplatz, der wenig später von der Polizei abgeriegelt wurde. Auch auf den Dächern postierten sich Polizisten. Eine Zeitlang geschah nichts, vielleicht wollten sich die Behörden mit Teheran beraten. Dann forderte ein Offizier die Menge auf, auseinanderzugehen; aber keiner rührte sich. In diese Stille krachten plötzlich von den Hausdächern und Seitengassen Schüsse – die Uniformierten hatten das Feuer eröffnet. Auf dem Platz brach eine Panik aus, die Menschen wollten fliehen, wußten aber nicht wohin, denn alle Straßen waren von feuernden Polizisten blockiert. ›Der ganze Platz ist mit Leichen übersät‹, sagte mein Bruder. Aus Teheran wurde Verstärkung entsandt und nun werden in der Stadt Verhaftungen vorgenommen. ›Die Menschen, die ums Leben kamen‹, sagte er, ›waren völlig unschuldig. Ihr einziges Verbrechen bestand darin, daß sie auf dem Platz standen.‹ Ich erinnere mich, daß am nächsten Tag ganz Teheran ergriffen war, man spürte, daß schwarze und schreckliche Tage heraufzogen.«)

Aus den Notizbüchern

30. Juni 1997

Vorgestern kehrte ich aus Pinsk zurück. Pinsk, das sind heute drei verschiedene Städte, nämlich:

– Das alte Pinsk. Ebenerdige oder einstöckige Häuser inmitten von Gemüse- und Obstgärten, hier und da Holzzäune, verkleidete Brunnen, gepflasterte Straßen, die einmal Bednarska, Franciszkańska oder Błotna hießen. Dieses Pinsk schrumpft langsam, doch obwohl es niedergerissen und zerstört wird, existiert es noch, kann man es noch sehen, seine kleinstädtische Romantik bewundern.

– Das sowjetische Pinsk, aus den Zeiten Chruschtschows und Breschnews, eine Stadt grauer oder ziegelfarbener Wohnblocks, errichtet aus schweren, primitiv und hastig zusammengefügten Platten; eine Stadt schmutziger, unbeleuchteter Siedlungen.

– Das Pinsk der neunziger Jahre, aus der Zeit nach der Perestrojka, neureich, mit Villen nur für Auserwählte, für Gewinnler, ein Paradies für die Neuen Weißrussen, die Neuen Russen.

In jeder dieser Städte wohnt eine andere Gesellschaft. Im alten Pinsk leben die verbliebenen Polen, ein paar russische Pensionäre, Leute, die vom Ural hierher gebracht wurden. Die zahlenmäßig stärkste Bevölkerungsgruppe dieser einstigen Stadt gibt es nicht mehr – die Juden. Sie sind im Getto umgekommen, die wenigen, die sich retten konnten, sind emigriert oder gestorben.

Im sowjetischen Pinsk wohnen heute Zehntausende Menschen, die nach dem Krieg aus dem Inneren Rußlands kamen, von den Sowjets hierher gebracht wurden. Das hier war ein Grenzgebiet der Sowjetunion, in dem Moskau Menschen ansiedeln wollte, denen es vertrauen konnte. Für sie wurde die ganze Industrie errichtet. Aus Pinsk, einst ein Städtchen von Gewerbetreibenden, Handwerkern und kleinen Ladenbesitzern, wurde eine Stadt von Fabriken, Montagehallen, Metallbetrieben. Das alles ist dem Geist dieser Stadt total fremd, die immer ein Ort tiefster Gläubigkeit war, mit Synagogen, orthodoxen und katholischen Kirchen, eine Stadt, die in der Geschichte bekannt wurde durch große theologische und philosophische Dispute.

Und schließlich das Pinsk der Neureichen – eine großflächige Siedlung, dort errichtet, wo man von der Überlandstraße Brest–Mazyr nach Pinsk abbiegt. Das Viertel wurde innerhalb von zwei, drei Jahren aufs freie Feld gestellt. Die Häuser sind im Besitz von Leuten, die gestern noch Beamte waren, mit Gehältern, die gewiß nicht ausreichen, um sich in so kurzer Zeit eine Luxusvilla zu bauen! Doch sie gehören zur Nomenklatura, zur Partei der Macht, sie sind die Besitzer des Landes. Ihren Reichtum verdanken sie nicht einer plötzlichen Entwicklung der Industrie, des Handels, der Touristik oder des Verkehrs. Keine Rede davon! Gleich nebenan sehen wir geschlossene, verlassene Fabriken, es gibt nur wenige Läden mit wertlosen Waren, der öffentliche Verkehr ist unterentwickelt, die Autobusse sind halbe Wracks, und von Fremdenverkehr hat noch nie jemand gehört. In Wahrheit ist es so: je ärmer die Wirtschaft, um so prächtiger die Villen der neuen Klasse. Diese setzt sich zusammen aus der gestrigen kommunistischen Bürokratie, die sich die kommunistische Staatswirtschaft angeeignet hat. Wenn man jemandem sein Eigentum raubt, geht es für gewöhnlich recht heftig, sogar blutig zu. Doch hier gab es keinen privaten Eigentümer. Hier handelte es sich um Eigentum, das »niemand« gehörte, das bedeutet: dem Staat, der aufhörte zu existieren, Eigentum, das also kampflos in die Hände jener überging, die den Staat gestern noch geführt hatten.

Ein Streifzug durch die neuen Bars und Restaurants von Pinsk. Überall dasselbe Bild: neue, kitschige Einrichtungen. Plastiksessel und -tische. Am Buffet: verwelkte Salate hinter Glas, ein paar Scheiben einer kränklich bleichen Wurst, Stücke eines Huhns, das vor unbestimmter Zeit gebraten wurde. Keiner wird das essen – das ist Dekoration. Lärmende, grelle, ohrenbetäubende Musik, Heavy Metal. Sie ist das einzige Geräusch in diesen Bars, sonst ist nichts zu hören. An kleinen Tischen sitzen blutjunge, grell bemalte Mädchen. Sie tragen kurze Röcke, aus denen lange, meist schlanke Beine ragen. Sie ragen irgendwie provozierend hervor, doch in Wahrheit wirken sie defensiv, passiv, ja tot. Mit dieser Zurschaustellung wollen die Mädchen etwas sagen, doch sie sagen das nicht direkt, nicht offen heraus. Etwas bleibt in der Schwebe, unklar, vernebelt.

An denselben Tischen oder direkt daneben sitzen junge Männer, kräftige, massige, wuchtige Typen; die Augen halb geschlossen, doch aufmerksam, wachsam, ihnen entgeht nichts. Sie sitzen in Gruppen zu dritt, zu viert, manchmal sogar zu sechst. Einer behält ständig die Tür im Auge. Wenn es ein Fenster gibt, beobachtet ein anderer das Fenster. Im Sommer krabbeln Fliegen über die Scheiben. Doch sommers wie winters kann sich im Fenster plötzlich ein Pistolenlauf zeigen.

Die Atmosphäre in den Lokalen ist gespannt, bedrohlich und bleiern. Die Männer an den Tischen sind unablässig an der Front – sie sind Soldaten in einem schmutzigen, heimtückischen, blutigen Krieg um Macht, Geld und Einfluß. Sie genießen das Leben hastig und gierig, weil sie nicht wissen, wie lange es währt. Daher die Mädchen, der Alkohol, schnelle Autos …

Selten wird das Thema des Gewissens aufgegriffen. Es taucht zwar auf in der Philosophie, doch meist nicht für sich, sondern im Zusammenhang mit Überlegungen über das Gute und Böse. Den einfachsten Vorschlag macht Freud, für den das Gewissen einen aus den Kulturen übernommenen Mechanismus der Unterscheidung und Entscheidungsfindung und damit der Personalisierung und Verinnerlichung kultureller Normen darstellt. In einem ähnlichen Geist äußert sich Nietzsche, der in der »Genealogie der Moral« feststellt, das Gewissen sei dem Individuum von der Gesellschaft und dem Staat aufgezwungen worden, denn der Mensch sei von Natur aus ein aggressives Wesen, das seinen Instinkten freien Lauf lassen und die Kraft seines Willens in die Tat umsetzen müsse. Gesellschaft und Staat lenkten daher die zerstörerischen Instinkte des Menschen nach innen, und diese unterdrückte Aggression (oder Autoaggression) heißt dann Gewissen. Daher spricht Nietzsche vom Gewissen, das heißt vom »unreinen« Gewissen. Auch die gängige Interpretation verweist auf verwandte Bedeutungen: Wir sagen »er hat etwas auf dem Gewissen«, »mich quält das Gewissen«. Wir halten das Gewissen für jenen Teil unserer Persönlichkeit, der nach dem Prinzip der Bremse funktioniert.

Wir dürfen nicht vergessen, daß wir in der Welt ganz unterschiedliche Stadien der individuellen Empfindlichkeit des Gewissens vorfinden – so gibt es den Typ des Menschen mit atrophiertem Gewissen, der emotionell verkrüppelt ist. Einem solchen Menschen kann man, ähnlich wie einem körperlichen Krüppel, keinen Vorwurf machen, daß er sich so verhält und nicht anders. Das beschreibt Dostojewski sehr gut in den »Dämonen« und in den »Brüdern Karamasow«. Es handelt sich um eine Form psychischer Verkrüppelung, um eine *deficiency*, wie die Engländer sagen. Beispiele für die Unterschiedlichkeit dieser Empfindungen gibt es genug – manche Soldaten in Erschießungspelotons leiden psychische Qualen, andere sind davon völlig frei. Die Versuche einer massenweisen, standardisierten Erziehung des Gewissens sind also eher zum Scheitern verurteilt.

Es gibt auch kulturelle Maßnahmen, um das Gewissen zu beruhigen, zum Beispiel den exkulpierenden Mechanismus: »Befehl ist Befehl!« Natürlich ist dieser Mechanismus bei manchen Menschen völlig verlogen, doch man kann sich vorstellen, daß es andere gibt, die Befehle ohne nachzudenken ausführen – daher finde ich auch die Ausführungen Hanna Arendts über die Banalität des Bösen so überzeugend.

Das Gewissen ist ein Derivat der Beziehung zum anderen, daher kann man kaum von einer Erziehung des Gewissens als solcher, abstrahiert vom anderen, sprechen. Diese grundlegende Funktion eines gesunden Gewissens ist also das biblische »Liebe deinen Nächsten wie dich selbst«. In der theologischen Sprache kann man sagen, daß das Gewissen als Fähigkeit, Gut und Böse zu unterscheiden, eine besondere Form der Empfindsamkeit darstellt – eine Gnade. Dieser Begriff bringt jedoch verschiedene Probleme mit sich, verbunden mit der Frage der Vorherbestimmung, und daher auch die Prämisse von der Passivität des Menschen, weshalb ich lieber von Empfindsamkeit spreche.

Wenn ich durch die Welt reise, festige ich meine Überzeugung, daß die Empfindsamkeit allen Menschen gemeinsam ist, obwohl der Begriff des Gewissens spezifisch ist für die jüdisch-christliche Kultur. Mit einer Einschränkung – diese gemeinsamen Merkmale treten vor allem in den Beziehungen zu den Nächsten, zur Familie zutage, wenn es um Blutsbande geht. Ein paradoxer Beweis dafür sind mafiose Strukturen mit dem Boß, dem Paten an der Spitze, die durch Blutsbande formalisiert werden. In den dreißiger Jahren herrschte in der Dominikanischen Republik der Diktator Rafael Trujillo. Dieser veranstaltete Massentaufen, und nachdem er so nach einiger Zeit faktisch zum Taufpaten aller Bürger geworden war, konnte ihn keiner mehr stürzen. Das Gefühl der familiären Bindung hielt die Untertanen davon ab, sich gegen ihn aufzulehnen, und es mußten erst die Amerikaner kommen, um ihn zu beseitigen, weil er für die Dominikaner so etwas war wie ein Vater.

Trotz der unterschiedlichen Empfindlichkeit des Gewissens in den verschiedenen Kulturen (in vielen Gesellschaften wird etwa die Blutrache als konstitutive Kategorie angesehen) ist allen der Wunsch gemeinsam, vor den Nächsten ein reines Gewissen zu haben und auf die Meinung ihrer unmittelbaren Umgebung zu achten. In der afrikanischen Kultur wird sich jemand, der aus der Familie ausgestoßen wurde, nie mehr im heimatlichen Dorf blicken lassen, weil er die Ablehnung durch seine Umgebung nicht ertragen könnte. Die Familie ist die gesellschaftliche Institution, in der das Gewissen bewahrt wird – sie ermöglicht das Überleben der Gattung. Alle Akte, unter dem impulsiven Einfluß des Gewissens die Grenzen der Familie zu überschreiten, sind hingegen schon eine Gnade.

Statt Ratschläge zum Thema Gewissenserziehung zu erteilen, möchte ich hier lieber ein paar Erwägungen über besondere Vernachlässigungen und Gefahren anstellen, die Aufschluß geben über meine Art der Selbsterhaltung des Gewissens. Die Schuld, das »unreine Gewissen«, kann die verschiedensten Formen annehmen. Karl Jaspers nennt in seinem berühmten Essay »Problem der Schuld« vier Formen der Schuld, darunter ihre ungewöhnlichste Form, die metaphysische Schuld, die alle mit sich herumtragen. Genau diese Form der Schuld ist es, die mich am meisten interessiert, wenn ich von der Welt der Reichen – einer Welt der Minderheit – in die der Armen reise und die ständig tiefer werdende Kluft zwischen den beiden beobachte. Man kann sogar zeitlich bestimmen, wann diese Vertiefung einsetzte. Es ist nämlich nicht zu übersehen, daß das schlechte Gewissen der entwickelten Welt gegenüber der Welt der Armen ungefähr seit Ende der sechziger

Jahre immer mehr eingeschläfert wird. In den fünfziger Jahren waren das Interesse für die erwachende Dritte Welt und der Glaube an den Fortschritt noch größer und es gab mehr Versuche als heute, die Probleme des Hungers und der Krankheiten zu lösen. Der Egoismus der entwickelten Welt hat sich in letzter Zeit verstärkt, und die Mechanismen zur Beruhigung des Gewissens wurden, bewußt oder unbewußt, perfektioniert – so ist das Thema des Hungers (weltweit und auch lokal) aus den Medien verschwunden. Warum ist das so? Die Konsumgesellschaft will in Ruhe konsumieren, und um diese Ruhe zu genießen, muß sie den Hunger der anderen vergessen. Ein interessanter Mechanismus besteht darin, das Problem des Gewissens an kirchliche und karitative Institutionen zu delegieren. Den Mitgliedern dieser Institutionen oder Organisationen wird dieses Problem berufsmäßig aufgehalst. Auf diese Weise hat die entwickelte Welt dieses Problem für sich rationalisiert: »Wir zahlen Steuern, damit sollen sich Fachleute beschäftigen.« Daher glaube ich auch, daß wir es heute im Sinn einer Jasperschen metaphysischen Schuld – oder des Versagens in Hinblick auf die Solidarität mit den anderen – mit einer fundamentalen Krise zu tun haben.

Wenn ich an die Gefahren denke, die das Gewissen bedrohen, gilt mein erster Blick den Medien. Die sind es nämlich, die uns an das Leiden, das Verbrechen, das Morden gewöhnen. Sie entkleiden diese Erscheinungen jeder Aura der Gefahr, Außergewöhnlichkeit und machen die Gewalt zum Spektakel, wodurch sie das Gewissen einschläfern und antiedukativ wirken. Diese Seite der menschlichen Natur erfaßte Bolesław Miciński genial, als er die Haltung des »Das ist aber interessant!« verurteilte.

Wenn wir auf das Böse mit dem Ausruf »Das ist aber interessant!« reagieren, begehen wir – so Miciński – eine ethische Übertretung, weil wir alles auf das Schauspiel, das Theater reduzieren.

Wenn sich jemand an einen reich gedeckten Tisch setzt und gleichzeitig Bilder aus der Sahelzone betrachtet, wo Menschen verhungern, dann schläfert er sein Gewissen ein. Wie weit wir es darin gebracht haben, davon konnte ich mich überzeugen, als ich 1993 mit Frau Ogata, der UN-Hochkommissarin für Flüchtlinge, ins Grenzgebiet zwischen Sudan und Äthiopien flog, wo 300 000 junge Menschen vom Hungertod bedroht waren (die Alten dort zählten gerade dreißig Jahre). Menschen in Lumpen, elend, an Malaria erkrankt. Aus dieser makabren Szenerie reisten wir nach Addis Abeba und flogen noch am selben Tag zurück nach Rom. Am Abend ging ich in Rom zur Piazza Navona, die voller lachender Menschen war, und als ich mir dort – um mich herum Fröhlichkeit, Restaurants, gutes Essen, eine laue Nacht – diesen Gegensatz bewußt machte, brach ich in Tränen aus, was mir selten passiert. Damals erkannte ich auch, daß es unmöglich ist, meine eigenen Erfahrungen weiterzugeben.

Keine Institution, sei diese kirchlich oder karitativ, ist imstande, unser Gewissen zu erziehen, weil die Medien, die uns das Schicksal der Mehrheit der Menschheit vergessen lassen, dieses einschläfern. Das ist um so bedenklicher, als moderne Lösungen nur global sein können. Wenn wir bei dieser weltweiten Sicht die wichtigste Tatsache aus den Augen verlieren, daß nämlich drei Viertel der Menschen im Elend und ohne Aussicht auf ein besseres Leben dahinvegetieren, dann besteht keine Hoffnung auf eine globale Lösung.

Imperium

Als ich im Frühjahr 1989 die Meldungen aus Moskau las, dachte ich: Vielleicht solltest du hinfahren. Auch andere drängten mich dazu, weil Rußland, wenn es einmal erwacht, alle interessiert. Und damals wurden viele von Neugierde gepackt und erwarteten etwas Außergewöhnliches. Ende der achtziger Jahre spürte man, daß die Welt in eine Epoche großer Veränderungen und tiefgreifender Transformationen eintrat, die an niemandem vorbeigehen würden, an keinem Land und keinem Staat, also auch nicht am letzten Imperium der Welt – der Sowjetunion.

Demokratie und Freiheit fanden damals auf unserer Erde ein zunehmend günstiges Klima. Auf allen Kontinenten stürzten die Diktatoren: Obote in Uganda, Marcos auf den Philippinen, Pinochet in Chile. In Lateinamerika wurden die despotischen Militärregimes von Regierungen gemäßigter Zivilisten abgelöst, und in Afrika zerfielen die fast überall an der Macht befindlichen (und in der Regel grotesken und korrumpierten) Einparteiendiktaturen und wurden von der politischen Bühne gefegt.

Vor dem Hintergrund dieses neuen und vielversprechenden Weltbildes erschien das stalinistisch-breschnewistische System der UdSSR zunehmend anachronistisch, wie ein heruntergewirtschaftetes, unzulängliches Relikt. Ein Anachronismus allerdings, der immer noch mächtig und gefährlich war. Die Welt verfolgte die Krise des Imperiums mit Aufmerksamkeit, aber auch Besorgnis – alle wußten, daß eine Großmacht betroffen war, die Massen-vernichtungswaffen besaß und unseren ganzen Planeten in die Luft jagen konnte. Dieses grimmige und erschrek-kende Szenario konnte jedoch nicht die weltweite Befrie-digung und Erleichterung darüber verdecken, daß der Kommunismus endgültig und unwiderruflich am Ende war.

Die Deutschen sprachen vom *Zeitgeist*. Der Augen-blick, in dem sich dieser Zeitgeist, der eben noch traurig und apathisch wie ein nasses Vöglein auf einem Zweig hockte, plötzlich und ohne ersichtlichen Grund (jeden-falls ohne Grund, der sich ausschließlich rational erklären ließe) zum kühnen und freudigen Flug emporschwingt, ist faszinierend und hoffnungsspendend zugleich. Wir alle können das Rauschen dieses Fluges hören. Er weckt unsere Phantasie und verleiht uns Kraft: Und wir begin-nen zu handeln.

Wenn es möglich wäre – so plante ich 1989 –, würde ich gern die gesamte Sowjetunion bereisen, alle 15 Unionsre-publiken (ich dachte freilich nicht daran, alle 44 autono-men Republiken, Kreise und Gebiete zu besuchen, denn dafür würde ein ganzes Leben nicht reichen). Die am wei-testen vorgeschobenen Punkte dieser Reise: im Westen – Brest, an der Grenze zu Polen; im Osten – der Pazifik (Wladiwostok, Kamtschatka oder Magadan); im Norden – Workuta oder Nowaja Semlja; im Süden – Astara (an der Grenze zum Iran) oder Termes (an der Grenze zu Afghanistan).

Ein schönes Stück Welt. Die Fläche des Imperiums be-trug nämlich 22 Millionen Quadratkilometer, und seine

Landesgrenzen waren länger als der Äquator und erstreckten sich über 42 000 Kilometer.

Wenn man bedenkt, daß diese Grenzen überall dort, wo das technisch möglich ist, durch dichte Stacheldrahtverhaue gesichert waren und immer noch sind (ich selber habe solche Verhaue an der Grenze zu Polen, zu China und zum Iran gesehen) und daß dieser Stacheldraht wegen des fatalen Klimas rasch rostet, weshalb immer wieder Hunderte, ja, Tausende von Kilometern erneuert werden müssen, kann man davon ausgehen, daß ein beträchtlicher Teil der sowjetischen Hüttenindustrie nichts anderes zu tun hatte, als Stacheldraht herzustellen.

Denn mit der Verdrahtung der Grenze ist es ja nicht getan! Wieviel tausend Kilometer Stacheldraht braucht man, um den Archipel GULag einzuzäunen? Jene vielen hundert Lager, Etappenpunkte und Gefängnisse, die über das ganze Gebiet des Imperiums verstreut sind! Und wie viele weitere Tausende von Kilometern verschlang das Verdrahten der Artillerie-, Panzer- und Atomwaffen-Übungsplätze? Und die Sicherung der Kasernen? Und aller Lagerhäuser?

Wenn man das alles mit den Jahren multipliziert, die die Sowjetunion existierte, hat man auch die Antwort auf die Frage, warum man in den Läden von Smolensk oder Omsk weder Hacken noch Hämmer zu kaufen bekommt, von Messern und Scheren ganz zu schweigen: Für die Herstellung dieser Dinge fehlte der Rohstoff, der wurde für die Erzeugung von Stacheldraht gebraucht. Doch auch damit nicht genug! Unzählige Tonnen Stacheldraht mußten per Schiff, per Eisenbahn, Hubschrauber, Kamel und Hundeschlitten bis in die entferntesten, unzugänglichsten Winkel des Imperiums transportiert werden, wo dann der Draht abgeladen, abgespult, in Stücke geschnitten und befestigt wurde. Man kann sich leicht die drängenden telefonischen, telegrafischen und brieflichen Fragen der Führer der Grenztruppen, der Lagerkommandanten und Gefängnisdirektoren ausmalen, die die Lieferung immer neuer Tonnen Stacheldrahts anmahnten, und ihre Sorge, ausreichende Stacheldrahtvorräte anzulegen, falls in den zentralen Magazinen einmal Ebbe herrschen sollte. Andererseits können wir uns auch die zahllosen Kommissionen und Kontrollgruppen vergegenwärtigen, die kreuz und quer durch das Imperium reisten, um zu prüfen, ob auch alles ordentlich eingezäunt war, ob die Verhaue hoch und dicht genug waren, so fein gewoben und gestrickt, daß nicht einmal mehr ein Mäuschen durchschlüpfen konnte. Und wir können uns die Telefonate aus Moskau an die Untergebenen in der Provinz vorstellen, Telefonate, in denen eine ständige, wachsame Sorge mitschwang, die sich in aller Kürze auf eine Formel bringen läßt: Seid ihr auch wirklich alle gut abgezäunt? Und so waren die Menschen (zum Glück nicht alle), statt Häuser und Spitäler zu bauen, statt die immer wieder undichte Kanalisation und die elektrischen Leitungen zu reparieren, durch Jahrzehnte mit dem inneren und äußeren, lokalen und den ganzen Staat umfassenden Verdrahten ihres Imperiums beschäftigt …

Im Morgengrauen mit dem Autobus von Tblissi nach Baku. Fast die ganze Zeit durch das Tal zwischen dem großen und dem kleinen Kaukasus. Der Held dieser trivialen und komischen Epopöe ist Rewas Galidse, ein massiger, sogar dicker Mann um die Fünfzig, der unseren

Autobus lenkt. Ich weiß nicht, ob es für ihn eine Beförderung oder eine Degradierung bedeutet, den Bus zu chauffieren, jedenfalls sagt er mir gleich, daß er jahrelang einen Lastwagenzug durch verschiedene europäische Länder gelenkt hat und daher weltmännischen Schliff besitzt, und was für einen! In seinem Autobus, der auf der Strecke von fünfhundert Kilometern immer voll ist, obwohl die Passagiere oft wechseln, gibt es nur drei Personen mit gültigen Fahrkarten, zwei Russinnen, die nach Kirowabad wollen, und mich. Die übrigen zahlen an Rewas von ihm festgesetzte Beträge, die er sich, ganze Bündel von Rubeln, in alle Taschen stopft. Rewas ist der wahre König dieser Strecke, ihr unbestrittener Herr und Meister.

Der Tag ist trüb und regnerisch und die Gegend, für diesen Teil der Welt, beinahe dicht besiedelt. Daher begegnen wir auch immer wieder Gruppen durchnäßter, frierender Menschen, die am Straßenrand stehen. Alle sind mit Bündeln beladen oder führen einen Hammel oder eine Ziege am Strick mit und heben, beim Anblick des Autobusses, flehend die Hände. Sie betteln nicht um ein paar Kopeken oder eine Handvoll Reis, sondern beschwören Rewas, Erbarmen zu zeigen und sie mitzunehmen. Diese Menschen haben gewiß oft tagelang neben der Straße stehen müssen, denn es gibt nur wenige Busse, die Straße ist gefährlich, in der Gegend wird gekämpft (Aserbaidschaner gegen Armenier), wir kommen an ausgebrannten Autowracks vorbei, der mutige Rewas ist hier also wirklich ein Monopolist!

Und natürlich nutzt er diese Situation weidlich aus. Rewas treibt während der ganzen Fahrt auf grausamste Weise den Preis in die Höhe. Wenn er unterwegs Menschen begegnet, die mitfahren wollen, hält er an und fragt, wieviel sie für die gewünschte Strecke zahlen können. Wenn sie gut zahlen und die Strecke kurz ist, wirft Rewas diejenigen, die weniger zahlen, aus dem Bus, auch wenn sie noch hundert Kilometer bis nach Hause haben. Er schmeißt sie raus, obwohl er ihnen den Fuhrlohn schon abgeknöpft hat!

Mich läßt Rewas nicht aussteigen, denn erstens bin ich der einzige Passagier mit einer gültigen Fahrkarte (die Russinnen sind bereits ausgestiegen), zweitens Ausländer, und drittens habe ich fast vierzig Grad Fieber und liege im Sterben. Je mehr wir uns Baku nähern, um so unbarmherziger wird Rewas. Auf dem ersten Teil der Strecke fuhren noch viele seiner georgischen Landsleute mit, auf die Rewas Rücksicht nahm, doch nun sitzen nur mehr scheue, schüchterne und befangene aserbaidschanische Bauern im Bus. Die Armut dieser Menschen ist bedrückend, ich werde ganz traurig, wenn ich sie beobachte, und als einer von ihnen, der sieht, daß ich Fieber habe, aus seinem Korb eine Flasche Limonade holt und sie mir anbietet, drückt mir die Rührung die Kehle zu.

Es ist nicht mehr weit bis Baku. Eine schreckliche Landschaft: große Flächen, bedeckt mit Teer, Schotter und achtlos übereinander geworfenen Betonplatten. Überall Ströme schweren Öls, das stinkende Lachen, Tümpel, Seen und Buchten bildet. Auch im Meer schwimmt Öl, und die Strände – ich erinnere mich noch an die goldenen Strände! – sind schwarz, fettig, mit Ölrückständen und Ruß verschmutzt.

Um nach Baku zu gelangen, das in einer Bucht liegt, müssen wir noch einmal auf einer steilen, kurvenreichen Straße den die Stadt umschließenden Bergrücken hinaufklettern. In einer Kurve kommt es zu einer Szene, die mich Rewas mit freundlicheren Augen sehen läßt. In der dunkel-asphaltenen, ölverklebten Landschaft steht ein Betonsockel, und auf diesem sitzt ein Mensch, den jemand hinaufgehoben hat, ein Mensch ohne Beine, dessen Korpus in einer hölzernen Obstkiste thront.

Ich werde Zeuge eines Rituals, das offenbar eine lange Tradition besitzt. Als wir zu der Stelle kommen, hält Rewas an, begrüßt den Mann und steckt ihm eine dicke Rolle Rubel in die Tasche ...

Es sollte Workuta sein und Nacht, doch wir landen bei Tag, im Sonnenschein. Folglich muß es ein anderer Flughafen sein.

Welcher?

Ich rutsche unruhig im Sessel hin und her, doch ich sehe bald, daß nur ich unruhig bin, die anderen zucken mit keiner Wimper. Ich habe in diesem Land vielleicht hunderttausend Kilometer mit dem Flugzeug zurückgelegt. Zwei Beobachtungen von diesen Reisen: Die Flüge sind immer ausgebucht –auf jedem Flughafen warten auf jeden Flug Scharen von Menschen, oft wochenlang, es ist also völlig undenkbar, daß irgendwann ein Sitz frei bleibt. Zweitens: Den ganzen Flug über herrscht in der Kabine Totenstille. Die Passagiere hocken reglos und schweigend in ihren Sesseln. Wenn man Lärmen, Lachen und Gläserklirren hört, heißt das, daß eine Gruppe Polen im Flugzeug sitzt: Aus unerfindlichen Gründen versetzt sie jede Reise in einen Zustand grenzenloser Euphorie, beinahe des Amoks.

Ja, es ist nicht Workuta, es ist Syktywkar.

Ich weiß nicht, wo Syktywkar liegt, und habe vergessen, eine Karte mitzunehmen. Durch tiefen Schnee stapfen wir zum Flughafengebäude. Drinnen ist es heiß, stickig und überfüllt. Keine Rede davon, einen freien Platz auf einer Bank zu ergattern. Auf allen Bänken schlafen Menschen, so tief und fest, fast möchte ich sagen, so endgültig, als hätten sie längst jede Hoffnung fahren lassen, jemals wieder von hier wegzukommen.

Ich beschließe, die Passagiere meines Fluges nicht aus den Augen zu lassen, damit sie nicht abfliegen und mich allein zurücklassen können. Wir stehen in der Mitte eines großen Saals, denn selbst die Plätze an den Wänden sind alle besetzt.

Wir stehen, mehr können wir nicht tun.

Wir stehen und stehen.

Ich trage einen Lammfellmantel (immerhin bin ich zum Polarkreis geflogen) und beginne daher in dem überfüllten, furchtbar überheizten und ungelüfteten Saal bald zu schwitzen. Soll ich den Mantel ausziehen? Doch was soll ich damit anfangen? In den Händen halte ich mein Gepäck, und Kleiderhaken sind nirgends zu sehen. Wir stehen schon über eine Stunde so da, und dieses Stehen wird immer beschwerlicher.

Doch nicht die stickige Luft und der Schweiß sind am schlimmsten. Am schlimmsten ist, daß ich nicht weiß, was geschehen wird. Wie lange werde ich so in Syktywkar stehen müssen? Noch eine Stunde? Einen Tag? Den Rest meines Lebens? Und warum stehe ich eigentlich da? Warum sind wir nicht nach Workuta geflogen? Werden wir überhaupt je hinfliegen? Wann? Besteht eine Chance, irgendwann den Mantel auszuziehen, sich zu setzen und ein Glas Tee trinken zu können? Wird das je möglich sein?

Ich mustere meine Nachbarn.

Sie stehen da und starren stur vor sich hin. Genau das: Sie stehen da und starren vor sich hin. Ihnen ist keine Ungeduld anzumerken. Keine Beunruhigung, Verärgerung, Wut. Vo allem aber stellen sie keine Fragen. Vielleicht fragen sie nicht, weil sie alles wissen?

Ich erkundige mich bei jemandem, ob er weiß, wann wir abfliegen. Wenn man hier unvermutet eine Frage stellt, muß man sich mit Geduld wappnen. Man kann dem Gesicht des Befragten deutlich ablesen, daß er erst unter Einwirkung dieses Reizes (der Frage) gleichsam zum Leben erwacht und die mühselige Reise von einem anderen Planeten zur Erde antritt. Und das braucht seine Zeit. Dann beginnt sich auf seinem Gesicht leise, sogar amüsierte Verwunderung abzuzeichnen – was hat dieser Dummkopf zu fragen?

Zweifellos hat der Befragte recht, wenn er den Fragenden einen Dummkopf nennt. Denn all seine Erfahrung lehrt ihn, daß es zwecklos ist, Fragen zu stellen, daß der Mensch ohnehin nur soviel erfährt, wie man ihm – auch ungefragt – mitteilt (oder eher: nicht mitteilt), und daß es, im Gegenteil, sogar sehr gefährlich sein kann, Fragen zu stellen, weil der Mensch, der sie stellt, großes Unglück auf sich ziehen kann.

Seit der Zeit sind zwar etliche Jahre verstrichen, doch die Erinnerung daran ist immer noch wach, und die Lehren, Traditionen und Gewohnheiten von damals sind geblieben, haben sich in das Bewußtsein eingegraben und werden noch lange das Verhalten der Menschen prägen. Wie viele von ihnen (oder von ihren Angehörigen und Bekannten) sind nur deshalb ins Lager gewandert, weil sie bei Versammlungen oder auch privaten Zusammenkünften dieses oder jenes fragten? Wie viele haben sich damit ihre Karriere ruiniert? Wie viele ihre Arbeit verloren? Wie viele ihr Leben?

Jahrelang kannten Bürokratie und Polizei ein ausgeklügeltes System der Nachforschung und des Zuträgertums, das einer einzigen Frage nachspürte: Hat jemand Fragen gestellt? Was hat er gefragt? Nenne den Namen des Fragers!

Das Gespräch zweier enger Freunde vor der Versammlung: »Weißt du, ich möchte auf der Versammlung eine Frage stellen.« – »Ich bitte dich, tu das nicht, sie werden dich einsperren!«

Oder das Gespräch zweier anderer Freunde: »Fedja, ich will dir einen Rat geben.« – »Bitte schön.« – »Ich habe bemerkt, daß du zu viele Fragen stellst. Willst du dich ins Unglück stürzen? Sei gescheit, beherrsch dich, hör auf zu fragen.«

In der Literatur (etwa bei Grossmann) finden sich Szenen, die die Heimkehr aus dem Lager beschreiben. Der Mensch kommt nach zehn Jahren Lagerhaft in Sibirien zurück. Er sitzt am ersten Abend zu Hause am Tisch, mit seiner Frau, den Kindern, den Eltern. Sie essen gemeinsam zu Abend, vielleicht unterhalten sie sich sogar, doch keiner fragt den Ankömmling, wo er in all diesen Jahren war, was er gemacht hat, was er ertragen mußte.

Warum soll man ihn fragen?

Der weise Satz aus dem Ekklesiastes: »Wo viel Weisheit ist, da ist viel Grämen.«

In Weiterführung dieses bitteren Gedankens schrieb Karl Popper einmal (ich zitiere aus dem Gedächtnis), daß Unwissen nicht einfach ein passiver Mangel an Wissen ist, sondern eine aktive Haltung, die Weigerung, Wissen anzunehmen, die Abneigung, sich dieses anzueignen, die Ablehnung von Wissen. (Mit einem Wort: Unwissen ist eher Anti-Wissen.)

Das weite und, wie man meinen sollte, für das Leben unverzichtbare Gebiet der Fragen war nicht nur ein verbotenes Minenfeld, es wurde geradezu zu einem feindlichen, verhaßten Teil der menschlichen Sprache erklärt, weil in der sowjetischen Praxis das Monopol, Fragen zu stellen, den Untersuchungsrichtern vorbehalten war. Als ich einmal mit den Zug von Odessa nach Chişinău fuhr, wollte ich mit einem Mitreisenden ein Gespräch anknüpfen. Er war ein Kolchosbauer vom Dnjestr. Ich fragte ihn nach seiner Arbeit, seinem Zuhause, seinem Einkommen. Je mehr ich fragte, um so mißtrauischer wurde er. Schließlich schaute er mich argwöhnisch an und knurrte: »Was wollen Sie, sind Sie etwa ein Untersuchungsbeamter?« Und er weigerte sich, weiter mit mir zu sprechen.

Genau das ist es! Wäre ich ein Untersuchungsbeamter, würde er es verstehen, der Untersuchungsbeamte darf Fragen stellen, dazu ist er ja da. Doch ein gewöhnlicher Mensch? Einer, der im Abteil des Zuges von Odessa nach Chişinău sitzt?

»Hier bin ich es, der die Fragen stellt!« brüllt der Untersuchungsrichter Liwanow die verschreckte, unschuldig eingesperrte Jewgenija Ginsburg an (Jewgenia Ginsburg, *Marschroute eines Lebens*). Ja, nur er, der Untersuchungsbeamte, hat das Recht, Fragen zu stellen.

Alle wissen, daß die Frage des Untersuchungsbeamten nicht akademisch, uneigennützig ist, daß er nicht fragt, um in mühevollem, doch anregendem Forschen die düsteren Geheimnisse unserer Existenz zu ergründen. Jede

Frage des Vernehmers enthält eine tödliche Sprengladung, denn sie wird nur gestellt, um dich zu vernichten, in den Boden zu stampfen, auszuradieren. Es ist kein Zufall, daß der Begriff Kreuzverhör an *Kreuzfeuer* erinnert, an die Sprache des Kampfes, der Front, des Krieges, des Todes.

In der Folge gab es im Imperium immer weniger Menschen, die Fragen stellten, und überhaupt immer weniger Fragen. Weil die Untersuchungsrichter, die sogenannten *Organe*, die Diktatur sich die Fragesätze angeeignet hatten, signalisierte jeder Satz, der irgendwie den Wunsch ausdrückte, etwas in Erfahrung zu bringen, schon eine Bedrohung, die Ankündigung eines unheilvollen Fatums.

Daher kam auch langsam die Kunst abhanden, Fragen zu formulieren (denn das ist eine Kunst!, siehe die Studie Roman Ingardens *Über essentielle Fragen*), und sogar die Notwendigkeit überhaupt, nach etwas zu fragen. Alles stellte sich immer mehr so dar, wie es sein sollte. Es obsiegte die Wirklichkeit, die nicht in Frage gestellt, nicht angezweifelt werden durfte. Aus diesem Grund gab es auch keine Fragen mehr.

An ihre Stelle traten zahllose Sprüche, Ausrufe und Wendungen, die eine Billigung des herrschenden Zustands, Gleichgültigkeit, mangelnde Verwunderung, ergebenes Gewährenlassen und Resignation zum Ausdruck brachten.

»Sollen sie doch!« – »Was kümmert es mich!« – »Möglich ist alles!« – »Ist schon recht!« – »Was geschehen soll, wird geschehen!« – »Gegen die ganze Welt kannst du nichts ausrichten!« – »Wir werden schon sehen!« – »Die da oben wissen es besser!« – »Was Besseres kriegst du nicht!« – »So ist das Leben!« – »Ein folgsames Kalb saugt nicht bei zwei Müttern!« – »Den Vogel im Flug kannst du nicht fangen!« An solchen Sprüchen ist die Sprache ungemein reich.

Doch eine Zivilisation, die keine Fragen stellt, die alle Unruhe, alle Kritik, alles Suchen – die ja in Fragen ihren Ausdruck finden – aus ihrem Gesichtskreis verbannt, ist eine Zivilisation, die stillsteht, gelähmt ist, sich nicht bewegt. Und genau das wollten die Menschen im Kreml, denn eine unbewegte, stumme Welt ist am leichtesten zu regieren.

Nach ein paar Stunden fliegen wir von Syktywkar nach Workuta (bis heute weiß ich nicht, was hinter diesem Zwischenstopp und dem sinnlosen, ermüdenden Warten steckte). Wenn man diese Strecke am Abend fliegt, erlebt man einen großartigen Kunstgenuß. Nachdem das Flugzeug eine Höhe von ein paar tausend Metern erreicht hat, gleitet es plötzlich hinter die Kulissen eines gigantischen kosmischen Theaters. Die Bühne ist nicht mehr zu sehen, sie versinkt irgendwo auf der Erde im Dunkeln. Wir sehen nur den vom Himmel wallenden Lichtvorhang. Ein leichter, pastellfarbener Vorhang, ein paar hundert Kilometer hoch, in gelben und grünen Farbtönen.

Dieser Vorhang schimmert in einem pulsierenden, bebenden Licht. Das Flugzeug scheint durch diese hellen, farbigen Draperien zu irren, als hätte es den Weg, die Orientierung verloren und kreise unruhig zwischen den über den Himmel gespannten bunten Faltenwürfen. Grün! Am frappierendsten ist das Grün. »Grün und Blau verstärken ihre Farbe im Halbschatten«, schreibt Leonardo da Vinci in seinem *Traktat über die Malerei*. Und wirklich, vor dem Hintergrund des schwarzen, ölschwarzen, abgrundschwarzen Himmels verliert das Grün seinen natürlichen Frieden und Gleichmut und nimmt einen so intensiven, starken Ton an, daß die anderen Farben vor ihm verblassen und zurücktreten.

Wir sind schon über dem Flughafen, als das Polartheater plötzlich verlischt, von der Dämmerung verschluckt wird.

Eine Temperatur von minus 35 Grad. Ich spüre sofort die Kälte, die wütenden Bisse des Frostes, bekomme Probleme mit dem Atmen, Schüttelfrost. Alle fahren in verschiedene Richtungen davon. Der Platz vor dem kleinen Flughafengebäude ist leer. Leer und schwach beleuchtet. Was tun? Ich weiß, daß ich es in diesem Frost nicht lange aushalten kann. In dem Gebäude gibt es einen Militärposten. Ein in einen riesigen Schaffellmantel gehüllter Milizionär sagt, gleich käme ein Autobus, mit dem ich in die Stadt, zum Hotel fahren könne. »Hier gibt es nur ein Hotel«, fügt er hinzu, »das findest du ohne Probleme.«

Ein kleiner, alter Autobus, überfüllt, gerammelt voll. Die Menschen dick eingewickelt, eingehüllt, eingemummt, in Pelzmäntel, Kopftücher, Filzüberwürfe – große, steife, reglose Kokons. Wenn der Autobus bremst, neigen sich die Kokons ruckartig nach vorn, wenn er plötzlich wieder anfährt, schaukeln sie nach hinten. An jeder Haltestelle verschwinden ein paar Kokons im Dunkeln, und ihre Plätze nehmen andere ein (das heißt, ich glaube, daß es sich um andere handelt, denn alle Konkons sehen gleich aus). Manchmal tritt mir jemand mit solcher Wucht auf die Füße, daß mir scheint, meine Knochen würden zermalmt: Ein Kokon kämpft sich zum Ausgang durch. Die Frage nach dem Hotel muß ich an den oberen Teil des Kokons richten, das heißt an das sichtbare kugelförmige Objekt, ganz so, als spräche ich in ein Mikrofon. Dann muß ich die Ohren spitzen, weil die Antwort nicht an mich gerichtet wird, sondern dorthin, woher beim Kokon die Stimme kommt. So eine Fahrt hat den Nachteil, daß man neben einem wunderschönen Mädchen stehen kann, ohne es auch nur zu ahnen, weil die Gesichter unsichtbar sind. Man kann auch nicht ausmachen, wo man sich befindet, weil die Fenster von einem dicken Eispanzer und einem üppigen Bukett von Rokokoblumen bedeckt sind. Mein Aufenthalt unter den Kokons währt nicht lange, nach einer halben Stunde sind wir in der Nähe des Hotels angelangt. Als die Tür ächzend aufgeht, weichen die Kokons freundlich zur Seite, damit sich der Ankömmling aus der großen Welt aus dem Autobus zwängen, aussteigen und in der Dunkelheit und Kälte verschwinden kann.

Kein Louvre, keine Loire-Schlösser sind imstande, so einen angenehmen, unvergeßlichen Eindruck zu vermitteln wie das düstere und ärmliche Innere des Hotels *Workuta*. Hier kommt das ewige Gesetz der Relativität zur Geltung. In Paris ist ein Ausflug in den Louvre nicht gleichzusetzen mit dem Eintritt ins Paradies, wenn man jedoch in Workuta von der Straße in die Hotelhalle tritt, hat man sehr wohl diesen Eindruck. Die Halle rettet einem das Leben, weil es hier warm ist, und Wärme ist an diesem Ort wertvoller als alles andere.

Ich nehme meinen Schlüssel und laufe auf mein Zimmer. Doch kaum habe ich die Türe geöffnet, pralle ich entsetzt zurück: Nicht nur, daß das Fenster offen steht, nein, der Rahmen ist so dick mit einer Eisschicht überzogen, daß gar nicht daran zu denken ist, das Fenster wieder zu schließen. Mit dieser Hiobsbotschaft eile ich zum Zimmermädchen. Das Zimmermädchen ist nicht im geringsten verwundert. »So sind unsere Fenster nun einmal«, versucht es mich zu beruhigen. Was kann man tun, so ist das Leben, so sind die Fenster im Hotel *Workuta* nun einmal.

Die alte Leninsche Frage (die vielleicht noch in die Zeiten Dobroljubows und Tschernyschewskis zurückreicht) – was tun? Wir beratschlagen lange. Schließlich muß ich erkennen, daß dem Mädchen keine Lösung einfallen wird, solange ich nicht meine Vorräte an wertvollem Eau de Cologne *made in New York* hervorhole. Sofort blitzt eine ebenso einfache wie praktische Idee in ihrem Kopf auf. Sie verschwindet kurz, um dann aus dem dunklen Korridor mit einer Axt aufzutauchen, die sie triumphierend schwingt wie ein Indianerhäuptling seinen Tomahawk nach einem siegreichen Kampf gegen die Yankees.

Wir machen uns ans Werk. Es ist eine Arbeit, deren sich kein Schweizer Uhrmacher schämen müßte. Es geht darum, riesige Eiskrusten von den Fensterrahmen zu schlagen, ohne gleichzeitig die Scheiben zu beschädigen. »Wenn wir die Scheibe einschlagen, ist die ganze Arbeit umsonst«, erläutert das Zimmermädchen, »denn eine neue Scheibe kann man erst im Sommer einsetzen«, das heißt in einem halben Jahr, wenn ich längst über alle Berge bin. »Und bis dahin?« – »Bis dahin müssen wir uns abrackern«, antwortet sie achselzuckend und seufzt. Es dauert lange, doch schließlich haben wir in den rechteckigen Eisrahmen Rillen gehauen, tief genug, daß sich das Fenster irgendwie schließen läßt, wobei es mit einem für diese Zwecke gedachten Brett, das unter dem Bett liegt, festgeklemmt werden muß. Um mich aufzuheitern, bringt das Zimmermädchen noch einen Kessel heißes Wasser. Der Dampf soll das Zimmer für einige Zeit erwärmen.

Ich habe die Telefonnummer eines Menschen dabei, den ich treffen will. Ich rufe an. Ein krächzendes Geräusch am anderen Ende der Leitung. »Gennadi Nikolajewitsch?« frage ich. Ich höre ein krächzendes Ja. Ich freue mich, und auch er freut sich, er weiß von meinem Kommen, hat mich schon erwartet. »Steig in den Autobus und komm«, sagt er. Ich denke, es ist doch Nacht, doch dann erinnere ich mich, daß es hier die meiste Zeit finster ist, und ich sage: »Ich bin schon unterwegs.«

Ich sage: »Ich bin schon unterwegs«, ohne zu wissen, daß ich in den Tod gehe.

Problem, Drama und Grauen Workutas sind aus der Verbindung von Kohle mit dem Bolschewismus entstanden. Workuta liegt in der Republik Komi, jenseits des Polarkreises. In den zwanziger Jahren wurden hier große Kohlevorkommen entdeckt. Rasch entstand ein Kohlerevier. Es wurde vor allem von Sträflingen ausgebaut, den Opfern des stalinistischen Terrors. Dutzende Lager entstanden. Bald wurde der Name Workuta, neben Magadan, zu einem Symbol, das Furcht und Schrecken verbreitete, zu einem gespenstischen Ort der Verbannung, oft ohne Wiederkehr. Dazu trugen der Terror des NKWD in den Lagern, die mörderische Arbeit in den Gruben, der Hunger, der die Häftlinge umbarmherzig dezimierte, und die fruchtbare, unerträgliche Kälte bei. Denn die eisige Kälte schüttelte hilflose, halbnackte, chronisch hungrige, bis zum Umfallen erschöpfte Menschen, die raffiniertesten Grausamkeiten ausgeliefert waren.

Workuta ist nach wie vor ein Kohlerevier. Es besteht aus dreizehn Gruben, die in einem weiten Ring um die Stadt liegen. Jede Grube hat ihre eigene Bergmannssiedlung. Einige dieser Siedlungen sind ehemalige Lager, in denen immer noch Menschen leben. Die Siedlungen und Gruben sind durch eine Ringstraße verbunden, auf der, in beiden Richtungen, ein Autobus verkehrt. Autos sind immer noch eine Seltenheit, deshalb ist der Bus das einzige Verkehrsmittel.

Also fahre ich mit dem Autobus zu Gennadi Nikolajewitsch, wobei ich nur weiß, daß ich nach der Komsomolsiedlung, Haus Nummer 6, fragen soll. Nach einer Stunde hält der Fahrer an einer Stelle, wo sich angeblich die Haltestelle der Komsomolsiedlung befindet, öffnet die Tür und deutet in eine Richtung, in die ich gehen soll, allerdings tut er es so unbestimmt, daß ich ebensogut auf einen der Millionen Sterne des Milchstraßensystems zugehen könnte. Andererseits finde ich bald heraus, daß die Richtung ohnehin keine Bedeutung hat, weil ich, kaum daß der Autobus verschwunden ist, sofort die Orientierung verliere.

Zunächst weiß ich nur, daß es um mich herum völlig finster ist. Anfangs vermag ich nichts zu sehen, doch nachdem sich meine Augen an die Dunkelheit gewöhnt haben, kann ich immerhin ausmachen, daß sich um mich herum hohe Schneeberge türmen. Mächtige Windböen toben gegen die Gipfel dieser Gebirge und wehen dichte Schneewolken hoch; es sieht aus, als spieen die Gipfel immer wieder Fontänen weißer Lava aus. Und ein Frost, der mir den Atem raubt, weil jeder tiefe Atemzug meine Lungen vor Schmerzen zu zerreißen droht.

Mein Selbsterhaltungstrieb müßte mit sagen, daß der einzige Ausweg in dieser Situation darin liegt, an der Haltestelle zu bleiben und auf den nächsten Autobus zu warten, der schließlich irgendwann kommen muß (obwohl es schon nach Mitternacht ist). Doch mein Instinkt läßt mich im Stich, und getrieben von verhängnisvoller Neugier oder auch einfach Gedankenlosigkeit, mache ich mich auf, die Komsomolsiedlung und dort das Haus Nummer 6 zu suchen. Diese Gedankenlosigkeit erklärt sich durch den Umstand, daß ich keine Ahnung habe, was es heißt, nachts am Polarkreis herumzuirren, in einer Schneewüste, in grimmiger Kälte, die mein Gesicht gepackt hat und mich so würgt, daß ich kaum mehr atmen kann.

Ich stapfe vor mich hin, ohne zu wissen, wo ich mich befinde und was ich tun soll. Ich wähle einen Hügel als Ziel, doch ehe ich ihn – im tiefen Schnee einsinkend, nach Luft schnappend und immer mehr an Kraft verlierend – erreicht habe, ist er schon wieder verschwunden. Der unablässig tobende polare Schneesturm trägt die Hügel von einem Ort zum anderen, ändert ihre Lage, ihre Umrisse, die gesamte Landschaft. Es gibt nichts, worauf ich meinen Blick heften, was ich als Anhaltspunkt nehmen könnte.

Mit einem Mal sehe ich vor mir eine Vertiefung und darin ein ebenerdiges Holzhaus. Ich rutsche und kollere den vereisten Hang hinunter. Doch es ist ein Laden, fest verriegelt und verschlossen. Der Platz scheint angenehm und heimelig, und ich will schon bleiben, als ich mir die Warnung von Polarforschern in Erinnerung rufe, daß so eine warme Kuhle in der Schneewüste leicht zum Grab wird.

Ich kämpfe mich also wieder den Hügel hinauf und stapfe weiter. Aber wohin? Wohin soll ich gehen? Ich sehe kaum mehr etwas, der Schnee verklebt mein Gesicht, meine Augen. Ich weiß nur, daß ich weitergehen muß, daß ich, wenn ich mich im Schnee niederlege, unweigerlich verloren bin. Ich spüre Angst, die tierische Angst eines Menschen, der von einer schrecklichen Kraft, die er nicht kennt und der er nichts entgegenstellen kann, gehetzt und weitergetrieben wird, immer weiter in den weißen Abgrund, während er immer schwächer und willenloser wird.

Ich bin am Ende meiner Kräfte, doch ich raffe mich immer wieder zu ein paar Schritten auf, bis ich schließlich die vom Wind gebeutelten, gekrümmten Umrisse einer Frau entdecke. Ich grabe mich zu ihr durch und krächze: »Haus Nummer 6.« Ich wiederhole: »Haus Nummer 6.«, mit so viel Hoffnung in der Stimme, als verspräche diese Adresse meine Erlösung.

»Du gehst in die falsche Richtung, Mann«, ruft sie, bemüht, den Wind zu überschreien. »Du gehst auf die Grube zu, du mußt aber dorthin«, und ähnlich wie der Busfahrer deutet sie auf einen der zahllosen Sterne im Milchstraßensystem.

»Ich will auch dahin«, sagt sie. »Komm mit, ich zeig dir den Weg.«

In das Haus, in dem Gennadi Nikolajewitsch wohnt, gelangt man genauso wie in alle anderen Häuser dieser Siedlung. Das heißt: Wenn wir aus der Entfernung einen Schneehügel ausmachen, können wir annehmen, daß in seinem Inneren, auf seinem Grund ein Haus steht. Wir müssen nun den Gipfel des Hügels erklimmen. Von dort sehen wir, unter uns, das Dach eines einstöckigen Gebäudes. Von der obersten Kuppe des Hügels bis zur Tür führen Stufen, aus der eisigen Schneewand gehauen. Wir machen uns nun voll Mühe, ängstlich und vorsichtig an den Abstieg. Unten angekommen, stemmen wir, mit Hilfe der Hausbewohner, die zugeschneite Tür so weit auf, daß wir ins Haus schlüpfen können.

Die Ankunft eines Menschen ist hier so ein außergewöhnliches Ereignis, daß alle Bewohner zur Begrüßung erscheinen (es gibt in dem Haus mehrere Wohnungen). Jeder möchte den Ankömmling wenigstens für einen Moment sehen.

Gennadi Nikolajewitsch, Bergarbeiter, ist eben fünfzig geworden und in Pension gegangen. Diese frühe Pension ist das einzige Privileg, das einem für die Arbeit unter diesen schrecklichen polaren Bedingungen zusteht. Im übrigen ein eher zweifelhaftes Privileg, denn nur rund zwanzig Prozent der Bergarbeiter erreichen das fünfzigste Lebensjahr. Ein breiter, mächtiger Brustkasten. Er spricht heiser und pfeifend – Anzeichen einer fortgeschrittenen Staublunge. Er kam mit 16 Jahren zum Arbeiten hierher. Ins Lager? Nein, in seiner Kolchose in der Nähe von Kursk herrschte damals schrecklicher Hunger. Irgend jemand sagte ihm: »Wenn du essen willst, mußt du nach Workuta fahren, dort gibt es angeblich zu essen.«

Und wirklich konnte er hier Brot kaufen und manchmal sogar ein Stück Fleisch. Jetzt hat sich die Versorgung verschlechtert, man bekommt höchstens Rentierfleisch, das steinhart ist. »Schade um die Zähne!« sagt Gennadi Nikolajewitsch und zeigt lachend sein Gebiß. Einige Zähne sind aus Gold, andere aus Silber. Die Farbe der Zähne ist wichtig, sie zeigt, welchen Platz in der sozialen Hierarchie man einnimmt. Die Niedrigergestellten haben Zähne aus Silber. Die Untersten – künstliche Zähne, die in Farbe und Aussehen den natürlichen gleichen. Ich würde gern fragen, was für Zähne Stalin hatte. Aber ich kenne die Antwort im Voraus: Das weiß keiner, weil Stalin nie lächelte.

Ich frage ihn nach den Baracken, die ich auf dem Weg hierher gesehen habe. »Das sind alte Lager«, erklärt er.

»Aber ich habe Licht in den Fenstern gesehen!« – »Ja«, sagt er, »weil dort Menschen wohnen.« Die Lager wurden nur insofern geschlossen, als es keine Urteile, keine Wächter, keine Folter mehr gibt. Viele ehemalige Lagerinsassen sind weggezogen. Doch ein Teil ist geblieben – sie haben keinen Ort, wo sie hinkönnten, keine Familien, keine Freunde. Hier haben sie immerhin ein Dach über den Kopf und Arbeit und Kollegen. Workuta ist der einzige Ort, wo sie zu Hause sind.

Für Gennadi Nikolajewitsch ist die Grenze zwischen dem Lager und der Welt außerhalb des Lagers verwischt. Es gibt keine Trennlinie zwischen Unfreiheit und Freiheit. Eher handelt es sich um verschiedene Anstufungen von Unfreiheit. Denn was heißt es, er ist freiwillig nach Workuta gekommen? Freiwillig? Er ist gekommen, weil ihn der Hunger von zu Hause vertrieben hat! Oder was soll das heißen, er könnte jederzeit wegfahren. Wegfahren? Aber wohin? Und wo soll er wohnen? Wovon leben? Gennadi Nikolajewitsch stimmt eher mit Iwan Solonewitsch überein, einem der wenigen Lagerinsassen, denen schon 1934 die Flucht in den Westen gelang: Ganz Rußland befand sich im Lager.

Er weiß, daß ich gekommen bin weil hier die Bergleute streiken. Seine Grube hat den Streik schon beendet, doch andere sind noch im Ausstand. Wenn ich will, können wir zur Grube gehen. Wir tauchen in ein Meer der Finsternis, in einen Eissturm. Wir klammern uns aneinander, damit uns der Wind nicht von den Beinen reißt, uns nicht zurücktreibt.

In Workuta spüre ich den Frost zum ersten Mal nicht als durchdringende Kälte, sondern als scharfen körperlichen Schmerz. Mein Kopf droht zu platzen. Hände und Füße schmerzen so, daß ich nichts anrühren kann.

Im dichten Schneetreiben tauchen immer wieder menschliche Schatten auf, verschwommene Silhouetten, gekrümmte Gestalten.

»Das ist die zweite Schicht«, brüllt mir Gennadi Nikolajewitsch, nach Atem ringend, ins Ohr, »die zweite Schicht geht nach Hause.«

Wir kommen an Menschen vorbei, die monatelang kein Tageslicht sehen. Sie fahren in die Grube ein, wenn es noch dunkel ist, unten ist es natürlich auch finster, und wenn sie nach Hause gehen, herrscht Dämmerung. Sie sind wie die Besatzung eines Unterseebootes – nur ihre Uhren und die wachsende Erschöpfung, der Hunger und die Schläfrigkeit sagen ihnen, daß die Zeit verstreicht.

Die Grube *Komsomolskaja* – schmutzstarrende Wände, schmutzverkrustete Konstruktionen, trübe Lampen, unter den Füßen eine schwarze, feuchte Masse. Frauen, die Säcke austeilen, Hebel umstellen, Balken, Stützen. »Willst du mit ihnen reden?« fragt Gennadi Nikolajewitsch. Aber was soll ich mit ihnen reden? Diese Kälte, diese Feuchtigkeit, diese Traurigkeit. Und sie, abgearbeitet, schwerfällig, erschöpft, vielleicht machen sie sich Sorgen, vielleicht haben sie Schmerzen? Ich will ihnen etwas Achtung zeigen, ihnen ihr Los zumindest dadurch erleichtern, daß ich nichts von ihnen will, ihnen keine zusätzliche Anstrengung abverlange, und bestünde diese auch nur in der Beantwortung einiger Routinefragen.

Zu Hause erwarten mich zwei junge Bergarbeiter. Jewgeni Alexejewitsch und Michail Michailowitsch. Sie wollen mich zur *Grube Wargaschowskaja* mitnehmen, wo noch gestreikt wird und eine Versammlung stattfinden soll, doch bis dahin ist noch Zeit. Michail, hager, großgewachsen, brünett, ständig in Bewegung, immer erregt, ist wütend, weil seine Grube (die ich gerade besucht habe) den Streik abgebrochen hat. Und sie hat ihn abgebrochen, weil der Direktor eine Verbesserung der Versorgung versprach. »Dieses Volk wird nie etwas erreichen«, sagt Michail zornig. »Für diese Menschen ist nur eines wichtig – das Fressen.« Er gerät in Wut und schreit: »Fressen! Fressen! Fressen!«, so eindringlich, daß man geradezu fühlen kann, wie er Speichel ansammelt. »Der Hunger ist es, der uns treibt, er ist wie ein tollwütiger Hund.«

Er will mir offenbar zu verstehen geben, daß er, Michail, anders, aus besserem Holz geschnitzt ist. Stolz holt er aus einer Schublade der Kommode seinen größten Schatz hervor: eine schön illustrierte Bibelausgabe aus dem Jahr 1900. Er schaut mich prüfend an, ob ich auch beeindruckt und begeistert bin. Dann schlägt er das große Buch aufs Geratewohl auf und liest:

»So nimm nun zu dir Weizen, Gerste, Bohnen, Linsen, Hirse und Spelt und tue alles in ein Faß und mache dir Brot daraus…«

Verblüfft und verärgert hält er inne. Sogar die Bibel spricht vom Fressen!

»Was liest du noch?« frage ich ihn später. Er liest Vauvenargues. Er zeigt mir eine Lenigrader Ausgabe, in grünes Leinen gebunden, aus dem Jahre 1988. »Es gibt hier ein paar ganz interessante Sachen«, sagt er über die Sammlung des französischen Denkers aus dem 18. Jahrhundert. »Die Knechtschaft erniedrigt den Menschen so weit, daß er sie lieb gewinnt.« – Wie wahr das ist!« Er nickt. »Aber hier: ›Wenig erreicht man mit Findigkeit.‹ – Das stimmt nicht. Bei uns erreichst du mit Findigkeit alles.«

Es kommen immer mehr Nachbarn, im kleinen Zimmer Michail Nikolajewitschs wird es eng. Jewgeni Alexejewitsch schaltet den Farbfernseher ein, der auf der Kommode steht. Die große, kirschrote Kiste beginnt bedrohlich zu brummen, als wollte sie gleich das Fell sträuben. »Dynamo spielt gegen Spartak«, klärte mich Jewgeni Alexejewitsch leise auf, denn die anderen wissen es schon.

Ich schaue auf den Bildschirm. Es gibt kein klares Bild, sondern nur zahllose verschiedenfarbige Blitze, die auf der gewölbten Glasscheibe in alle Richtungen stieben. Der Fernseher ist kaputt, und in der Komsomolsiedlung gib es keine Möglichkeit, so ein Gerät reparieren zu lassen.

So etwas habe ich noch nie erlebt. Ein Dutzend Personen starrt gebannt auf einen erleuchteten Bildschirm, auf dem von Zeit zu Zeit Blitzknäuel zerbersten wie bei einem Feuer, in das jemand trockene Zapfen wirft. Lichtflecken, -linien und -punkte tanzen, zucken unbd pulsieren wie ätherische Fata Morganen hin und her. Ein ungeahnter Reichtum an Lichtformen, die unablässig die verrücktesten Pirouetten drehen. Das Wirbeln und Flimmern scheint mir ohne jeglichen Sinn, doch ich irre. Hinter diesem farbigen Zucken der Teilchen, ihren blitzartigen Richtungsänderungen steckt ein bestimmtes System. Einmal beginnt plötzlich die linke Hälfte des Bildschirms rot zu blinken, rote Pfeile jagen dahin, pulsieren, spielen verrückt, und mit einem Mal gellt ein Schrei durchs Zimmer: »Goal! Dynamo hat ein Tor geschossen!« – »Woher willst du das wissen?« frage ich Jewgeni Alexejewitsch, denn der Ton des Fernsehers funktioniert auch nicht. »Was heißt woher?« erwidert er verblüfft, »Dynamo spielt doch in Rot!« Wenig später gibt es auf der rechten Seite des Bildschirms eine Zusammenballung blauer Pfeile und Blitze (die Farbe Spartaks), und das Zimmer stöhnt auf: Ausgleich! (Denn die Versammelten halten Dynamo die Daumen.) Während der Pause beruhigen sich die Blitze, verharren sogar, reglos und gleichmäßig über den ganzen Bildschirm verteilt, um dann wieder zu neuen Pirouetten und Scharmützeln davonzujagen. Aber es ist spät geworden, wir müssen zur Versammlung.

Was vor dem Hintergrund der weißen, eisigen Finsternis leuchtet, das sind die Lichter der *Wargaschowskaja* – der nördlichsten Grube des Reviers Workutakohle. 180 Kilometer weiter liegt das Karische Meer (das zum Eismeer gehört).

Durch die Kontrolle am Tor schlüpfe ich in der Wattejacke eines Bergmannes, das Gesicht in einer riesigen Mütze aus Rentierfell versteckt. Später fragt mich keiner mehr nach einem Passierschein oder einer Legitimation, einer zeigt mir sogar freundlich den Versammlungssaal. Es ist der übliche Saal mit einem Lenin aus Gips, mit Transparenten, die den Sieg des Kommunismus verkünden, und einem mit rotem Stoff bespannten Rednerpult.

Der Saal faßt etwa dreihundert Personen. Er ist voll. Eine Atmosphäre, geprägt von Neugierde, aber auch Unruhe: Die Erfahrung hat diese Menschen gelehrt, daß es eine ernste Angelegenheit ist, sich mit der Macht anzulegen. Andererseits haben die in Moskau verkündet, daß nun das neue Denken herrscht, vielleicht hat sich ja was geändert.

Gleich zu Beginn der Versammlung gibt es Verwirrung, Tumult, Chaos. Wer soll die Versammlung leiten? Wer hat das Recht, anderen das Rederecht zu geben? Wer darf entscheiden, daß zuerst der Großgewachsene reden soll und dann der Kleine, zuerst einer am Ende des Saals und dann erst die auf der linken Seite, die sich schon so lange zu Wort melden? Und überhaupt – was ist das Ziel unserer Versammlung? Wir sind zusammengekommen – und was weiter? Wir haben einen Streik ausgerufen – und was nun?

Es ist nicht zu übersehen, daß Führungspersönlichkeiten fehlen. Immer wieder versucht einer, die Versammlung in den Griff zu bekommen. »Koslow! Koslow soll die Leitung übernehmen!« Koslow sammelt seine Gedanken, windet sich, stottert. Er kann sich nicht entscheiden, wen er zuerst zu Wort kommen lassen soll – den, der wissen möchte, wann endlich die Scheiben im Laden Nummer 5 eingesetzt werden, oder den, der die Frage in den Saal brüllt, wann endlich alle Bände der gesammelten Werke Lenins publiziert werden? »Petrow!« rufen welche, die mit Koslow nicht zufrieden sind. »Gebt uns Petrow!« Aber auch Petrow stammelt herum. Auch Petrow schwitzt und hat keine Ahnung, was er mit dem ungeduldigen Saal machen soll.

Schließlich findet sich ein Ausweg. Und es ist klar, was für einer. Selbstverständlich taucht die Direktion auf. Einige Direktoren betreten den Saal, in dem die Streikenden immerhin schon zwei Transparente angebracht haben: »Fort mit der Bürokratie!« und »Fort mit der Partokratie!« Die Streikenden sind konsterniert, nicht aber die Direktoren. Die Direktoren lächeln spöttisch, als wollten sie sagen – ja, genau, fort, fort, mit uns, aber ohne uns könnt ihr keinen einzigen Schritt tun!

Und was soll man sagen – die Direktoren haben recht. Nirgends ist die Teilung der Gesellschaft in die Klasse der Herrschenden und die Klasse der Beherrschten so deutlich zu erkennen wie hier. Diese Teilung existiert übrigens mindestens seit der Zeit Peters des Großen. Nur die Namen der Klassen haben sich verändert: die Abhängigkeit, die Asymmetrie, die Hörigkeit sind gleich geblieben. Sogar das einfache Wissen, wie man eine Versammlung organisiert und leitet, ist der herrschenden Klasse vorbehalten. Und wirklich. Der Generaldirektor stellt sich mit derselben Selbstsicherheit und Selbstverständlichkeit ans Rednerpult, mit der Richard Strauß oder Arturo Toscanini ans Dirigentenpult traten.

Im Saal wird es still.

»Wer möchte das Wort!« fragt der Direktor ruhig. Einige Hände heben sich. Der Direktor bestimmt die Reihenfolge der Redner und bringt einen, der sich vordrängen will, mit einem einzigen Blick zum Schweigen. Vor allem aber spricht er selbst.

»Die Versammlung dauert jetzt schon fünf Stunden«, sagt er, »zu welchem Ergebnis seid ihr gelangt?«

Stimmen aus dem Saal: »Das ist es ja, zu gar keinem.«

»Na eben«, gibt sich der Direktor besorgt, »na eben – zu keinem. Ich aber habe die Angelegenheit unserer Grube in Ordnung gebracht. Ja, ich habe sie in Ordnung gebracht! ich bin gestern aus Moskau zurückgekehrt.« (Wenn man hier sagt, man sei in Moskau gewesen, klettert man gleich ein paar Stufen in der Rangleiter hinauf.)

Er hält inne und blickt in den stillen Saal. Dann sagt er mit Pathos: »Wir selbst werden, ohne jede Vermittlung Moskaus, unsere Kohle nach England und Ame-

rika exportieren! Wir, direkt aus der Wargaschowskaja-
Grube!«

Erregung im Saal, Tumult, hektische Freude. Was
heißt das – nach Amerika? das heißt – daß es Dollars gibt!
Und was bedeuten Dollars? Sie bedeuten, daß es alles, einfach alles geben wird.

Ich sehe, wie dieser Mann, der gestern aus Moskau zu-
rückgekommen ist, diese armen, durchgefrorenen Leute
an der Nase herumführt. Ich sehe es, aber ich kann nicht
aufstehen und rufen: »Leute, glaubt ihm nicht!« Ich kann
das schon deshalb nicht tun, weil ich ihnen nicht diesen
Funken Wärme rauben will, der in diesem Gedanken
steckt, daß die Grube *Wargaschowskaja* Kohle nach England und Amerika exportieren wird.

Nachdem sie den Beschluß gefaßt haben, den Streik
zu beenden, bringt mich Michail mit einem klapprigen,
doch flotten Moskwitsch in die Stadt, zum Hotel. Das
sind dreißig Kilometer auf einer mit dickem Glatteis bedeckten Straße. Michail jagt mit einer Geschwindigkeit
von hundert Stundenkilometern dahin. Wir haben die
Chance, bis zum ersten auftauchenden Stein zu überleben. Bei dieser Geschwindigkeit bedeutet ein Stein auf der
Straße den sicheren Tod. Ich schaue geradeaus und denke:
Aha, so also sieht dein letztes Bild von der Welt aus – diese
Dunkelheit, das Licht der Scheinwerfer und die vor uns
aufragende blitzende Klinge der vereisten Straße, die uns
vielleicht schon im nächsten Moment in Stücke reißt.

Ich bin nach Workuta gekommen, um den Streik zu
sehen, aber auch als Pilger. Denn Workuta ist ein Lei-
densort, ein heiliger Ort. In den Lagern von Workuta
kamen Hunderttausende Menschen ums Leben. Wie

viele genau? Niemand hat sie gezählt. Die ersten Häftlinge wurden 1932 hierher gebracht, die letzten 1959 entlassen. Die meisten Menschen kamen beim Bau der Eisenbahnlinie um, die heute die Kohle nach Archangelsk, Murmansk und Petersburg bringt. Während der Bauarbeiten soll ein NKWD-Offizier gesagt haben: »Es fehlen Schwellen? Das macht nichts! Dann werdet ihr als Schwellen dienen!«

Und so geschah es. Entlang dieser Eisenbahnlinie erstreckt sich über Hunderte von Kilometern ein unsichtbarer Friedhof. Nur wer entlang des Bahndamms die Tundra durchstreift (das ist nur in den zwei oder drei Monaten im Jahr möglich, in denen kein Schnee liegt), findet hier und da morsche Pfähle mit aufgenagelten Brettchen. Wenn er auf dem Brett zum Beispiel die Aufschrift A 81 liest, bedeutet das, daß hier tausend Tote begraben liegen. Diese Symbole – A 52, A 81 – brauchten die Lagerbuchhalter für ihre Statistik: Die Zählung der Ermordeten und Verstorbenen gestattete ihnen, die Anzahl der Brotrationen zu reduzieren.

Die Menschen wurden hier nicht auf eine bestimmte Art und Weise ums Leben gebracht, sondern sie fielen einer ganzen Palette von Grausamkeiten zum Opfer, die sich der NKWD hatte einfallen lassen.

Hier, im Norden, war (neben dem NKWD) die Kälte der schlimmste Feind des Verurteilten:

»Schreckliche, unmenschliche Sklavenarbeit. Im Schein der lodernden Feuer blitzten in der Polarnacht Hunderte, Tausende Spaten, die den vom Pflug zusammengeschobenen Schnee von den Gleisen schaufelten. Solange man genug Verstand und Kraft hatte, um ständig in Bewegung zu bleiben, hatte man auch eine Chance zu überleben, durchzukommen. Doch jeden Tag scharten sich um die lodernden Feuer einige gekrümmte, in alle möglichen Fetzen gehüllte Leiber. Sie drängten sich im Kreis um die rettende Wärme, die von den lustig knatternden Scheiten ausging, und blieben reglos hocken. Nichts mehr konnte Gesundheit und Leben dieser Menschen retten. Von der einen Seite durch die Glut des Feuers gewärmt, geselcht durch den Rauch der glosenden Zweige, waren sie auf der anderen Seite dem erbarmungslosen Frost ausgesetzt, der dreißig Grad unter Null und mehr erreichte. Kein Organismus war im Stande, solche Temperaturschwankungen in seinem Inneren auszugleichen. Das in den Adern von Gesicht Händen, Brust und Bauch erhitzte Blut wurde von einem geschwächten Herzen in Körperteile gepumpt, die faktisch den Zustand der Hibernation erreicht hatten. Im Körper des Menschen kam es zu Reaktionen, die er selber nicht beschreiben konnte, er wurde von Müdigkeit und Schwere, von einem Gefühl immer tieferer Kälte erfaßt. Er schob sich immer näher ans Feuer, bis er fast schon die Flammen spürte. Nach einigen Stunden lag nur mehr eine Leiche dort oder ein Mensch, der seinen Atem aushauchte. Es gab keine Kraft, die imstande gewesen wäre, diese Menschen vom Feuer zu verjagen. Keine Gewalt, keine Prügel, kein Versuch, die erstarrten Muskeln und das stockende Blut anzutreiben – das half alles nichts. Wenn man diese Menschen gewaltsam vom Feuer wegzerrte, fielen sie wie Klötze in den Schnee und blieben reglos liegen. Es gab keinen Tag, an dem nicht ein paar oder ein ganzes Dutzend steifgefrorener Leichen auf Tragen in Lager geholt wurden.« (Marian Marek Bilewicz, *Der Finsternis entronnen*)

Ich stapfe durch das dunkle, eisige, schneeverwehte Workuta. Wenn man bis ans Ende der Hauptstraße geht, sieht man am Horizont langgestreckte, flache Gebäude – die Baracken der alten Lager. Und die beiden alten Frauen an der Bushaltestelle? Welche von ihnen war im Lager eingesperrt und welche die Aufseherin? Alter und Armut haben sie ausgesöhnt, und bald wird der gefrorene Boden sie endgültig und für immer versöhnen. Ich wate durch Schneewächten, an gleichförmigen Straßen und Häusern vorbei, ich weiß nicht mehr, wo ich mich befinde. Die ganze Zeit über habe ich die Vision Nikolai Fjodorows vor Augen.

Fjodorow war ein Philosoph, ein Visionär, viele Russen halten ihn für einen Heiligen. Er besaß ein Leben lang nichts, nicht einmal einen Mantel nannte er im eisigen Klima Rußlands sein eigen. Er bewohnte eine winzige Kammer, in der er auf einer nackten Kiste schlief, unter dem Kopf ein paar Bücher. Er lebte von 1828 bis 1903. Er ging ständig barfuß. Er starb, weil eines Tages strenger Frost herrschte und ein Wohlmeinender ihm den Rat gab, einen Schaffellmantel anzuziehen und mit dem Schlitten zu fahren. Am nächsten Tag bekam er eine Lungenentzündung und starb. Fjodorow meinte, Ruhm und Popularität seien Zeichen der Schamlosigkeit, weshalb er seine Texte unter einem Pseudonym veröffentlichte, die meisten blieben ungedruckt. Nach dem Tode des Meisters sammelten seine beiden Schüler seine Werke und gaben sie unter dem Titel *Philosophie der gemeinsamen Sache* in einer Auflage von 480 Exemplaren heraus, die sie unter den Menschen verteilten.

Fjodorow war der Ansicht, das Fundament des christlichen Glaubens sei die Idee der Auferstehung, die aus der Überzeugung von der Ewigkeit des Lebens resultiert.

Besessen von diesem Gedanken, überlegte er, wie man alle Verstorbenen ins Leben zurückführen könne. Alle, die jemals gestorben waren, auf der ganzen Welt. Er meinte, das müßte möglich sein, das könne erreicht werden, wenn der Mensch die Kräfte der Natur beherrscht. Die Kräfte der Natur sind gefährlich und dem Menschen feindlich, solange sie blind und unanhängig sind. Um sich gegen sie zur Wehr zu setzen, hat der Mensch den Selbsterhaltungstrieb entwickelt. Dieser Instinkt ist die Quelle aller Feindschaft unter den Menschen, aller Kriege, allen Tötens. Wenn wir die Wissenschaft entwickeln und uns die Natur untertan machen, verkümmert der Selbsterhaltungstrieb – weil es nichts mehr gibt, was wir fürchten müssen. Auf Erden zieht ein Reich der Freundschaft und Liebe herauf. Die Wissenschaft ermöglicht uns auch, alle Toten zum Leben zu erwecken. Weil nämlich die Menschheit eine einzige Familie ist, die der Tod nicht zu trennen vermag. Erst wenn der Mensch den Tod besiegt, wenn er ihm alle entreißt, die dieser sich genommen hat, kann der Mensch seinen wahren Triumph feiern.

Doch wie würde die Rückkehr der Toten nach Workuta aussehen? Würden plötzlich Kolonnen armer Teufel, von Wächtern getrieben, durch die Straßen ziehen? Ausgemergelte, mit Fetzen bedeckte, menschliche Schatten? Ein Marsch von Skeletten? Nikolai Fjodorow träumte davon, sie alle ins Leben zurückzurufen. Aber in was für ein Leben?

An einer Straße sehe ich einen hölzernen Kiosk. Ein dunkelhäutiger Aserbaidschaner verlauft die einzigen Blumen, die man hier zu kaufen bekommt: rote Nelken. »Such die schönsten aus«, sage ich, »die du hast.« Er wikkelt den Nelkenstrauß sorgfältig in Zeitungspapier. Ich will sie irgendwo niederlegen, aber ich weiß nicht, wo. Ich denke, ich werde sich in eine Schneewächte stecken, doch überall sind Menschen, und ich fürchte, daß es sie seltsam anmuten könnte. Ich gehe weiter, doch in der nächsten Straße dasselbe Bild: viele Menschen. Inzwischen erfrieren die Blumen und werden steif. Ich suche einen leeren Hof, aber überall spielen Kinder. Ich habe Angst, sie würden die Nelken finden und mitnehmen. Meine Finger spüren, wie die Blumen steif und brüchig wie Glas werden. Ich gehe also aus der Stadt hinaus und lege die Blumen zwischen zwei Schneewächte …

In der Stadt stellt mir niemand mehr Fragen. Obwohl die Empfangsdame im Hotel *Magadan* mich streng und (ich weiß nicht, warum) vorwurfsvoll mustert, gibt sie mir ein geräumiges und warmes Zimmer mit der Nummer 256. Aus dem Fenster sehe ich die verschneite Straße und eine Autobushaltestelle und etwas weiter eine Mauer, hinter der ein ehemaliges Gefängnis liegt.

Man kann nach Magadan kommen wie jene drei Japaner von einer Textilfirma in Sapporo, die ich im Hotel treffe.

Sie wissen nicht, wo sie sich befinden.

Sie treiben Handel, verneigen sich, sind freundlich, reinlich, effizient. Sie wollen ihre Textilien verkaufen – das ist es, was sie hergeführt hat. Doch man kann auch mit anderem Gepäck, als mit eleganten Stoffen kommen – beladen mit Wissen über den Ort, in dem ich mit den Japanern plaudere. Es geht darum, daß wir auf menschlichen Gebeinen stehen. Selbst wenn wir unter dem Eindruck dieser Erkenntnis einen Schritt zur Seite springen oder sogar ein paar hundert Meter laufen, würde das nichts ändern: Hier ist alles ein einziger Friedhof.

Magadan ist die Hauptstadt der nordöstlichen Region Sibiriens, die nach dem hiesigen Fluß Kolyma genannt wird. Ein Gebiet der klirrenden Kälte, der Dauerfrostböden, der Dunkelheit – ein leeres, unfruchtbares, fast unbesiedeltes Land, das früher nur von kleinen Nomadenstämmen bewohnt wurde – Tschuktschen, Ewenken, Jakuten. Moskau interessierte sich erst in diesem Jahrhundert für Kolyma, als sich die Nachricht von Goldfunden verbreitete. Im Herbst des Jahres 1929 wurde in der Nagajew-Bucht (im Ochotskischen Meer, das zum Pazifik gehört) die erste Basis-Siedlung errichtet. Das war der Beginn von Magadan. Damals war der Ort nur übers Meer, von Wladiwostok oder Nachodka aus, zu erreichen, in acht- bis zehntägiger Fahrt nach Norden.

Am 11. November 1931 faßte das ZK der KPdSU(B) den Beschluß, auf Kolyma einen Trust zur Förderung von Gold, Silber und anderen Metallen zu gründen – Dalstroi. Drei Monate später läuft das Schiff *Sachalin* in die Nagajew-Bucht ein, auf dem sich der erste Direktor von Dalstroi, der lettische Kommunist und General der GPU, Eduard Bersin, befindet. Bersin ist damals 38 Jahre alt. Er wird noch fünf Jahre leben. Mit der Ankunft Bersins beginnt auch die Gehenna, die unter dem Namen Kolyma, so wie Auschwitz, Treblinka, Hiroshima und Workuta, in die Geschichte der schrecklichsten Albträume der menschlichen Geschichte eingeht. In der russischen Alltagssprache wird das neue Wort Kolyma allerdings auf seltsame Weise zu einem Trostwort. Wenn die Lage wirklich schlimm, furchtbar, unerträglich ist, trösten die Russen einander: »Verzag nicht, in Kolyma war es noch schlimmer!«

In der eisigen Wüste von Kolyma werden Hände zur Arbeit benötigt. Daher ruft Moskau dort, zugleich mit Dalstroi, die Verwaltung der Nordöstlichen Arbeitserziehungslager (USWITLag) ins Leben. Das USWITLag erfüllt für Dalstroi dieselbe Funktion wie das Konzentrationslager Auschwitz-Birkenau für die IG Farben – es liefert Arbeitssklaven.

Der Anfang Magadans ist zugleich der Anfang des großen Terrors der stalinistischen Epoche. Millionen von Menschen wandern ins Gefängnis. In der Ukraine verhungern zehn Millionen Bauern. Aber noch sind nicht alle tot. Man könnte ein unübersehbares Heer von »Kulaken« und anderen »Volksfeinden« nach Kolyma schicken, wäre da nicht der Flaschenhals des Transportes. Eine einzige Eisenbahnlinie führt nach Wladiwostok, und von dort fahren nur ein paar Schiffe bis zum Hafen Magadan. Auf diesem Wege werden in den nächsten 25 Jahren ohne Unterbrechung lebende menschliche Skelette aus dem ganzen Imperium nach Magadan gebracht.

Lebende Skelette, aber auch bereits tote. Warlam Schalamow erzählt von dem Schiff *Kim*, das dreitausend Gefangene in den Laderäumen transportierte. Als diese revoltierten, setzte die Begleitmannschaft die Laderäume unter Wasser. Damals herrschten vierzig Grad unter Null. In Magadan kam ein riesiger Eisblock an. Ein anderes Schiff mit ebenfalls Tausenden von Häftlingen an Bord wurde vom Eis eingeschlossen. Es lief nach einem Jahr im Hafen ein – von den Häftlingen war keiner mehr am Leben.

Das Schiff *Dschurma* brachte verurteilte Frauen nach Magadan. Viele Frauen waren kurz davor, zu verhungern oder an Entkräftung zu sterben. Die Menschen in diesem Zustand der schleichenden Agonie wurden in der Lagersprache *dochdjagi* genannt.

»Die *dochdjagi* wurden der Reihe nach auf Tragen hinausgebracht. Sie wurden hinausgetragen und am Ufer in Reihen gelegt, gewiß, um die Rechnungsführung zu erleichtern und jede Unordnung bei der Ausstellung der Totenscheine zu vermeiden. Wir lagen auf den Steinen und schauten unseren Mitgefangenen nach, die sich zur Tortur gemeinsamer Reinigung und Desinfektion in die Stadt schleppten« (Jewgenia Ginsburg, *Marschroute des Lebens*)

In die Transporte wurden Menschen gesteckt, die schon durch monatelange Haft, Untersuchungen, Hunger und Schläge entkräftet waren. Nun folgten Wochen der Qualen in überfüllten Viehwaggons, in unbeschreiblichem Schmutz, bei quälendem Durst (sie bekamen nichts zu trinken). Sie wußten nicht, wohin sie fuhren und was sie am Ende der Reise erwartete. Wer diese Gehenna überlebte, wurde in Madagan in ein riesiges Etappenlager gesteckt. Hier fand der Sklavenmarkt statt. Die Kommandanten der neben den Gruben untergebrachten Lager kamen und suchten sich die Häftlinge aus, die körperlich noch nicht völlig erledigt waren. Die höheren Kommandanten bekamen die Kräftigsten.

Arbeitslager oder – wie sie Robert Conquest nennt – arktische Todeslager gab es in Magadan und auf Kolyma insgesamt hundertsechzig. Die Insassen wechselten im Laufe der Jahre, doch zu jedem Zeitpunkt war in diesen Lagern eine halbe Million Menschen inhaftiert. Ein Drittel der Häftlinge starben an Ort und Stelle, andere verließen das Lager nach verbüßen der Strafe als körperliche oder seelische Krüppel. Wer Magadan und Kolyma überlebte, war nicht mehr derselbe wie zuvor.

Das Lager war eine sadistisch und zugleich präzise geplante Struktur, die zum Ziel hatte, den Menschen so auszulöschen, daß er vor dem Tode die größtmöglichen Erniedrigungen, Leiden und Qualen erfuhr. Ein Stacheldrahtnetz der Vernichtung, aus dem sich der Mensch, wenn er einmal hineingeriet, oft nicht mehr befreien konnte. Dieses Netz setzte sich aus folgenden Elementen zusammen:

Der elende und in Fetzen gehüllte Verurteilte litt ständig unter der Kälte, er erfror allmählich.

(Kälte)

Diese Kälte machte ihm umso mehr zu schaffen, als er unablässig tierischen Hunger verspürte, weil er nur ein Stück Brot und dazu Wasser bekam.

(Hunger)

Hungrig und frierend mußte er harte, übermenschlich schwere Zwangsarbeit leisten, Gräben ausheben und die Erde mit Tragen fortschleppen, Steine klopfen und Bäume fällen.

(Zwangsarbeit)

Dem frierenden, hungrigen, durch harte Arbeit ausgelaugten und dazu meist noch kranken Häftling wurde der Schlaf geraubt. Er durfte nur kurze Zeit schlafen, in einer eisigen Baracke, auf harten Brettern, in den Fetzen, in denen er arbeitete.

(Schlafentzug)

Er durfte sich nicht waschen, es gab im übrigen auch keine Möglichkeit dazu, er war bedeckt mit einer dicken Schicht von Schmutz und Schweiß, er stank erbärmlich.

(Schmutz)

Die ganze Zeit quälte ihn Ungeziefer. In seinen Lumpen nisteten Flöhe, die Pritschen in den Baracken waren mit Wanzen verseucht, im Sommer plagten ihn Stechmücken und die schrecklichen sibirischen Fliegen, die in dichten Wolken angreifen.

(Insekten)

Unablässig wurde er von Wachmannschaften und Aufsehern des NKWD gequält. Sie brüllten ihn an, schlugen ihn mit Fäusten ins Gesicht, traten mit Stiefeln nach ihm, hetzten ihn mit Hunden und erschossen ihn aus dem nichtigsten Grund.

(Sadismus des NKWD)

Die politischen Gefangenen wurden auch von den Kriminellen terrorisiert, bestohlen und gepeinigt. Diese übten in Wahrheit auf der untersten Ebene die Macht aus.

(Terror der Kriminellen)

Es war eine psychische Tortur, dieses tiefe Unrecht ertragen zu müssen. Denn alle politischen Häftlinge waren ja völlig unschuldig, hatten nichts Böses getan.

(Willkür)

Alle litten unter der Sehnsucht nach ihren Nächsten, nach zu Hause (das Strafmaß betrug oft 25 Jahre), unter der totalen Isolierung von der Welt, der Furcht vor dem ungewissen, immer bedrohlicheren Morgen, der Angst, jeder Tag könnte den Tod bringen.

(Sehnsucht und Angst)

»Die Lager sind ein schrecklicher Anblick«, schrieb Warlam Schalamow, der zwanzig Jahre in Lagern verbracht hatte, davon die meiste Zeit auf Kolyma. »Kein Mensch auf der Welt sollte sie kennenlernen. In der Lagererfahrung ist alles negativ – bis auf die letzte Minute. Der

Mensch wird nur noch schlimmer. Und es kann gar nicht anders sein. Im Lager gibt es vieles, was der Mensch niemals erfahren sollte. Doch es ist noch nicht das schlimmste, den Bodensatz des Lebens zu sehen. Am schlimmsten ist, daß der Bodensatz zum Wesen des Menschen wird, weil dieser den Maßstab seiner Moral der Lagererfahrung entlehnt, weil im Leben die Moral der Kriminellen regiert. Weil der menschliche Verstand diese Lagergefühle nicht nur rechtfertigen, sondern ihnen auch dienen will.«

Und weiter: »Das Lager war für den Menschen eine großartige Prüfung des Charakters, der menschlichen Moral, die neunundneunzig Prozent nicht bestanden. Zusammen mit denen, die die Probe nicht bestanden, starben auch jene, die sie um jeden Preis bestehen wollten, die besser als alle anderen, sich selber gegenüber härter sein wollten…« (*Geschichten aus Kolyma*)

Am 1. Dezember 1937 wird Bersin nach Moskau zurückberufen. Stalin ist der Auffassung, dieser Folterknecht lege allzu große Milde an den Tag, läßt ihn verhaften und erschießen. Am selben Tag, am 1. Dezember, läuft in Magadan das Schiff *Nikolai Jeschow* ein, das die beiden neuen Herrscher Kolymas an Bord hat – den Direktor von Dalstroi, Oberst Karp Pawlow (er erschoß sich im Jahre 1956), und seinen Stellvertreter, den Chef der Todeslager von Kolyma – Oberst Stepan Garanin. Garanin ist 39 Jahre alt. Er hat noch ein Jahr zu leben.

Garanin ist eine der düsteren Legenden Kolymas.

»›Iwan Kusmitsch, erinnern Sie sich an Garanin?‹

›Ob ich mich an ihn erinnern kann? Sehr gut sogar. Ich sah ihn doch aus der Nähe, so wie ich jetzt dich sehe. Er schritt die Reihen der Häftlinge ab. Und er war nicht allein, sondern mit seinem ganzen Stab. Ehe er auftauchte, wurde telefonisch gemeldet: Er kommt vielleicht, um persönlich das Lager zu inspizieren. Er war noch in Magadan, da standen wir schon habacht. Alles war geputzt, frisch gestrichen, mit gelbem Sand bestreut. Die Lagerleitung wütete vor Nervosität ziellos herum. Plötzlich ein Raunen: »Sie kommen, sie kommen.« Das Lagertor steht weit offen. Er kommt mit einer ganzen Kolonne – ein paar Personenwagen und mehrere Lastwagen mit persönlicher Bedeckung. Er steigt aus dem ersten Wagen, und sein Stab nimmt blitzartig seitlich Aufstellung. Alle mit Mauserpistolen, in halblangen Lammfellmänteln. Nur er trägt einen Bärenfellmantel. Eine drohende Miene. Der Blick trunken und schwer wie Blei. Der Kommandant unseres Lagers, ein Major, eilt zu ihm hin und erstattet mit zitternder Stimme Meldung: ›Genosse Kommandant des US-WITLags des NKWD, das Unterlager ist bereit zur Inspektion!‹ – ›Gibt es hier Häftlinge, die sich vor der Arbeit drücken?‹ – ›Die gibt es‹, antwortet der Major ängstlich. Und rund ein Dutzend Personen tritt vor. ›Ach so, ihr wollt also nicht arbeiten, ihr Hurensöhne?‹ Und schon hält er die Pistole in der Hand. Bum! Bum! Bum! Er erschießt sie alle. Wer sich noch regt, wird von der Begleitung erledigt. ›Und gibt es auch Rekordarbeiter, die die Norm übertreffen?‹ – ›Die gibt es, Genosse Leiter des US-WITLags der NKWD.‹ Eine freudige, fröhliche Runde von Rekordarbeitern tritt vor. Sie haben nichts zu fürchten. Garanin geht mit seinem Stab zu ihnen hin, in der Hand immer noch die Mauserpistole mit dem leeren Magazin. Ohne sich umzuwenden, reicht er die Pistole den hinter ihm gehenden Begleitern. Er bekommt von ihnen eine neue, geladene Pistole, die er in das hölzerne Halfter steckt, ohne jedoch die Hand vom Kolben zu nehmen. ›Ihr seid also Rekordarbeiter? Ihr übertrefft die Norm?‹ – ›Ja‹, antworten sie. Und er fragte noch einmal: ›Feinde des Volkes, die die Norm übertreffen? Hm … Ihr verdammten Volksfeinde! Solche wie ihr müssen liquidiert werden.‹ Und wieder: Bum! Bum! Bum! Und wieder liegen zehn Leichen in ihrem Blut. Er aber scheint nun irgendwie aufgeheitert, sein Blick ist ruhiger geworden. Er hat seinen Blutdurst gestillt. Der Lagerkommandant führt die teuren, verehrten Gäste zur Kantine, wo ein Festessen vorbereitet ist. Er ist froh, selber den Kugeln entgangen zu sein. Wenn Garanin Lust verspürte, schoß er auch die Lagerkommandanten nieder. Solange Garanin das Regiment führte, herrschte schreckliche Willkür. Die Menschen starben wie die Fliegen.‹« (Anatoli Schigulin, *Schwarze Steine*)

Garanin erschoß ein paar, ein Dutzend oder auch mehrere Dutzend Menschen pro Tag. Beim Morden lachte er oder sang fröhliche Liedchen. Beria ließ ihn völlig unerwartet und aus unbekannten Gründen erschießen, angeblich als japanischen Spion. Dabei kann man mit einiger Gewissheit behaupten, daß dieser untersetzte, stämmige Kraftmensch, Sohn eines belorussischen Bauern, Schmied von Beruf und halber Analphabet, nicht einmal wußte, daß es ein Land namens Japan gab.

Als ich in Magadan eintraf, hatte ich drei Telefonnummern in der Tasche. Ich rief an. Unter der ersten Nummer meldete sich eine junge, männliche Stimme, die mir mitteilte, daß die Verlangte nicht mehr lebte. Bei der zweiten Nummer – Stille, niemand nahm den Hörer ab. Ich wählte die dritte Nummer: 23344. Eine tiefe freundliche Stimme. Ich stellte mich vor. Die Antwort war warm und herzlich, als habe mein Gesprächspartner am anderen Ende der Leitung (den ich nicht persönlich kannte) seit Jahren meinen Besuch erwartet. Wir verabredeten eine Begegnung. Er wollte einen Geländewagen ausleihen, um mich herumzufahren und mir etwas zu zeigen.

Am Morgen kam ein grüner Jeep. Am Steuer saß eine Frau, die sagte, sie sei 47 Jahre alt. Es ist seltsam, aber ich erinnere mich nicht an ihren Namen (vielleicht nannte sie ihn auch gar nicht), nur an ihr Alter. Die 47 Jahre waren ein massiges, kraftvolles Weib, an dem alles vorstehend, gerundet, gewölbt war, vor allem Augen und Brüste. Sie hatte mächtige, kraftvolle Arme, und ich kann mir keinen Mann vorstellen, der so groß wäre, daß sie sich neben ihm klein und schwach fühlte. Nichts (und ich glaube auch: niemand) konnte sie einschüchtern.

Neben der Fahrerin sitzt mein gestriger Gesprächspartner, Albert Miltachutdinow, ein Schriftsteller, der sein ganzes erwachsenes Leben – über dreißig Jahre – auf Kolyma verbracht hat, beschäftigt mit Schreiben, aber auch mit der Geographie dieses Teils von Sibirien. (Da man früher nur über das Meer nach Kolyma gelangte, hat es sich eingebürgert, von Kolyma als einer Insel zu sprechen, was noch stärker die Isolation dieser Region von der übrigen Welt unterstreicht. Wer von Kolyma abreist, sagt: »Ich fahre auf den Kontinent.«)

»Fahren wir!« sagen die 47 Jahre halb fragend, halb befehlend. Wir sind kaum unterwegs, da beginnt sie für die Rumänen zu schwärmen. »Prachtkerle, die Rumänen!« ruft sie. »Sie haben Ceauşescu den Kopf abgeschnitten!« (Obwohl das schon einige Zeit her ist, ist sie immer noch sehr davon beeindruckt.) »Wann werden wir denen im Kreml die Köpfe abschneiden?«

Gleich – die Köpfe abschneiden. Ich denke mir: Ich bin in Kolyma, da redet man so. Ich bin weniger über ihre Worte erschrocken als über die Tatsache, daß sie das Lenkrad nur mit einer Hand festhält, während sie mit einer anderen zeigt, wie man die Köpfe abschneiden soll, und das alles auf einer Straße mit so tiefen Löchern, Rinnen und Kratern, daß ich mich wie ein Astronaut in der Schwerelosigkeit fühle – ich hänge im Auto, ohne zu wissen, wo mein Kopf und wo meine Füße sind, einmal scheint der Wagen senkrecht zu stehen, als wollte er zum Himmelsflug ansetzen, dann wieder scheint er in einen bodenlosen Abgrund zu stürzen.

Doch die 47 Jahre kümmern sich nicht um die Straße, sie haben wichtigere Probleme. »Ach, wie sie uns alle zum Narren gemacht haben«, sagt sie wütend. »Wie sie uns zum Narren gemacht haben!«

Ihr Zorn, ihre Wildheit, ihre ganze Wut richten sich gegen den Kreml. Dort sitzen diejenigen, die 47 Jahre lang aus ihr einen Narren gemacht haben, indem sie irgendwelche unglaublichen Dinge verkündeten, an die sie glauben mußte.

»Aber wir werden sie schon noch kriegen!« berauscht sie sich an ihrem eigenen, blinden Haß.

Wir fahren zur Nagajew-Bucht und halten am Ufer, neben verlassenen, rostigen Kuttern. Dieser Ort ist ein Symbol, ein Dokument von ähnlichem Gewicht wie das Lagertor von Auschwitz oder die Rampe von Treblinka. Die Bucht, das Tor und die Rampe sind drei verschiedene Bühnenbilder derselben Szene: des Eintritts in die Hölle.

Von den Millionen Menschen, die auf dieses steinige, mit Kieseln bedeckte Ufer, auf dem wir jetzt stehen, geworfen wurden, kehrten drei Millionen nicht mehr zurück.

Die Bucht gleicht einem riesigen See mit ruhiger, graubrauner Oberfläche. Die Einfahrt in die Bucht vom Ochotskischen Meer her, das Kolyma von Japan trennt, ist so eng, daß es hier, wie die Leute erzählten, nicht einmal bei Sturm größere Wellen gibt. Auf allen Seiten sieht man dunkelgraue, fast schwarze Hügel mit sanften, nackten Hängen, ohne jede Spur von Grün, monoton und tot. Ohne Bäume, ohne Vögel. Man sieht keine Bewegung, hört keine Stimme. Die Wolken hängen tief, scheinen über die Erde zu kriechen, ständig in unsere Richtung, auf uns zu. Diese Umgebung provoziert extreme Verhaltensweisen, man kann hier in Raserei verfallen, in Irrsinn oder auch in tiefe Depressionen; am schwierigsten ist es, die Normalität zu bewahren und den Glauben daran, daß die Natur freundlich sein kann und uns nicht einfach abschütteln will. An einem Ort wie Kolyma verbündet sich die Natur mit dem Feiniger, sie hilft ihm, das wehrlose und unschuldige Opfer zu vernichten, sie macht sich den Verbrechern dienstbar, unterwirft sich ihnen und gibt ihnen immer wieder neue Folterwerkzeuge in die Hand – klirrenden Frost, eiskalte Stürme, haushohe Schneewehen, endlose, unbezwingbare Eiswüsten.

In dieser Bucht liefen die Schiffe mit ihren Ladungen halb verhungerter und erstickter Häftlinge ein. Diejenigen, die sich noch rühren konnten, wankten über die Fallreeps ans Ufer. Dort sahen sie zum ersten Mal die Bucht. Der erste Eindruck ist in Dutzenden von Erinnerungen beschrieben: Von hier gibt es keine Rückkehr. Die Gefangenen wurden zu Kolonnen zusammengestellt. Dann begann das Abzählen. Viele Aufseher waren Analphabeten, das Abzählen größerer Mengen bereitete ihnen daher Schwierigkeiten. Die halbnackten Verbannten standen reglos da, erbarmungslos gepeitscht vom Wind, vom Schneesturm. Schließlich ertönte die routinemäßige Warnung der Begleitmannschaft: »Jeder Schritt nach links oder rechts wird als Fluchtversuch angesehen – wir schießen ohne Warnung!« Diese Formel war auf dem ganzen Gebiet der UdSSR gleich. Eine Nation von zweihundert Millionen mußte in dichten Kolonnen in die befohlene Richtung marschieren. Jede Abweichung nach links oder rechts bedeutete den Tod.

Von der Bucht wurden sie dann über die Hauptstraße von Magadan getrieben, wo heute mein Hotel steht. Das war die erste Straße im Ort. Bersin hatte sie gebaut und ihr seinen Namen gegeben – die Chefs des NKWD gaben Städten, Plätzen, Fabriken, Schulen ihren Namen, langsam (oder sogar rasch) entstand ein richtiges NKWD-Land. Im Jahre 1935 eröffnete Bersin in Magadan den Kulturpark, den er nach seinem Vorgesetzten, dem NKWD-Chef Jagoda, benannte. Drei Jahre später wurden sowohl Bersin als auch Jagoda erschossen. Die Bersin-Straße wurde nach Stalin umbenannt, und der Jagoda-Park erhielt den Namen des neuen NKWD-Chefs, Jeschow. Ein Jahr später wurde Jeschow erschossen, und der Park bekam den Namen Stalins. Im Jahre 1956 wurde die Stalin-Straße nach Marx umbenannt, und der Stalin-Park hieß nun Lenin-Park. Wie lange er diesen Namen tragen wird, kann niemand sagen. Der Stadtrat hatte jedenfalls einen guten Einfall und verleiht den Straßen nun unpolitische Namen. Es gibt also eine Zeitungsstraße, eine

Poststraße, eine Garagenstraße, eine Uferstraße. Zeitungen, Post, Garagen und das Ufer wird es wohl immer geben.

Nachdem die erschöpften Kolonnen die Bersin-Straße passiert hatten, verschwanden sie hinter den Toren der Transitlager, von denen in der Stadt und der nächsten Umgebung mehrere existierten. In Magadan gab es bis vor kurzem nur wenige gemauerte Gebäude, die Stadt bestand vorwiegend aus Holzhäusern, über denen Wachtürme emporragten, so daß sie aussah wie ein riesiges, über die Hügel verstreutes Lager, das im Winter mit Schnee bedeckt ist und im Sommer im Morast versinkt.

Nach einigen Tagen marschierten die Häftlingskolonnen weiter, vorwärtsgetrieben von den Rufen der Wachmannschaften, von Kolbehieben und Hundebissen. Es war lebenswichtig, den Bestimmungsort zu erreichen, denn wer die Kraft verlor und stürzte, wurde erschossen. Die Kolonnen quälten sich ins Innere Kolymas, zu den zugewiesenen Lagern und den Gold-, Platin-, Silber-, Blei- und Uranminen, die mit Spaten und Keilhauen in den Boden getrieben wurden. Manchmal gingen täglich, mitunter einmal die Woche Kolonnen von Magadan ab, jahrzehntelang, eine nach der anderen; Hunderte und aber Hunderte, Tausende und aber Tausende von Kolonnen marschierten in immer dieselbe Richtung, nach Norden, auf ihre Bestimmungsorte zu, und verschwanden eine nach der anderen in dem dichten, kalten Nebel, der ständig über dem Land liegt.

»Albert«, frage ich, »Können wir die alten Lager sehen?« Wir fahren hinter der Bucht über die Hügel, auf der Route der Gefangenen – auf die Stadt zu.

Die 47 Jahre verfluchen die örtliche Bürokratie. Magadan und der Staat Alaska haben eine Zusammenarbeit vereinbart. Und man hat für zwei Wochen eine Gruppe amerikanischer Kinder eingeladen. Jedes Kind soll bei einer russischen Familie wohnen. In der Stadt ist fast ein Krieg ausgebrochen, weil jeder so ein Kind bekommen will. Es geht natürlich nicht nur um die kleinen Amerikaner, obwohl die Menschen hier wirklich sehr Gastfreundlich sind. Es geht darum, daß bei jedem, der einen Gast aus Übersee zugewiesen bekommt, auf der Stelle der ganze Wohnblock renoviert wird, die Wände werden frisch gestrichen, in den Korridoren Glühbirnen eingeschraubt, in die Fenster Scheiben eingesetzt, die Höfe gereinigt, die Kanalisation in Ordnung gebracht, die Hähne abgedichtet, Waschbecken und Wannen ausgewechselt, Schlösser und Türbänder geölt. Und jemand aus dem Block, in dem die 47 Jahre wohnen, hat sich um so einen kleinen Yankee bemüht, aber zu wenig geschmiert, wie sie unter Lachen und Fluchen erzählt. Das Stiegenhaus ist daher immer noch ohne Licht, und es gibt kein warmes Wasser.

Überhaupt ist das Leben nicht leicht.

Der Bewohner von Magadan K.I. Iwaneko klagt in einem Brief an seine Zeitung: »Vor ein paar Tagen habe ich in der Zeitung *Krestjanka* mein Horoskop gelesen, aus dem hervorging, daß es mir mit einiger Wahrscheinlichkeit gelingen könnte, etwas Teures und Nützliches zu erwerben. Ich stellte mich also vor dem Laden *Melodija* an, ehe der aufsperrte, in der Hoffnung, einen Fernseher zu kaufen. Leider gelang mir das nicht. Doch gleich daneben ist ein Schuhgeschäft, also versuchte ich Schuhe zu kaufen. Auch das war ein Fehlschlag. Ich ging in drei verschiedene Gemüseläden – in keinem gab es Kartoffeln. Ich graste nun alle Läden ab, um irgend etwas zu kaufen, es mußte gar nicht teuer oder nützlich sein, doch nirgends konnte ich etwas ergattern. Schließlich landete ich im Laden Nr. 13, der allgemein *Drei Schweinchen* genannt wird. Dort wurde Bier verkauft. Es stellte sich freilich heraus, daß man nur Bier bekam, wenn man von zu Hause einen Krug mitbrachte.« (*Magadanskaja Prawda*, 27. April 1990)

Wir müssen nicht weit fahren. Die leeren Lager sind in den alten Vierteln mit den verschneiten Straßen ohne Gehsteige und Laternen erhalten geblieben. Ein Teil wurde in Lagerräume und Geschäfte umgewandelt. Die übrigen verrotten und zerfallen. Noch sieht man hier und da die Wachtürme stehen, schief, wackelig und morsch. In Schnee und Morast liegen zerbrochene Türen, Zaunlatten und Pfosten, nun ohne Stacheldraht – der Draht wurde längst gestohlen. Die meisten Baracken wurden zu Bauholz und Brennholz zerlegt, einige stehen noch, allerdings leer, ohne Türen und Fenster.

Überall in Workuta, in Norilsk, in Magadan, fällt das Elend der Lagerwelt auf, ihre erbärmliche Armut, die plumpen, achtlosen Provisorien, die Unordnung und Primitivität. Eine Welt, aus Lumpen und Fetzen zusammengeflickt, mit einer einfachen Axt und rostigen Stiften zusammengenagelt, mit Bastschnüren zusammengebunden, mit Drahtstücken zusammengehalten.

Um die Spuren der Verbrechen zu verwischen, braucht man hier nichts zu zerschlagen, abzureißen, in die Luft zu jagen. Die Hälfte des Archipels Gulag ist längst in Sumpf und Morast versunken. Die Hälfte der Lager in Sibirien wurde von Wäldern überwuchert, die zu ihnen führenden Wege wurden von Frühjahrshochwassern überflutet. In den Städten stehen dort, wo früher die Lager waren, neue Viertel, Fabriken, Sportstadien.

Wenn jemand im Sommer über Kolyma nach Norden fährt – nach Karamken, Strelka, Bolschewik, und wenn er weiß, wo sich die alten Lager in den Hügeln und Wäldern verstecken, kann er dort Stöße vermodernder Pfosten, Stücke von Eisenschienen, Reste von Lehmmauern der Lagerküchen entdecken. Ob es ihm allerdings gelingt, etwas zu finden, das noch Gebrauchswert besitzt, ist fraglich – da gibt es keine Löffel oder Schüsseln, Keilhauen oder Spaten, Ziegel oder Bretter mehr, das alles haben die Häftlinge oder die Wachmannschaften fortgeschleppt, oder später die örtliche Bevölkerung, denn hier hat jedes Ding seinen Preis, seinen Wert.

In einigen Jahren wird die Lagerwelt spurlos verschwunden sein.

»Albert«, frage ich wieder, »ist in Magadan nichts aus jenen Jahren erhalten geblieben? Gibt es keine materiellen Zeugnisse?«

Er denkt nach.

»Eigentlich gar nichts«, sagt er dann. »Der Sitz des Dalstroi wurde abgerissen. Die Kasernen des NKWD – abgerissen. Das Untersuchungsgefängnis – abgerissen. Überall stehen jetzt neue Häuser oder sind neue Straßen gebaut.«

Aber ein Haus gibt es noch; es ist erhalten geblieben, weil es etwas abseits steht, verdeckt von den Blocks eines Wohnviertels. Die ehemalige Parteischule der NKWD-Kader von Kolyma.

Wir klettern über hohe Schneewächten und nähern uns diesem kleinen Haus. Es ist einstöckig, alt und erscheint heute klein. Im großen Saal übt ein Dutzend Schülerinnen, bleich und ernst, Ballettfiguren.

Im selben Saal fanden die Beratungen der Mörder statt. Hier wurden Zahl und Umfang der Exekutionen festgelegt. Hierher kamen Garanin und Pawlow, Nikischow und Jegorow. Und Hunderte andere, mit Trommelrevolvern, deren Läufe noch warm waren.

Vor ihren Augen, mit ihrer Hilfe und oft unter ihren Händen kamen drei Millionen Menschen ums Leben.

Wir gehen durch das leere Gebäude. »Und hier?« frage ich Albert und zeige auf eine Tür.

Hinter der Tür war die Toilette der Folterknechte. Sie ist so groß wie ein mittleres Zimmer. Keine Klosettmuscheln. Nur sechs ovale Löcher im unebenen Betonboden. Graue Wände, übersät mit braunen Wasserflecken. Ein abgebrochener Wasserhahn.

»Das ist alles, was geblieben ist, Albert?«

»Das ist alles.«, antwortet er.

Ich habe zwei Bücher mit: Die *Geschichten aus Kolyma* von Warlam Schalamow und *Hexensabbat* von Alexander Weissberg-Cybulski. Eine Gegenüberstellung dieser beiden Autoren, ihrer Weltanschauungen und Haltungen ist ungemein faszinierend. Dieser Vergleich erlaubt, ein wenig in das russische Denken, seine Geheimnisse und Eigenheiten einzudringen. Beide Bücher sind Romandokumente über die Erfahrungen von Opfern der bolschewistischen Repression, doch wie grundverschieden ist das Denken der beiden Autoren!

Beide gehören derselben Generation an (Weissberg wurde 1901 geboren, Schalamow 1907). Beide werden im Jahre 1937 verhaftet (Schalamow, schon zum zweiten Mal, in Moskau, Weissberg in Charkow, wo er als Vertragsingenieur tätig ist). Beide werden vom NKWD gepeinigt, gefoltert, gequält und erniedrigt. Und sie sind beide unschuldige, reine, ehrliche Menschen.

Doch hier beginnen die Unterschiede.

Es stellt sich folgende Frage: Was überwiegt in uns, entscheidet über unsere Einstellung zum Leben, zur Wirklichkeit? Die Zivilisation, die Tradition, in der wir aufgewachsen sind, oder aber der Glaube, die Ideologie, zu der wir uns bekennen?

Der Österreicher Weissberg ist ein Mensch des Westens, erzogen im Geist des cartesianischen Rationalismus, im Geist eines forschenden und kritischen Denkens.

Schalamow ist mit allen Fasern ein Russe, der nie Rußland verlassen hat, nur sporadisch mit dem westlichen Denken konfrontiert wurde, alles an ihm ist typisch russisch.

Gleichzeitig ist der Mensch des Westens, Weissberg, ein fanatischer und überzeugter Kommunist, der Mensch Rußlands hingegen, Schalamow, dem Moskau »von allen Städten der Welt am nächsten ist«, ein eingefleischter Antikommunist.

Wie reagiert nun jeder der beiden auf seine Situation als Opfer der barbarischen Repression, der »unnötigen Grausamkeit«, auf die ganze ihn umgebende albtraumhafte Welt stalinistischer Säuberungen, Gefängnisse, Lager und Exekutionen?

Weissberg ist überzeugt, daß er in ein Irrenhaus geraten ist, daß die Untersuchungsoffiziere des NKWD verrückt sind, daß die sowjetische Epoche Stalins eine Welt des Wahnsinns, der Paranoia, des Absurden ist. Was hier geschieht – schreibt er – »ist völlig sinnlos, das sind Exzesse eines entfesselten Apparates, die sich jeder rationalen Interpretation entziehen« Oder: »Ich griff mir an den Kopf. Bin ich in ein Irrenhaus geraten?« oder: »Das alles ist der reinste Irrsinn. Es fehlen mir einfach die Worte, das zu beschreiben.« Das Jahr 1937: »Es folgte eine Wettjagd des Wahnsinns.« Wobei er nie auch nur ein Jota von seiner Überzeugung abweicht: »Ich bin ein deutscher Kommunist«, wirft er dem Untersuchungsoffizier hin, »und bin in dieses Land gekommen, um am Aufbau des Sozialismus teilzunehmen. Ich bin ein Patriot der Sowjetunion.«

Überzeugt, in einem Irrenhaus, in ein gespenstisches Reich des Wahnes und surrealistischer Paranoia geraten zu sein, gibt Weissberg nicht auf, der Verstand des westlichen Rationalisten arbeitet unter den schlimmsten Verhältnissen in den überfüllten, schmutzigen, bluttriefenden Gefängnissen präzise und intensiv – er sucht eine rationale, vernünftige Erklärung für das, was um ihn herum vorgeht. In jeder Zelle, in die er geworfen wird, versucht Weissberg zu diskutieren, zu fragen, Meinungen zu verändern.

Doch seine russischen Gefährten im Unglück sehen in Weissberg einen Verrückten! »Was treibt dich?« fragen sie. »Was willst du erreichen? Hab Geduld und bleibe ruhig.«

Zwischen diesen beiden Haltungen gibt es keine Kommunikation, keine gemeinsame Sprache. Daher weiß ich nicht, ob sich Weissberg und Schalamow hätten verständigen können.

Denn für Schalamow ist alles um ihn herum ein Teil der natürlichen Welt. Die Lager gehören zur natürlichen und nicht zur menschlichen Ordnung. Kann sich der Mensch gegen tiefen Frost oder eine verheerende Flut auflehnen? Wenn eine Flut kommt und jemand schüttelt drohend die Fäuste, sagt man, er sei aus dem Narrenhaus entsprungen. Wenn die Flut kommt, muß man auf den höchsten Baum klettern und geduldig ausharren, bis das Wasser wieder fällt. Das ist rational, das ist die einzige mögliche, vernünftige Handlung. Wenn der Mensch ins Lager kommt, darf er sich nicht auflehnen, denn dafür wird er erschossen, er muß sich so einrichten, daß er überlebt. Vielleicht fallen die Wasser des Flusses wieder, vielleicht wird er einmal aus dem Lager entlassen. Mehr kann und darf man nicht tun.

In den *Geschichten aus Kolyma* existiert die Welt außerhalb des Stacheldrahtes eigentlich gar nicht. Die Nachricht vom Ende des zweiten Weltkriegs langt hier mit Verspätung an und erregt kaum Interesse. Die wahre und einzige Welt ist das Lager. Das Lager ist eine geschlossene und logische Struktur. Warum sah Weissberg in all dem Absurdität? Das Lager ist nicht absurd, sonst würde es sofort zerfallen. Nur daß die Logik des Lagers die Logik des Mordens ist, daß hier eine andere Rationalität herrscht als jene, die der österreichische Ingenieur-Kommunist suchte.

Es ist das Denken Schalamows, das rational und logisch ist, während das Denken Weissbergs verwirrt ist, sich in Abstraktionen verliert.

»Jeder Eingriff in das, was das Schicksal bringt, in den Willen der Götter, erschien ungehörig und in Widerspruch zum Verhaltenskodex im Lager«, schreibt Schalamow. Wer meint, sich anders verhalten zu müssen, der hat noch nie den wahren Boden des Lebens berührt, der kam nicht in einer »Welt ohne Helden« dem Tode nah.

Die unterschiedlichen Haltungen Schalamows und Weissbergs gegenüber der Welt der Repression, der »anderen Welt« (Herlin-Grudziński), in die sie gestoßen wurden, kann vielleicht der große russische Philosoph Wladimir Solowjow erhellen: »Die Gegensätzlichkeit der beiden Kulturen – der östlichen und der westlichen – zeichnete sich schon zu Beginn der menschlichen Geschichte ab. Während der Osten die Fundamente seiner Kultur auf totale Unterwerfung des Menschen unter die höhere Kraft, die Übernatürlichkeit baute, war der Mensch im Westen, umgekehrt, seiner eigenen Erfindungsgabe überlassen, die ihm ein weitgehend eigenständiges Schaffen erlaubte.«

Durch die Straßen von Magadan bewegt man sich in tiefen Gängen, die in den Schnee gegraben wurden. Sie sind eng, und wenn jemand entgegenkommt, muß man stehenbleiben, um ihn vorbeizulassen. Manchmal stehe ich so Aug in Aug mit einem älteren Mann. Dann stelle ich mir jedes Mal die Frage: Und wer warst du? Henker oder Opfer?

Warum interessiert und bewegt mich das? Warum kann ich den Menschen nicht ganz normal sehen, ohne diese unerträgliche und aufdringliche Neugierde? Wenn ich jedoch den Mut aufbringen und ihn fragen würde und er wäre ehrlich, dann bekäme ich zur Antwort: »Wissen Sie, Sie haben sowohl einen Henker als auch ein Opfer vor sich.«

Auch das war ein Merkmal des Stalinismus – daß man diese beiden Rollen oft nicht trennen konnte. Zuerst prügelte einer als Unteroffizier, dann wurde er eingesperrt und selber geschlagen, nach der Verbüßung der Haft kam er raus und rächte sich. Es war ein geschlossener Kreislauf, aus dem es nur einen Ausweg gab – den Tod. Ein schreckliches Spiel, bei dem alle verloren.

Ich wandere weit über die Bucht hinauf. Hier ist die Stadt nicht mehr zu hören. Vor allem spürt man nichts von Kolyma. Irgendwo hinter dem Hügel, der zur Bucht abfällt, liegen in Stille und Finsternis die Toten. In den Erinnerungen der Häftlinge habe ich gelesen, der Dauerfrostboden Kolymas habe die Leichen so konserviert, daß die Gesichter sogar ihren Ausdruck bewahrten. Die Gesichter von Menschen, die etwas gesehen haben, was der Mensch nicht sehen darf, wie Schalamow meint.

Ich denke über die schreckliche Sinnlosigkeit des Leidens nach. Die Liebe hinterläßt etwas – nämlich die nächsten Generationen, die auf die Welt kommen, sie bewirkt das Fortdauern der Menschheit. Aber das Leiden? So ein großer, schmerzvoller und schwieriger Abschnitt des menschlichen Erlebens geht spurlos vorüber. Wenn es möglich wäre, die Leidensenergie der vielen Millionen Menschen zu sammeln und in schöpferische Kraft umzuwandeln, könnte man aus unserem Planeten einen blühenden Garten machen.

Doch was ist geblieben?

Rostige Schiffsrümpfe, morsche Wachtürme, tiefe Gruben, aus denen irgendwann irgendein Erz gefördert wurde. Eine düstere, tote Wüste. Ringsum kein Mensch, denn die erschöpften Kolonnen sind längst vorbeigezogen und im ewigen kalten Nebel verschwunden.

Aus den Notizbüchern

23. Dezember 1991

Am schwierigsten: sich nicht von der Alltäglichkeit lähmen, von der Banalität und Dummheit betäuben lassen. Man muß seine Neugierde nach kleinen, platten, unwichtigen Dingen unterdrücken. Die Neugierde muß selektiv sein, dem Schreiben dienen ...

Bedeutete die rasche, weltweite Entwicklung immer billigerer und kleinerer Videokameras, die man fast schon in die Tasche stecken kann, das Ende des traditionellen Journalismus? Vielleicht noch nicht heute und nicht in all seinen Formen? Aber morgen? Übermorgen? Man kann sich folgendes Szenario vorstellen: Ein bewaffneter Konflikt bricht aus, zum Beispiel in Kolumbien. Ein Staatsstreich. Die Terroristen stürmen. Eine Revolte. Lokale Zeugen des Geschehens (zufällige Zeugen, die aber vor Ort sind) filmen sofort alles, was sie sehen, den ganzen Verlauf der Ereignisse. Sie haben gegenüber allen anderen den Vorteil, daß sie von Anfang an am Schauplatz sind, immer an der Quelle.

Nun bricht einer zum Schauplatz auf, kein Reporter, kein Korrespondent ein ganz gewöhnlicher Kaufmann, ein geschäftstüchtiger Händler, der die Filmkassetten der lokalen Amateure zusammenkauft und über die nächste angemietete Fernsehstation sendet. Dafür braucht es keine Fernsehteams, keine Berufsjournalisten mehr.

Ruanda – oder das Ende der Pionierzeit des Journalismus. Jane Perlez von der ›New York Times‹ sagt mir auf dem Flug nach Ruanda, sie habe ein Satellitentelefon dabei. Von der Front oder von einem Flüchtlingslager aus wird sie über dieses Telefon mit der Redaktion in New York sprechen, ihnen den Artikel direkt vom Schlachtfeld, vom Schauplatz des Massakers diktieren. Ja, alles ist längst Schauspiel, alles ist Information, nichts hat mehr Bedeutung oder Gewicht! Das einzige, was bei dieser Arbeit zählt: Es muß kurz sein, muß schnell gehen!

Immer stärker spüre ich den Druck der Herausgeber nach Aktualität. Sofortige, eilige, hechelnde Aktualität. Sofort! Sofort! Liefer uns gleich ein Buch über das, worüber heute in den Fernsehnachrichten geredet wurde, worüber die Zeitungen schreiben! So lauten ihre Rufe, ihr Drängen, ihre Mahnungen, ihre Appelle.

Dieses Tempo, diese Atemlosigkeit versuchen sie der Literatur aufzuzwingen. Was die wahre Literatur ausmacht, zum Beispiel der Stil, wird dabei völlig außer acht gelassen. Was zählt, sind das hier und jetzt interessierende, brennende Thema und die Schnelligkeit. An das Buch werden dieselben Anforderungen gestellt wie an einen Artikel, den man unterwegs für eine Zeitung schreibt. Auf diese Weise verschlingt der Moloch der Aktualität alles, verdaut alles …

Die Zensur tötete nicht allein mit dem Stift des Zensors. Sie tötete auch auf heimtückischere, hinterhältigere, bösartigere Weise. So zum Beispiel rechtfertigt sie Trägheit des Denkens, jegliche intellektuelle Untätigkeit (oder erlaubt eine solche Rechtfertigung). Wie viele Menschen gab es, die sich sagten: »Ach, ich werde das gar nicht erst schreiben (malen, ausstellen, komponieren), die Zensur würde es ja doch nicht durchlassen.«

Meine Reisen mit Herodot

Wie ich erwähnte, kamen die *Historien* Herodots 1955 in die Buchhandlungen. Seit dem Tod Stalins waren zwei Jahre vergangen. Die Atmosphäre lockerte sich, die Menschen atmeten auf. Damals war gerade der Roman Ilja Ehrenburgs erschienen, dessen Titel der eben anbrechenden Epoche ihren Namen gab – *Tauwetter*. Die Literatur mußte allen zu Diensten sein. Man suchte in ihr neue Lebenskraft, einen Wegweiser, Offenbarungen.

Ich beendete mein Studium und begann bei einer Zeitung zu arbeiten. Sie hieß »Sztandar Młódych« (Jugendfahne). Ich war ein junger Reporter und reiste auf der Spur von Leserbriefen durchs Land. Die Absender beklagten sich über erlittenes Unrecht und ihre Armut, darüber, daß ihnen der Staat die letzte Kuh weggenommen hatte oder daß es in ihrem Dorf immer noch kein elektrisches Licht gab. Die Zensur hatte nachgelassen, und man durfte zum Beispiel schreiben, daß es im Dorf Chodów zwar einen Laden gab, doch der war immer leer und man konnte dort nichts kaufen. Der Fortschritt bestand darin, daß man zu Lebzeiten Stalins nicht schreiben durfte, daß ein Laden leer war – alle mußten immer bestens beliefert sein, voller Waren. Ich fuhr von einem Dorf zum anderen, von einer Kleinstadt zur nächsten, mit einem Pferdewagen oder einem klapprigen Autobus, denn Privatautos waren eine Seltenheit, sogar ein Fahrrad war schwer zu bekommen.

Meine Route führte mich manchmal in Dörfer an der Grenze. Das geschah jedoch selten. Je näher man nämlich der Grenze kam, um so verlassener wurde die Gegend, man begegnete immer weniger Menschen. Die Leere ließ die Orte noch rätselhafter erscheinen, und auch die Stille entlang des Grenzstreifens weckte meine Aufmerksamkeit. Diese Rätselhaftigkeit und Stille zogen mich an und beunruhigten mich. Es reizte mich, zu sehen, was dahinter war, auf der anderen Seite. Ich dachte darüber nach, was man wohl erlebte, wenn man die Grenze überschritt. Was fühlte man dann? Was dachte man? Es mußte ein Augenblick großer Emotionen, Erregung, Spannung sein. Wie ist es auf der anderen Seite? Mit Sicherheit – anders. Doch was bedeutet das – anders? Wie sieht es aus? Ist es mit irgend etwas vergleichbar? Vielleicht war es auch mit nichts, was ich kannte, vergleichbar und dadurch unbegreiflich, unvorstellbar! Doch mein größter Wunsch, der mich quälte und verfolgte, war eigentlich ganz bescheiden, denn es ging mir nur um eines – um den Moment, den Akt, die simple Tätigkeit des Überschreitens der Grenze. Sie überschreiten und gleich wieder zurückkehren, so dachte ich mir damals, das würde mir völlig genügen, das würde meinen im Grunde unerklärlichen, aber dennoch nagenden psychischen Hunger stillen.

Eines Tages traf ich auf dem Gang der Redaktion meine Chefredakteurin. Eine stattliche, hübsche Blondine mit üppigem, zur Seite gekämmtem Haar. Sie hieß Irena Tarłowska. Sie sagte etwas über meine letzten Texte, und dann befragte sie mich über meine künftigen Pläne. Ich nannte ein paar Dörfer, in die ich fahren wollte, und Angelegenheiten, die mich erwarteten, und dann

nahm ich all meinen Mut zusammen und sagte: »Irgendwann einmal würde ich gern ins Ausland fahren.« – »Ins
Ausland?« sagte sie verwundert und leicht erschrocken,
denn damals war es noch keine Selbstverständlichkeit,
ins Ausland zu fahren. »Wohin? Wozu?« fragte sie. »Ich
habe an die Tschechoslowakei gedacht«, antwortete ich.
Es ging mir nicht darum, etwa nach Paris oder London zu
reisen, o nein, solche Ziele versuchte ich mir gar nicht erst
vorzustellen, und sie interessierten mich auch nicht, ich
wollte nur irgendwo die Grenze überschreiten, egal, welche, denn wichtig war für mich nicht der Ort, das Ziel, das
Ende, sondern der beinahe mystische und transzenden-
tale Akt des Überschreitens der Grenze.

Seit diesem Gespräch war ein Jahr vergangen. In unserem
Reporterzimmer läutete das Telefon. Die Chefin bat mich
zu sich. »Weißt du, was?« sagte sie, als ich vor ihrem
Schreibtisch stand. ›Wir schicken dich ins Ausland. Du
fährst nach Indien.«

Zuallererst war ich wie betäubt. Dann verspürte ich
Panik: Ich wußte nichts über Indien. Fieberhaft suchte ich
in meinem Kopf nach irgendwelchen Assoziationen, Bildern, Namen. Ich fand keine: Über Indien wußte ich rein
gar nichts. (Auf die Idee, mich nach Indien zu schicken,
war man gekommen, weil ein paar Monate zuvor der
erste Premierminister eines Landes außerhalb des sowjetischen Blocks Polen besucht hatte, und das war der da-
malige Führer Indiens, Jawaharlal Nehru, gewesen. Erste
Kontakte wurden geknüpft. Meine Reportagen sollten
uns dieses Land näherbringen.)

Am Ende des Gesprächs, in dem ich erfuhr, dass ich in
die Welt hinausfahren sollte, griff Frau Tarłowska in einen

Schrank, holte ein Buch heraus und sagte, während sie es mir überreichte: »Das ist von mir, für unterwegs.« Es war ein dickes Buch mit einem steifen, gelben Leineneinband. Vorn sah ich den mit goldenen Lettern eingestanzten Namen des Autors und den Titel: Herodot. HISTORIEN.

Es war eine alte, zweimotorige Maschine, eine im Fronteinsatz ausgediente DC-3, sie hatte ölverschmierte Tragflächen und Flicken auf dem Rumpf, aber sie flog, sie flog beinahe leer, mit nur wenigen Passagieren, nach Rom. Ich saß beim Fenster und starrte erregt hinaus, da ich die Welt zum ersten Mal von hoch oben sah, aus der Vogelperspektive, ich war zuvor auch noch nie in den Bergen gewesen, gar nicht zu reden von solch einer himmelhohen Position. Unter uns zogen langsam verschiedenfarbige Schachbretter dahin, rechteckige Patchworks, graugrüne Teppiche, alles ausgebreitet, auf der Erde ausgelegt, wie um in der Sonne zu trocknen. Doch bald begann es zu dämmern, und wenig später wurde es finster.

»n' Abend«, sagte mein Sitznachbar auf polnisch, allerdings mit fremdem Akzent. Er war ein italienischer Journalist, der nach Hause zurückkehrte, ich weiß nur noch, daß er mit Vornamen Mario hieß. Als ich ihm erzählte, wohin ich fuhr und zu welchem Zweck, daß ich zum ersten Mal in meinem Leben ins Ausland reiste und eigentlich überhaupt keine Ahnung hatte, lachte er und sagte etwas wie: »Sorg dich nicht!« – und er versprach, mir zu helfen. Ich freute mich und gewann etwas Selbstsicherheit. Die hatte ich auch nötig, denn ich reiste in den Westen, und man hatte mir eingebleut, ich müsse den Westen fürchten wie das Feuer der Hölle.

Wir flogen im Finstern, sogar in der Kabine leuchteten die Lampen nur schwach, als die Spannung, unter der sich alle Teile eines Flugzeuges befinden, wenn die Motoren auf höchsten Umdrehungen laufen, plötzlich nachließ; der Ton der Motoren wurde leiser und ruhiger – wir näherten uns dem Ende der Reise. Mit einem Mal packte mich Mario an der Schulter und sagte, aufs Fenster deutend: »Schau!«

Ich sah hinaus, und es verschlug mir die Sprache.

Unter mir war die ganze Länge und Breite der Finsternis, die wir durchflogen, von Licht erfüllt. Es war ein intensives, in die Augen stechendes Licht, vibrierend und blinkend. Man hatte den Eindruck, dort unten brenne eine flüssige Materie, deren leuchtende Sphäre hell pulsierte, sich hob und senkte, sich ausdehnte und zerfloß, denn das ganze leuchtende Bild war lebendig, voller Bewegung und pulsierender Energie.

Zum ersten Mal in meinem Leben sah ich eine beleuchtete Stadt. Die paar Städte und Städtchen, die ich bisher kennengelernt hatte, waren beklemmend dunkel gewesen, dort gab es keine hellen Schaufenster, man sah keine Neonreklamen, und wenn es überhaupt Straßenlaternen gab, leuchteten diese nur schwach. Wer brauchte schon eine Beleuchtung? Am Abend waren die Straßen gähnend leer, und man sah kaum ein Auto.

Je näher der Moment der Landung kam, um so größer wurde die Welt des Lichts. Schließlich holperte das Flugzeug ächzend und quietschend über die Betonpiste. Wir waren da. Der Flughafen von Rom – ein großer, gläserner Kasten voller Menschen. Es war ein warmer Abend, und wir fuhren durch verkehrsreiche, überfüllte Straßen in die Stadt. Das Gewirr der Stimmen, die Lichter und Geräusche wirkten auf mich wie eine Droge. Für einen Moment verlor ich die Orientierung, wußte nicht mehr, wo ich mich befand. Ich muß gewirkt haben wie ein Tier aus dem Wald: betäubt, ein wenig verängstigt, mit weit aufgerissenen Augen, die etwas zu sehen, zu durchdringen, zu unterscheiden suchten.

Am Morgen vernahm ich im Nebenzimmer Stimmen. Ich konnte die Stimme Marios heraushören. Später erfuhr ich, daß sie darüber diskutierten, wie sie mich normal einkleiden sollten, denn ich war angekommen, gekleidet nach der Mode à la Warschauer Pakt, Jahrgang 56. Das heißt, ich trug einen Anzug aus Cheviot mit kräftigen, graublauen Streifen – eine zweireihige Jacke mit abstehenden, eckigen Schultern und zu lange, weite Hosen mit großem Umschlag. Dazu ein hellgelbes Nylonhemd mit einer karierten grünen Krawatte. Und schließlich die Schuhe – schwere Halbschuhe mit einem dicken, steifen Saum.

Die Konfrontation zwischen Osten und Westen fand nicht nur auf den Truppenübungsplätzen statt, sondern auch auf allen anderen Gebieten des Lebens. Wenn sich der Westen leger kleidete, dann trug der Osten – dem Gesetz der Opposition entsprechend – schwere Kleidung, wenn der Westen die Kleidung der Figur anpaßte, dann mußte im Osten, umgekehrt, alles einen Kilometer weit abstehen. Man brauchte gar keinen Reisepaß mitzuführen – jeder konnte schon auf die Entfernung sehen, wer von welcher Seite des Eisernen Vorhanges stammte.

Mit Marios Frau ging ich durch die Geschäfte. Das waren für mich richtiggehende Entdeckungsreisen. Drei Dinge beeindruckten mich am meisten. Erstens, daß es in den Läden Unmengen von Waren gab; sie barsten förmlich vor Waren, die Regale und Pulte niederdrückten und sich, übereinandergetürmt, in bunten Strömen auf die Gehsteige, Straßen und Plätze ergossen. Zweitens, daß die Verkäuferinnen nicht saßen, sondern standen und dabei die Eingangstür im Auge behielten. Seltsam erschien mir, daß sie schweigend dastanden, statt zu sitzen und miteinander zu schwatzen. Frauen haben doch so viel zu besprechen. Sorgen mit dem Mann, Probleme mit den Kindern, was man anziehen soll, ob gestern abend etwas angebrannt ist. Hier allerdings hatte ich den Eindruck, die Verkäuferinnen würden einander gar nicht kennen und auch nicht den Wunsch verspüren, miteinander zu plaudern. Die dritte Überraschung war, daß die Verkäuferinnen auf die ihnen gestellten Fragen antworteten. Sie antworteten in vollständigen Sätzen und sagten dazu noch am Ende – *grazie!* Marios Frau fragte etwas, und sie hörten freundlich und aufmerksam zu, gespannt und nach vorn gebeugt, als sollten sie im nächsten Moment in einem Rennen starten. Dann bekam man das unablässig wiederholte, unvermeidliche – *grazie!* zu hören.

Am Abend wagte ich mich allein in die Stadt. Ich muß irgendwo im Zentrum gewohnt haben, denn es war nicht weit bis zur Stazione Termini, von wo ich über die Via Cavour bis zur Piazza Venezia lief, und dann durch ein Winkelwerk kleiner Gassen wieder zurück zur Stazione Termini. Ich sah nicht die Architektur, nicht die Denkmäler und historischen Bauwerke, mich faszinierten allein die Cafés und Bars. Überall standen auf den Gehsteigen Tische, an denen Menschen saßen, etwas tranken und sich unterhielten oder auch nur die Straße und die Vorübergehenden beobachteten. Hinter den hohen, schmalen Theken schenkten die Barmänner Getränke aus, mischten Cocktails, bereiteten Kaffee zu. Überall liefen Kellner herum, Gläser, Karaffen und Tassen mit solch artistischer Geschicklichkeit und Bravour balancierend, wie ich es vorher nur ein einziges Mal gesehen hatte, nämlich im sowjetischen Zirkus, als ein Jongleur einen Holzteller, einen Glaspokal und einen mageren, krähenden Hahn aus der Luft zauberte.

Als ich in einem Café einen leeren Tisch entdeckte, setzte ich mich und bestellte einen Kaffee. Nach einiger Zeit fiel mir auf, daß mich die Menschen aufmerksam musterten, obwohl ich bereits einen neuen Anzug trug, ein schneeweißes italienisches Hemd und eine ganz moderne, getupfte Krawatte. Offensichtlich gab es in meinem Aussehen und meinen Gesten, in meiner Art, zu sitzen und mich zu bewegen, etwas, was meine Herkunft aus einer fremden Welt verriet. Ich spürte, daß sie mich als anders empfanden, und obwohl ich mich eigentlich hätte freuen müssen, daß ich hier saß, unter dem herrlichen römischen Himmel, fühlte ich mich unangenehm berührt und unwohl. Obwohl ich den Anzug gewechselt hatte, konnte ich das, was darunter war, was mich geformt und geprägt hatte, nicht verbergen. Da war ich also in dieser wunderbaren Welt und wurde doch ständig daran erinnert, daß ich darin einen Fremdkörper darstellte.

In der Tür des viermotorigen Kolosses der Air India International begrüßte eine Stewardeß in einem pastellfarbenen Sari die Passagiere. Die sanfte Farbe ihrer Kleidung suggerierte, daß uns ein ruhiger, angenehmer Flug erwartete. Sie hatte die Hände wie zum Gebet gefaltet, die Begrüßungsgeste der Hindus. Auf der Stirn, in Höhe der Augenbrauen, sah ich einen mit Schminke aufgemalten Punkt, markant und rot wie ein Rubin. In der Kabine nahm ich einen kräftigen, mir unbekannten Duft wahr, gewiß von irgendwelchem östlichen Räucherwerk, indischen Kräutern, Früchten und Harzen.

Wir flogen in der Nacht, durchs Fenster war nur das kleine grüne, am Ende der Tragfläche blinkende Licht zu sehen. Es war noch die Zeit vor der demographischen Explosion, und man flog komfortabel, oft beförderten die Flugzeuge nur wenige Passagiere. So war es auch diesmal. Die Menschen schliefen bequem quer über den Sitzen liegend.

Ich wußte, daß ich kein Auge zumachen konnte, weshalb ich aus meiner Tasche das Buch herausnahm, das mir Frau Tarłowska auf die Reise mitgegeben hatte. Herodots *Historien* sind ein umfangreiches, viele hundert Seiten zählendes Werk. So dicke Bücher sehen verlockend aus, sie sind wie eine Einladung an einen üppig gedeckten Tisch. Ich begann mit der Einleitung, in der Seweryn Hammer, der polnische Übersetzer, das Geschick Herodots beschreibt und eine Einführung in dessen Werk gibt. Herodot, so schreibt Hammer, wurde um das Jahr 485 vor Christus in Halikarnassos geboren, einer Hafenstadt in Kleinasien. Um das Jahr 450 übersiedelte er nach Athen und von dort ein paar Jahre später in die griechische Kolonie Thurioi in Süditalien. Er starb um das Jahr 425. In seinem Leben ist er viel gereist, und er hinterließ uns ein Buch – man kann annehmen, das einzige, das er geschrieben hat –, eben jene *Historien*.

Hammer versucht uns die Gestalt des Dichters näherzubringen, der vor zweieinhalbtausend Jahren lebte und von dem wir nicht viel wissen; wir haben nicht einmal eine Vorstellung davon, wie er aussah. Was er hinterlassen hat, ist ein Werk, das in seiner ursprünglichen Form nur einer Handvoll Spezialisten zugänglich war, die nicht nur die altgriechische Sprache beherrschen, sondern auch imstande sein mußten, diese besondere Art der Niederschrift zu lesen – der Text sah nämlich aus wie ein einziges, nicht enden wollendes Wort, das sich über Dutzende von Papyrusrollen erstreckte: »Man trennte weder einzelne Wörter noch Sätze«, schreibt Hammer, »so wie man auch keine Kapitel und Bücher kannte, der Text war undurchdringlich wie ein Gewebe.« Hinter diesem Gewebe verbarg sich Herodot wie hinter einem dichten Vorhang, den schon seine Zeitgenossen nicht zur Gänze zu lüften vermochten – um so weniger kann das uns gelingen.

Die Nacht verstrich, der Tag brach an. Als ich aus dem Fenster blickte, sah ich zum ersten Mal so ein riesiges Gebiet unseres Planeten. Es ist ein Anblick, der einem die Idee von der Unendlichkeit der Welt näherbringen kann. Der Teil der Welt, den ich bisher kennengelernt hatte, war vielleicht fünfhundert Kilometer lang und vierhundert breit. Und hier flogen wir die ganze Zeit dahin, und nur tief unter uns veränderte die Erde fortlaufend ihre Farbe – einmal war sie braun, wie verbrannt, dann wieder grün und schließlich die längste Zeit über dunkelblau.

Am späten Abend landeten wir in New Delhi. Sofort umfing mich schwüle Hitze. Ich stand schweißgebadet und ratlos an diesem seltsamen, fremden Ort. Die Menschen, mit denen ich geflogen war, verschwanden nach wenigen Augenblicken, fortgerissen von der bunten, geschäftigen Menge der Wartenden.

Ich war allein und wußte nicht, was ich tun sollte. Das Flughafengebäude war klein, dunkel und leer. Es stand einsam in der Nacht, und ich wußte nicht, was weiter draußen, in der Finsternis war. Nach einiger Zeit tauchte ein alter Mann in einem weißen, losen, bis zu den Knien reichenden Gewand auf. Er hatte einen grauen, schütteren Bart und trug einen orangefarbenen Turban. Er sagte etwas zu mir, was ich nicht verstand. Ich glaube, er fragte, warum ich hier so allein herumstünde, mitten im leeren Flughafen. Ich hatte keine Ahnung, was ich antworten sollte, ich schaute mich um und überlegte, was ich tun könnte. Für die Reise war ich denkbar schlecht vorbereitet. Ich hatte keine Namen und keine Adressen in meinem Notizbuch. Mein Englisch war miserabel. Ich hatte eigentlich nur den Wunsch gehabt, ein einziges Mal das Unerreichbare zu erreichen, nämlich das Überschreiten der Grenze. Mehr wollte ich nicht. Doch nun hatte mich der einmal in Gang gesetzte Lauf der Dinge bis hierher, ans fernste Ende der Welt verschlagen.

Der Alte überlegte eine Weile und gab mir schließlich durch Zeichen zu verstehen, ihm zu folgen. Vor dem Eingang zum Gebäude stand in einiger Entfernung ein zerbeulter, klappriger Autobus. Wir stiegen ein, der Alte startete den Motor, und wir fuhren los. Nach ein paar hundert Metern verlangsamte der Lenker und begann kräftig zu hupen. Auf der Straße vor uns sah ich einen weißen, breiten Strom, der irgendwo in weiter Ferne in der dichten Dunkelheit der heißen, schwülen Nacht verschwand. Diesen Strom bildeten unter dem freien Himmel schlafende Menschen, einige lagen auf hölzernen Pritschen, Matten und kleinen Decken, die meisten hatten sich jedoch ohne eine Unterlage auf dem nackten Asphalt und den sandigen Rändern auf beiden Seiten der Straße ausgestreckt.

Ich dachte, die Menschen würden sich, geweckt vom Lärm der direkt über ihren Köpfen ertönenden Hupe wütend auf uns stürzen, uns zusammenschlagen, vielleicht sogar lynchen, doch nichts dergleichen geschah! Sie erhoben sich der Reihe nach, je weiter wir uns vorschoben, und gingen zur Seite, die Kinder mitziehend und Greise, die sich kaum rührten, vor sich herschiebend. Ihre beflissene Nachgiebigkeit, ihre fügsame Demut hatte etwas Zaghaftes, Entschuldigendes an sich, als hätten sie, indem sie auf dem Asphalt schliefen, ein Verbrechen begangen, dessen Spuren sie nun eilig zu tilgen suchten. So krochen wir auf die Stadt zu, die Hupe kreischte unablässig, die Menschen erhoben sich und traten zur Seite, es dauerte und dauerte. Aber auch in der Stadt war kaum ein Durchkommen in den Straßen, alles schien eine einzige riesige Lagerstatt von in Weiß gekleideten, schläfrigen, traumwandlerischen nächtlichen Erscheinungen zu sein.

Schließlich kamen wir zu einem von einer roten Lampe beleuchteten Gebäude: HOTEL. Der Fahrer ließ mich am Empfang stehen und verschwand wortlos. Dann führte mich der Mann von der Rezeption, der zur Abwechslung einen blauen Turban trug, in den ersten Stock, in ein kleines Zimmer, in dem nur ein Bett, ein Tisch und ein Waschtisch standen. Wortlos zog er ein Leintuch vom Bett, unter dem aufgescheuchtes Ungeziefer panisch herumwuselte. Der Hotelangestellte wischte es mit einer

Handbewegung auf den Boden. Er murmelte so etwas wie einen Gutenachtgruß und ging.

Ich blieb allein. Ich setzte mich aufs Bett und überdachte meine Lage. Negativ war, daß ich nicht wußte, wo ich mich befand, positiv, daß ich ein Dach über dem Kopf hatte und daß eine Institution (ein Hotel) mir Unterschlupf bot. Fühlte ich mich sicher? – Ja. Fremd? – Nein. – Seltsam? – Ja. Aber ich hätte nicht erklären können, auf welche Weise ich mich seltsam fühlte. Dieses Gefühl konkretisierte sich allerdings am Morgen, als ein Mensch mit bloßen Füßen in mein Zimmer trat und mir eine Kanne Tee und etwas Gebäck brachte. So etwas war mir zum ersten Mal im Leben begegnet. Er stellte alles wortlos auf den Tisch, verneigte sich und ging lautlos hinaus – in seinem Verhalten war eine natürliche Höflichkeit, ein tief empfundenes Taktgefühl, etwas so überraschend Feines und Würdevolles, daß ich auf Anhieb Bewunderung und Achtung für ihn empfand.

Der wahre Zusammenprall der Zivilisationen erfolgte allerdings eine Stunde später, als ich aus dem Hotel trat. Auf einem schmalen Platz auf der anderen Straßenseite hatten sich seit dem Morgengrauen Rikschafahrer versammelt – magere, gebeugte Männer mit knochigen, sehnigen Beinen. Sie mußten in Erfahrung gebracht haben, daß im Hotel ein Sahib abgestiegen war – und ein Sahib mußte per definitionem Geld besitzen – also warteten sie geduldig und dienstbereit. Mich aber erfüllte allein der Gedanke, bequem in einer Rikscha zu sitzen, die ein hungriges, schwaches, kaum noch schnaufendes Knochengerüst fortbewegte, mit tiefster Abscheu, mit Empörung und Entsetzen. Sollte ich mich zum Ausbeuter machen? Zum Blutsauger? Einen anderen Menschen un-

terdrücken? Schließlich war ich genau im entgegengesetzten Sinn erzogen worden! Nämlich so, daß diese lebenden Skelette meine Brüder waren, meine Kameraden,
meine Nächsten, Fleisch von meinem Fleisch.

Als sich daher die Rikschafahrer, einander drängend
und stoßend, mit einladenden und flehentlichen Gesten
auf mich stürzten, wies ich sie entschieden protestierend
zurück. Sie waren verblüfft, sie konnten nicht begreifen,
was ich im Sinn hatte, sie konnten mich nicht verstehen.
Sie hatten schließlich mit mir gerechnet, ich war ihre einzige Chance, die einzige Hoffnung auf wenigstens eine
Schale Reis. Ich ging davon, ohne mich umzuwenden, ge-
fühllos, unnachgiebig und stolz, weil ich mich nicht in die
Rolle eines Parasiten hatte manövrieren lassen, der sich
von menschlichem Schweiß ernährt.

Das alte Delhi! Seine engen, staubigen Gassen, die infer-
nalische Hitze, der atemberaubende Geruch tropischer
Fermentation. Und die Massen sich langsam vorwärts
schiebender Menschen, die auftauchen und verschwinden, ihre dunklen, feuchten, anonymen, verschlossenen
Gesichter. Die stillen Kinder, die keinen Laut von sich
geben, ein Mann, der stumpf auf die Reste seines Fahrrads
blickt, das mitten auf der Fahrbahn auseinandergefallen
ist, eine Frau, die etwas in grüne Blätter Eingewickeltes
verkauft, doch was ist es? Was verbirgt sich unter den
Blättern? Der Bettler, der zeigt, daß die Haut seines Bau-
ches direkt am Rückgrat anliegt – aber ist das überhaupt
möglich, glaubhaft, vorstellbar? Man muß beim Gehen
vorsichtig sein, achtgeben, weil viele Verkäufer ihre Ware
direkt auf dem Boden, dem Gehsteig, dem Straßenrand
ausbreiten. Hier ist ein Mann, der auf der Zeitung vor sich

zwei Reihen menschlicher Zähne und eine alte Zahnarzt-
zange liegen hat – auf diese Weise macht er Reklame für
seine zahnärztlichen Dienste. Und sein Nachbar – ein ver-
trocknetes, eingeschrumpftes Männchen – verkauft Bücher. Ich wühle in den achtlos ausgebreiteten, verstaubten
Stößen und kaufe schließlich zwei Bände: Hemingways
For Whom the Bell Tolls (um die Sprache zu lernen) und von
Pater J. A. Dubois *Hindu Manners, Customs and Ceremonies.*
Pater Dubois kam im Jahre 1792 als Missionar nach Indien
und verbrachte einunddreißig Jahre in diesem Land: das
von mir erworbene Buch, das erstmals im Jahre 1816 mit
Unterstützung der Britischen Ostindienkompanie in
England herausgegeben wurde, war die Frucht seiner Stu-
dien über die Gebräuche der Hindus.

Ich kehrte zum Hotel zurück. Dort schlug ich den Hemingway auf und begann mit dem ersten Satz: »He lay flat
on the brown, pine-needled floor of the forest, his chin on
his folded arms, and high overhead the wind blew in the
tops of the pine trees.« Ich verstand kein Wort. Ich hatte
eine kleines englisch-polnisches Taschenwörterbuch
dabei, ein anderes hatte ich in Warschau nicht auftreiben
können. In dem fand ich nur das Wort »brown« – braun.
Ich las also den nächsten Satz: »The mountainside sloped
gently …« Wieder – kein Wort. »There was a stream
alongside …« Je mehr ich mich bemühte, etwas vom Text
zu verstehen, um so größer wurden meine Mutlosigkeit
und Verzweiflung. Ich fühlte mich plötzlich in der Falle,
umzingelt. Umzingelt von der Sprache. Die Sprache erschien mir als etwas Materielles, etwas physisch Existie-
rendes, eine Mauer, die vor uns emporwächst und uns
nicht weiterkommen läßt, die uns den Weg in die Welt

versperrt, uns nicht zu ihr gelangen läßt. Dieses Gefühl war deprimierend und erniedrigend. Es mag erklären, weshalb ein Mensch in der ersten Konfrontation mit etwas Fremdem Angst und Unsicherheit verspürt, weshalb sich ihm die Haare sträuben und er von ängstlichem Mißtrauen erfüllt wird. Was wird mir diese Begegnung bringen? Wie wird sie ausgehen? Lieber nichts riskieren und den sicheren Kokon des Vertrauten nicht verlassen! Lieber nicht über den Zaun schauen!

Ich wäre vielleicht auch sofort wieder aus Indien geflohen und nach Hause zurückgekehrt, wenn ich nicht eine Rückfahrkarte für den damals zwischen Gdańsk und Bombay verkehrenden Passagierdampfer »Batory« gehabt hätte. Doch dieses Schiff konnte nicht hierher gelangen, weil der ägyptische Staatspräsident Gamal Nasser gerade den Suezkanal nationalisiert hatte, worauf England und Frankreich mit einer bewaffneten Intervention antworteten. Es brach Krieg aus, der Kanal wurde blockiert, und die »Batory« steckte irgendwo im Mittelmeer fest. Auf diese Weise wurde ich, von zu Hause abgeschnitten, zu Indien verurteilt.

Ins tiefe Wasser geworfen, wollte ich nicht ertrinken. Ich erkannte, daß mich nur die Sprache retten könnte. Ich überlegte, wie Herodot auf seiner Reise durch die Welt mit den Sprachen zurechtgekommen war. Hammer schreibt, er habe keine andere Sprache außer Griechisch beherrscht, aber weil die Griechen damals über die ganze Welt verstreut lebten und überall ihre Kolonien, Häfen und Faktoreien besaßen, konnte der Autor der *Historien* sich überall auf die Hilfe von Landsleuten stützen, die ihm als Übersetzer und Führer dienten. Außerdem war Griechisch die *lingua franca* der damaligen Welt, und viele

Menschen in Europa, Asien und Afrika beherrschten diese Sprache, die später durch Latein ersetzt wurde und dann durch Französisch und Englisch.

Da mir der Rückweg abgeschnitten war, hatte ich keine andere Wahl, als die Herausforderung anzunehmen. Ich begann, Tag und Nacht Vokabeln zu pauken. Ich wand mir ein feuchtes Handtuch um die Stirn, weil mir der Kopf zu platzen drohte. Ich legte Hemingway nicht aus der Hand, doch nun übersprang ich die unverständlichen Beschreibungen und las die Dialoge, weil die einfacher waren.

»How many are you?« Robert Jordan asked.

»We are seven and there are two women.«

»Two?«

»Yes.«

Das alles verstand ich! Und das folgende auch:

»Augustin is a very good man«, Anselmo said.

»You know him well?«

»Yes. For a long time.«

Das verstand ich ebenfalls. Ich faßte Mut. Ich ging durch die Stadt und notierte die Inschriften von Schildern, die Namen der Waren in den Geschäften, Wörter, die ich an Autobushaltestellen aufschnappte. Im Kino schrieb ich blind, im Dunkeln, die Wörter auf der Leinwand mit, ich schrieb die Losungen von den Transparenten ab, die Demonstranten durch die Straßen trugen. Ich erfaßte Indien nicht über Bilder, Töne oder Gerüche, sondern über die Sprache, noch dazu nicht über die heimische Sprache, Hindi, sondern eine fremde, aufgezwungene Sprache, die jedoch so weit heimisch war, daß sie für mich den unverzichtbaren Schlüssel zu diesem Land darstellte, mit ihm identisch war. In der ersten

Runde war mein Kampf mit Indien eine Auseinandersetzung mit der Sprache. Ich begriff, daß jede Welt ihr eigenes Geheimnis besitzt und daß der Zugang zu diesem nur über die Sprache möglich ist. Ohne sie bleibt uns diese Welt unzugänglich und unverständlich, auch wenn wir viele Jahre in ihr zubringen. Mehr noch – ich stellte eine Verbindung fest zwischen Benennen und Existieren, denn nach meiner Rückkehr ins Hotel wurde mir bewußt, daß ich in der Stadt nur das gesehen hatte, was ich benennen konnte, so erinnerte ich mich zum Beispiel an eine Akazie, jedoch kaum an den Baum daneben, dessen Namen ich nicht kannte. Kurz gesagt, ich begriff eines: Je mehr Wörter ich kannte, um so reicher, umfassender und verschiedenartiger würde sich die Welt mir darstellen.

In all den Tagen nach meiner Ankunft in Delhi quälte mich der Gedanke, daß ich nicht als Reporter arbeitete, daß ich kein Material für Texte sammelte, die ich später schreiben mußte. Ich war schließlich nicht als Tourist hierher gekommen! Ich war ein Abgesandter, der berichten, etwas übermitteln, erzählen sollte. Doch ich stand da mit leeren Händen, ich fühlte mich außerstande, etwas zu tun, im übrigen hatte ich keine Ahnung, wo ich anfangen sollte. Ich hatte schließlich nicht um Indien gebeten, von dem ich nicht das geringste wußte, ich hatte bloß davon geträumt, die Grenze zu überschreiten, ganz egal, welche und wo, in welche Richtung, die Grenze zu überschreiten, das war mein ganzer Wunsch gewesen, mehr wollte ich nicht. Jetzt aber, da mir der Suezkrieg den Rückweg versperrte, blieb mir nichts anderes übrig, als nach vorn zu schauen. Also beschloß ich, mich auf den Weg zu machen.

Die Rezeptionisten in meinem Hotel gaben mir den Rat, nach Benares zu fahren: »Sacred town!« erklärten sie. Schon vorher war mir aufgefallen, wie viele Dinge in Indien heilig sind: eine heilige Stadt, ein heiliger Fluß, Millionen heiliger Kühe. Es war unübersehbar, wie tief die Mystik das Leben durchdrang, wie viele Tempel, Kapellen es gab, wie viele kleine Altäre man auf Schritt und Tritt entdeckte, wieviel Feuer und Räucherwerk entzündet wurde, wie viele Menschen rituelle Zeichen auf der Stirn trugen, wie viele reglos dasaßen und auf irgendeinen mystischen Punkt starrten.

Ich befolgte den Rat der Rezeptionisten und fuhr mit dem Autobus nach Benares. Auf der Fahrt dorthin kommt man durch das Tal des Yamuna und Ganges, durch flaches, grünes Land, eine Landschaft, bevölkert von den weißen Gestalten der Bauern, die in Reisfeldern waten, mit Hacken die Erde umgraben oder Garbenbündel, Körbe oder Säcke auf dem Kopf tragen. Doch das Bild vor dem Fenster änderte sich ständig, streckenweise war das Land überschwemmt. Es war die Zeit der Herbstflut, und die Flüsse hatten sich in weite Seen und Meere verwandelt. An den Ufern campierten barfüßige Flutopfer. Sie waren vor den steigenden Wassern geflüchtet, doch zogen sie sich nur so weit zurück, wie es unbedingt nötig war, um sofort wieder kehrtzumachen, sobald die Flut sank. In der infernalischen Glut des heißen Tages dampfte das Wasser, über allem stand milchiger, regloser Nebel.

Wir erreichten Benares spätabends, fast schon nachts. Die Stadt schien keinerlei Vorstädte zu besitzen, die schrittweise auf die Begegnung mit dem Zentrum vorbereitet hätten. Man kam unvermittelt von der dunklen, stillen und leeren Nacht in die hell erleuchtete, verstopfte, lärmende Innenstadt. Warum drängen und zwängen sich diese Menschen so, wo es doch rings um das Zentrum so viel freien Raum gibt, so viel Platz für alle? Ich stieg aus dem Autobus und unternahm zunächst einen Spaziergang, der mich bis an die Grenzen von Benares führte. Auf der einen Seite lagen Felder, totenstill und menschenleer, im Dunkeln, und auf der anderen wuchs mit einem Mal die Stadt aus dem Boden, vom ersten Schritt an voller Menschen, Verkehr, üppig beleuchtet, laute Musik. Dieses Bedürfnis nach einem Leben im Gedränge, während gleich daneben alles frei war und leer, konnte ich mir nicht erklären.

Die Einheimischen rieten mir, mich nachts nicht schlafen zu legen, damit ich mich rechtzeitig, noch vor dem Morgengrauen, zum Ganges aufmachen und dort auf den steinernen Stufen den Sonnenaufgang erwarten könne. »The sunrise is very important!« sagten sie, und in ihren Stimmen schwang das Versprechen von etwas wirklich Großartigem mit.

Es war in der Tat noch dunkel, als sich die Menschen in Richtung Fluß aufzumachen begannen. Einzeln und in Gruppen. Ganze Klans. Kolonnen von Pilgern. Krüppel an Krücken. Skeletthafte Greise, von Jungen auf dem Rücken geschleppt. Andere krochen verkrümmt und unter Schmerzen über den löchrigen Asphalt. Zusammen mit den Menschen zogen auch Kühe, Ziegen und sogar Horden hagerer, malariakranker Hunde dorthin. Am Ende schloß auch ich mich diesem seltsamen Mysterium an.

Es ist nicht leicht, zu den Stufen am Fluß zu gelangen, weil man zuerst durch enge, stickige, schmutzige Gassen kommt, voller Bettler, die die Pilger aufdringlich rempeln und dabei ein entsetzliches Lamento erheben, so daß es einem kalt über den Rücken läuft. Nachdem man einige Durchgänge und Arkaden passiert hat, gelangt man schließlich zu den bis zum Fluß führenden Steinstufen. Obwohl es eben erst zu dämmern begann, waren die Stufen bereits übersät von Tausenden von Gläubigen. Die einen drängten hastig, keiner wußte, wohin und wozu. Andere verharrten im Lotossitz und streckten die Arme zum Himmel. Unten standen diejenigen, die das rituelle Bad nehmen wollten – sie wateten im Fluß und tauchten manchmal für einen Moment die Köpfe ins Wasser. Ich sah, wie eine ganze Familie eine dicke, schwabbelige Großmutter der rituellen Säuberung unterzog. Die Oma konnte nicht schwimmen und ging sofort, kaum war sie in den Fluß gestiegen, unter. Die Familie stürzte hinterher, um sie wieder an die Oberfläche zu holen. Die Oma schnappte verzweifelt nach Luft, doch als man sie losließ, versank sie sofort wieder. Ich sah ihre weit aufgerissenen Augen, das erschrockene Gesicht. Sie ging neuerlich unter, wieder wurde sie im Fluß gesucht, halb lebendig herausgezogen. Das ganze Ritual sah eher nach Folter aus, doch sie ertrug es widerspruchslos, vielleicht sogar in Ekstase.

Auf der anderen Seite des Ganges, der an dieser Stelle sehr breit ist und träge dahinfließt, standen Reihen von Holzstößen, auf denen Dutzende, ja Hunderte von Leichen verbrannt wurden. Wen das interessiert, der kann sich für ein paar Rupien mit dem Boot zu diesem gigantischen

Freiluftkrematorium übersetzen lassen. Hier tummelten sich halbnackte, rußige Männer, aber auch viele junge Burschen, die mit langen Stangen die Stöße so richteten, daß sie einen besseren Zug bekamen und die Verbrennung schneller vor sich ging, denn es wartete eine endlose Schlange von Leichen. Immer wieder rafften die Bestatter die noch glühende Asche zusammen und warfen sie in den Fluß. Einige Zeit schwamm der graue Staub auf den Wellen, um dann, vollgesogen mit Wasser, unterzugehen und zu verschwinden …

Indien war meine erste Begegnung mit der Andersartigkeit, die Entdeckung einer neuen Welt. Diese außergewöhnliche, faszinierende Begegnung war gleichzeitig eine wichtige Lektion der Demut. Ja, die Welt lehrt einen Demut. Denn ich kehrte von dieser Reise zurück, beschämt über mein Unwissen, meine mangelnde Belesenheit, meine Ignoranz. Ich hatte mich davon überzeugen können, daß uns eine andere Kultur ihre Geheimnisse nicht auf ein Fingerschnippen hin enthüllt, sondern daß wir uns auf die Begegnung mit ihr lange und gründlich vorbereiten müssen.

Meine erste Reaktion auf diese Lehre, aus der sich die Notwendigkeit ergab, fleißig an mir selber zu arbeiten, war zunächst die Flucht zurück nach Polen, die Rückkehr zu bekannten, vertrauten Orten, zu der Sprache, die meine eigene war, zur Welt der Zeichen und Symbole, die ich auf Anhieb verstand, ohne vorheriges Studium. Ich versuchte Indien zu vergessen, weil ich dort gescheitert war: die ungeheuren Ausmaße und die Verschiedenartigkeit, das Elend und der Reichtum, die Rätselhaftigkeit und

Unverständlichkeit hatten mich bedrückt, betäubt und besiegt. Mit Freuden fuhr ich also wieder durch Polen, um über seine Menschen zu schreiben, mit ihnen zu sprechen, zu hören, was sie zu sagen hatten. Wir verstanden uns ohne viel Worte, uns verband eine aus denselben Erfahrungen gewachsene Gemeinsamkeit.

Aber natürlich behielt ich Indien in Erinnerung. Je beißender der Frost war, um so lieber dachte ich zurück an das heiße Kerala, je rascher die Dämmerung hereinbrach, um so deutlicher erschien mir das Bild des berauschenden Sonnenuntergangs in Kaschmir. Die Welt war nicht mehr einheitlich eisig und schneebedeckt, sondern verdoppelt, differenziert: sie war gleichzeitig eisig und heiß, schneeweiß, jedoch auch grün und voller Blumen …

Und doch beginnt mit der Zeit ein anderer Kontinent meine Aufmerksamkeit zu fesseln – Afrika. Auch Afrika ist, ähnlich wie Asien, in Unruhe: Stürme und Revolten, Umstürze und Zusammenstöße, aber weil es näher bei Europa liegt (nur durch das Mittelmeer davon getrennt), sind die Stimmen von diesem Kontinent deutlicher zu vernehmen, als wären sie gleich nebenan.

Afrika spielte in den letzten drei Jahrhunderten eine große Rolle, es veränderte die Hierarchie in der Welt und verhalf – durch seine Arbeitskraft – der Neuen Welt dazu, die Alte zu überholen, Oberhand über sie zu gewinnen und damit ihren Wohlstand und ihre Macht zu festigen. Nachdem der afrikanische Kontinent viele Generationen seiner besten, kräftigsten und zähesten Menschen geopfert hatte, wurde er, entvölkert und erschöpft, leicht zur

Beute der europäischen Kolonisatoren. Doch nun erwacht er aus seiner Lethargie und sammelt Kräfte, um endlich wieder seine Unabhängigkeit zu erringen.

Ich zog auch deshalb Afrika vor, weil Asien mich von Anfang an tief eingeschüchtert hatte. Die Zivilisationen Indiens, Chinas und der Großen Steppen erschienen mir als Giganten. Es hätte ein ganzes Leben erfordert, sich einer einzigen von ihnen auch nur anzunähern, von einem gründlichen Kennenlernen ganz zu schweigen. Afrika hingegen erschien mir zersplitterter, unterschiedlicher, in seiner ganzen Größe – kleinteiliger und daher leichter erfaßbar, zugänglicher.

Jahrhundertelang wurden alle von der geheimnisvollen Aura dieses Kontinentes angezogen, glaubten alle, daß es in Afrika etwas Einzigartiges, Verborgenes geben müsse, einen schimmernden, oszillierenden Punkt in der Finsternis, zu dem es schwierig oder sogar unmöglich war, vorzudringen. Und alle wollten jede erdenkliche Anstrengung unternehmen, um dieses rätselhafte, geheimnisvolle Etwas zu entdecken und ein für allemal zu enthüllen …

Im Jahre 1960 sah ich erstmals den Nil. Die erste Begegnung fand am Abend statt, als sich das Flugzeug Kairo näherte. Aus der Höhe wirkte der Fluß um diese Stunde wie ein schwarzer, glänzender, verzweigter Stamm, umwunden von den Girlanden der Straßenbeleuchtungen und den hellen Rosetten der Plätze der großen und verkehrsreichen Stadt.

Kairo ist in dieser Zeit das Zentrum der Befreiungsbewegung der Dritten Welt, hier leben viele Menschen, die bald schon Präsidenten neuer Staaten sein werden. Hier haben verschiedene antikoloniale Parteien Afrikas und Asiens ihren Sitz.

Kairo ist auch Hauptstadt der zwei Jahre zuvor entstandenen Vereinten Arabischen Republik (hervorgegangen aus der Vereinigung von Ägypten und Syrien), ihr Präsident ist der 42jährige Oberst Gamal Abd el-Nasser – ein hochgewachsener, massiger Ägypter, eine gebieterische und charismatische Figur. Im Jahre 1952 führte Nasser, damals vierunddreißig, einen Militärputsch an und stürzte König Faruk, um vier Jahre später selber als Präsident an die Spitze Ägyptens zu treten. Lange Zeit ist er mit einer starken inneren Opposition konfrontiert: von der einen Seite die Kommunisten und von der anderen die Muselmanische Brüderschaft, eine verschwörerische Organisation islamischer Fundamentalisten und Terroristen. Gegen diese Kräfte unterhält Nasser eine Vielzahl unterschiedlicher Polizeiformationen.

Ich stand am Morgen auf, um in die Innenstadt zu gehen, und das war ein ordentlicher Spaziergang. Ich wohnte in einem Hotel in Zamalek, einem bürgerlichen, ziemlich reichen Viertel, das einmal vorwiegend für Ausländer gebaut worden war und nun von ganz unterschiedlichen Menschen bewohnt wurde. Da ich wußte, daß man im Hotel meinen Koffer durchstöbern würde, beschloß ich, eine leere Pilsner-Bierflasche mitzunehmen und unterwegs wegzuwerfen (zu jener Zeit führte Nasser, ein eifriger Moslem, gerade eine fanatische Kampagne gegen den Alkohol). Damit die Flasche nicht zu sehen war, steckte ich sie in eine graue Papiertüte, und so ging ich auf die Straße. Obwohl noch früh, war es bereits stickig und heiß.

Ich schaute mich nach einem Abfallkorb um. Während ich so herumschaute, begegnete ich dem Blick eines Wächters, der in dem Haustor saß, aus dem ich soeben getreten war. Er sah mich an. Aha, dachte ich, vor dem werde ich die Flasche besser nicht wegwerfen, sonst schaut er nachher in den Abfallkorb, findet sie und hinterbringt das der Hotelpolizei. Ich ging ein paar Schritte weiter und sah eine leere Kiste. Ich wollte die Flasche schon hineinwerfen, als ich zwei Menschen in langen, weißen Galabijas dort stehen sah. Sie unterhielten sich miteinander, warfen mir jedoch gleichzeitig prüfende Blicke zu. Nein, nein, vor ihren Augen konnte ich die Flasche nicht wegwerfen, die würden das mit Sicherheit bemerken, außerdem war die Kiste nicht als Mülleimer gedacht. Ich ging weiter, bis ich einen Abfallkorb sah, doch im selben Moment fiel mein Blick auf einen im Tor daneben sitzenden Araber, der mich aufmerksam beobachtete. O nein, o nein, sagte ich mir, das riskiere ich lieber nicht, der schaut mich allzu mißtrauisch an. Ich spazierte also unschuldig dahin, die Tüte mit der Flasche in der Hand.

Wenig später kam ich zu einer Kreuzung, in deren Mitte ein Polizist mit Knüppel und Pfeife stand, und an einer Ecke saß auf einem Hocker ein Mann, der mich prüfend musterte. Ich stellte fest, daß er nur ein Auge hatte, doch mit dem fixierte er mich so eindringlich und bohrend, daß ich mich unwohl fühlte und sogar befürchtete, er könne mich auffordern, vorzuzeigen, was ich da in der Tüte hatte. Daher beschleunigte ich meine Schritte, um aus seinem Blickfeld zu gelangen, und das tat ich um so lieber, als ich vor mir einen Abfallkorb blinken sah. Leider saß unweit davon, im Schatten eines verkrüppelten Bäumchens, ein älterer Mann, er saß da und starrte mich an.

Nun machte die Straße eine Biegung, doch hinter der Kurve erwartete mich dasselbe. Nirgends konnte ich die Flasche wegwerfen, wo ich auch hinschaute, begegnete ich prüfenden Blicken. Auf der Straße fuhren Autos, Esel zogen mit Waren beladene Wagen, steifbeinig stelzte eine Herde Kamele dahin, doch das alles schien auf einer anderen Ebene, außerhalb meiner Welt zu geschehen, denn ich wurde beim Gehen ständig von den Blicken irgendwelcher Menschen begleitet, die in der Gegend herumstanden, saßen (in den meisten Fällen), spazierten, sich unterhielten und schauten, was ich machte. Meine Nervosität wuchs, ich begann immer mehr zu schwitzen, die Papiertüte wurde feucht, und ich befürchtete schon, die Flasche könnte herausgleiten und auf dem Gehsteig zerschellen, was noch zusätzlich die Aufmerksamkeit der Straße auf mich gelenkt hätte. Ich wußte schon nicht mehr, was ich machen sollte, und ging also zurück zum Hotel, wo ich die Flasche wieder im Koffer verstaute.

Erst in der Nacht wagte ich mich wieder hinaus. In der Nacht war es leichter. Ich stopfte die Flasche in einen Abfallkorb und legte mich erleichtert schlafen.

Während ich durch die Stadt schlenderte, begann ich mich genauer in den Straßen umzusehen. Alle hatten Augen und Ohren. Hier ein Hausmeister, dort ein Wächter, daneben eine reglose Gestalt in einem Liegestuhl, etwas weiter jemand, der tatenlos herumstand und schaute. Viele dieser Menschen machen nichts Konkretes, doch ihre Augen bilden ein feinmaschiges, dicht-geknüpftes Beobachtungsnetz, das die ganze Fläche der

Straße bedeckt, in der nichts geschehen kann, was sie nicht rechtzeitig aufspüren und wahrnehmen würden. Wahrnehmen und melden.

Ein interessantes Thema: Überflüssige Menschen im Dienst der Gewalt. Eine entwickelte, gutorganisierte Gesellschaft ist eine Gemeinschaft, in der die Rollen genau festgelegt und definiert sind, was sich allerdings von einem großen Teil der Bewohner der Städte der Dritten Welt nicht sagen läßt. Dort werden ganze Stadtviertel von formlosen, fließenden Elementen bewohnt, ohne eindeutige Gliederung, ohne bestimmte Position, Funktion oder Bestimmung. Diese Menschen können jederzeit, aus unerfindlichen Gründen, einen Auflauf, ein Gedränge, eine Menge bilden, und diese Menge hat über alles ihre eigene Meinung, hat für alles Zeit, möchte an etwas teilhaben, etwas bedeuten – doch keiner schenkt ihr Aufmerksamkeit, von keinem wird sie gebraucht.

Alle Diktaturen bedienen sich eines solchen passiven Magmas. Damit ersparen sie sich teure Armeen bezahlter Polizisten. Sie brauchen nur auf diese Menschen zurückzugreifen, die nach etwas in ihrem Leben suchen. Ihnen das Gefühl zu geben, sie könnten sich nützlich machen, man würde auf sie zählen, sie wahrnehmen, ihnen Bedeutung beimessen.

Daraus ziehen beide Seiten einen gewissen Nutzen. Der Mann von der Straße, der sich der Diktatur andient, empfindet sich plötzlich als Teil der Macht, als jemand von Wichtigkeit, von Geltung, und darüber hinaus fühlt er, der meist irgendeinen kleinen Diebstahl, eine Schlägerei auf dem Kerbholz hat, sich nun in einem gewissen Sinn straflos. Die Diktatur wiederum hat in ihm einen billigen, ja beinahe kostenlosen, aber dennoch eifrigen und allgegenwärtigen Agenten-Schnüffler gefunden. Manchmal kann man diese Leute nicht wirklich als Agenten bezeichnen. Sie wollen nur von der Staatsmacht wahrgenommen werden, setzen alles daran, gesehen zu werden, auf sich aufmerksam zu machen – und sind jederzeit bereit, ihre Dienste anzubieten.

Als ich einmal aus dem Hotel auf die Straße trat, hielt mich einer von diesen Leuten an (ich war jedenfalls überzeugt, daß er zu ihnen gehörte, er stand immer am selben Platz, mußte also so etwas wie ein eigenes Revier besitzen) und sagte, ich solle ihm folgen, er wolle mir eine alte Moschee zeigen. Ich bin im allgemeinen recht leichtgläubig und betrachte Mißtrauen nicht als Zeichen der Vernunft, sondern als Charakterschwäche, weshalb ich die Tatsache, daß mir ein Geheimagent vorschlug, mir eine Moschee zu zeigen, und mir nicht befahl, ihm aufs Kommissariat zu folgen, mit einer gewissen Erleichterung aufnahm und mich darüber sogar freute, so daß ich mich, ohne zu zögern, einverstanden erklärte. Er war höflich, trug einen ordentlichen Anzug und sprach recht gut Englisch. Er sagte, er heiße Ahmed. »Und ich heiße Ryszard, aber sag Richard zu mir, das ist einfacher.«

Anfangs gingen wir zu Fuß. Dann fuhren wir lange mit dem Autobus. Wir stiegen aus. Wir befanden uns in einem alten Bezirk mit engen Gassen, verwinkelten kleinen Plätzen, Sackgassen, schiefen Mauern, schmalen Durchgängen, graubraunen Lehmmauern und geriffelten Blechdächern. Wer sich hier ohne Führer auf den Weg macht, findet nie mehr heraus. Nur hier und da gab es in den Mauern Eingänge, doch die waren verschlossen, für ewige Zeiten verriegelt. Es war keine Menschenseele zu sehen. Manchmal huschte eine Frau wie ein Schatten vorbei, dann tauchte eine Schar Kinder auf, doch ein Ruf Ahmeds verjagte die Kleinen gleich wieder.

So kamen wir zu einem massiven metallenen Tor, auf das Ahmed einen Kode pochte. Drinnen hörte man ein Schlurfen von Sandalen, und dann das laute Knirschen eines Schlüssels im Schloß. Ein Wächter unbestimmbaren Alters und Aussehens öffnete uns und wechselte mit Ahmed ein paar Worte. Er brachte uns durch einen kleinen, geschlossenen Hof zu einer tief im Boden eingesunkenen Tür, die zum Minarett führte. Die Tür stand offen, und die beiden bedeuteten mir einzutreten. Drinnen herrschte dichte Finsternis, ich konnte nur die Umrisse einer gewundenen Treppe ausmachen. Sie lief an der Innenwand des Minaretts entlang, dessen Form an einen riesigen Kamin erinnerte. Wenn man hinaufschaute, sah man weit oben einen hellen Punkt leuchten, der aus dieser Entfernung wie ein weit entfernter und blasser Stern wirkte – der Himmel.

»We go!« sagte Ahmed mit aufmunternd-befehlender Stimme; vorher hatte er mir angekündigt, von der Spitze des Minaretts könne ich ganz Kairo sehen. »Great view!« hatte er mir versichert. Wir stiegen empor. Anfangs sah es nicht gut aus. Die Stufen waren schmal und rutschig, auf ihnen lagen Sand und abbröckelnder Verputz. Am schlimmsten war für mich jedoch, daß es kein Geländer gab, keine Griffe, Klammern, Seile, nichts, woran man sich hätte festhalten können.

Macht nichts – wir stiegen.

Wir stiegen und stiegen.

Es war finster und eng. Steil und gekrümmt. Von hier, von der Spitze des Minaretts aus, ruft der Muezzin, wenn die Moschee in Betrieb ist, fünfmal täglich die Gläubigen zum Gebet. Es ist dies ein langgedehnter Ruf in Form eines Gesangs, der manchmal sehr schön klingt – erhaben, eindringlich, romantisch. Doch nichts deutete darauf hin, daß unser Minarett noch in Verwendung gewesen wäre. Der Ort war seit Jahren verlassen, es roch nach Moder und altem Staub.

Ich weiß nicht, ob ich aus Anstrengung oder aus wachsender Angst eine gewisse Erschöpfung verspürte, jedenfalls wurde ich immer langsamer, worauf Ahmed mich anzutreiben begann.

»Up! Up!«, und da er hinter mir ging, machte er jeden Rückzug, jede Flucht unmöglich. Ich konnte mich nicht umdrehen und an ihm vorbeikommen – neben uns gähnte der Abgrund. Macht nichts, dachte ich mir, steigen wir weiter.

Wir stiegen und stiegen.

Wir waren schon hoch oben, und es wurde immer gefährlicher auf diesen Stufen ohne Geländer und Griffe, jede unvorsichtige Bewegung würde zur Folge haben, daß wir beide ein paar Stockwerke tief hinabstürzten. Wir waren in einem seltsamen Clinch der Unantastbarkeit miteinander verbunden – wer den anderen anstieß, fiel unausweichlich mit ihm hinunter.

Doch diese symmetrische Konstellation veränderte sich wenig später zu meinen Ungunsten. Am Ende der Treppe, ganz oben, war eine kleine, schmale Balustrade, die um das Minarett herumlief – der Platz für den Muezzin. Für gewöhnlich ist sie mit einer gemauerten oder metallenen Barriere eingefaßt. Hier hatte es offenbar einmal eine metallene Barriere gegeben, doch die war in Verlauf der Jahrhunderte verrostet und abgefallen, denn nun besaß der schmale Mauervorsprung kein Geländer mehr.

Ahmed stieß mich sanft nach draußen und sagte, selber sicher in die Mauernische gedrückt:

»Give me your money.«

Das Geld hatte ich in der Hosentasche, und ich befürchtete, schon die geringste Bewegung könnte einen Sturz in die Tiefe nach sich ziehen. Ahmed bemerkte mein Zögern und sagte noch einmal, diesmal schon schärfer:

»Give me your money!«

Ich blickte in den Himmel, nur um nicht in die Tiefe schauen zu müssen, steckte vorsichtig, ganz vorsichtig, die Hand in die Tasche und holte langsam, ganz langsam, das Portemonnaie heraus. Er nahm es wortlos, wandte sich um und begann mit dem Abstieg.

Am schwierigsten war nun jeder einzelne, tastende Schritt von der ungeschützten Balustrade zur ersten Treppenstufe – eine Entfernung von nicht einmal einem Meter. Und dann die Gehenna des Abstiegs, auf Beinen, die mir nicht gehorchen wollten, bleischwer und wie gelähmt.

Der Wärter öffnete mir das Tor, und ein paar Kinder – die besten Führer in so einem Winkelwerk – führten mich zu einem Taxi.

Aus den Notizbüchern

Älterwerden: Die Zeit ist in unserem Bewußtsein immer deutlicher anwesend. Und diese Anwesenheit wird immer mühsamer, belastender. Am deutlichsten und bedrückendsten empfinden wir ihre Unumkehrbarkeit. Die Zeit ist eine Lawine, die dahinrollt, vor der wir uns nicht in Sicherheit bringen, die wir nicht aufhalten können …

Nur der lärmende, spektakuläre Tod, der Tod in Form eines Feuerwerks, bewirkt, daß man ihn beachtet und versucht, ihm Einhalt zu gebieten, ihn einzudämmen. Der stille, stumme, abseitige Tod – durch Hunger, Tuberkulose, und Malaria, durch Minen, die irgendwo in der Einöde explodieren – kann sich ruhig ausbreiten, vermehren, seine Opfer hinmähen …

Wenn wir sterben,
Kommt der Wind an diesem Tag,
Um uns von hier fortzuwehen,
Die Spuren unserer Schritte zu verwischen.

Der Wind weht Staubwolken hoch
Und verschüttet damit
Die Spuren, die dort waren,
Wo wir gegangen sind,
Sonst wäre es so,
Als würden wir
Weiterhin leben.

(Das Lied der Buschmänner vom Tod)

Anhang

Nachweis der Texte dieses Bandes

Die Texte wurden von Martin Pollack ins Deutsche übertragen, sie stammen aus:

Wieder ein Tag Leben (Seite 17–22; 29–32; 46–47; 106–107; 116–118);

Afrikanisches Fieber (Seite 43–44; 47–52; 68–71; 110–115; 232–235);

Der Fußballkrieg (Seite 7–17; 71–76; 231–233; 237–238);

König der Könige (Seite 12–19; 29–31; 50–53; 108–109; 191–197);

Schah-in-schah (Seite 61–83; 109–139);

Imperium (Seite 109–112; 168–170; 185–211; 262–284);

Meine Reisen mit Herodot (Seite 14–37; 55–56; 133–134; 145–153);

Die Welt im Notizbuch (Seite 7; 19–20; 23; 24–25; 28–29; 30–31; 35; 38–39; 50–53; 68–69; 76–77; 128; 169–174; 220–224; 243; 246);

Notizen eines Weltbürgers (38–42; 64–65; 101–103; 214–215; 296).

Bibliographie:

Busz po polsku. Historie przygodne (Busch polnisch. Unvorhergesehene Geschichten) 1962; *Czarne gwiazdy* (Schwarze Sterne) 1963; *Kirgiz schodzi z konia* (Der Kirgise steigt vom Pferd) 1968; *Gdyby cała Afryka…* (Wenn ganz Afrika…) 1969; *Dlaczego zginał Karl von Spreti* (Warum Karl von Spreti ums Leben kam) 1970; *Chrystus z karabinem na raminieniu* (Christus mit dem Karabiner über der Schulter) 1975; *Jeszcze dzień życia* (Wieder ein Tag Leben. Innenansichten eines Bürgerkriegs, dt. 1994) 1976; *Wojna futbolowa* (Der Fußballkrieg, dt. 1990) 1978; *Cesarz* (König der Könige, dt. 1984) 1978; *Szachinszach* (Schah-in-schah, dt. 1986) 1982; *Notes* (Notizen, Gedichte) 1986; *Lapidarium* (Lapidarium, dt. 1992) 1990; *Imperium* (Imperium, dt. 1993) 1993; *Lapidarium II, Lapdidarium III* (Die Welt im Notizbuch, dt. 2000) 1995/97; *Heban* (Afrikanisches Fieber, dt. 1999) 1998; *Lapidarium IV, Lapidarium V* (Notizen eines Weltbürgers, dt. 2007) 2000/02; *Podróże z Herodotem* (Meine Reisen mit Herodot, dt. 2005) 2004. Einzelne Texte aus *Busch polnisch* und anderen Werken sowie Auszüge aus Interviews mit Ryszard Kapuściński finden sich in deutscher Übersetzung in *Ryszard Kapuściński: Die Erde ist ein gewalttätiges Paradies. Reportagen, Essays, Interviews aus vierzig Jahren*, herausgegeben von Wolfgang Hörner, 2000.

Deutsch-polnische Grenzgänge

Włodzimierz Nowak

Die Nacht von Wildenhagen

300 Seiten / gebunden mit Schutzumschlag
€ 19,95 (D) / ISBN 978-3-8218-5829-6

»Włodzimierz Nowaks Reportagen zeigen die polnisch-
deutschen Beziehungen in einem ganz neuen Licht,
ohne alle Klischees, schonungslos offen, oft schmerzhaft,
aber auch unterhaltsam. Włodzimierz Nowak ist ein
würdiger Nachfolger Ryszard Kapuścińskis, der einen ganz
eigenen Stil entwickelt hat.«

Martin Pollack,
deutscher Übersetzer von Ryszard Kapuściński

www.eichborn.de

Ryszard Kapuściński

Afrikanisches Fieber

Erfahrungen aus vierzig Jahren.
Aus dem Polnischen von Martin
Pollack. 336 Seiten.
Piper Taschenbuch

Im Innersten, so sagte Ryszard Kapuściński, fühlt er sich als »Afrikaner«. Als er 1957 zum ersten Mal nach Afrika fuhr, konnte er nicht ahnen, daß diese Reise der Beginn einer Passion sein würde, die ihn bis zu seinem Tod nicht losgelassen hat. Als Korrespondent der polnischen Nachrichtenagentur PAP bereiste er Ghana, Uganda, Ruanda, Äthiopien, Eritrea, Somalia, Kenia und den Sudan. Er hat Staatsgründungen, Staatsstreiche und Militärputsche miterlebt, Machthaber wie Idi Amin, Haile Selassie, Kenyatta und Nkrumah beobachtet. In seiner faszinierenden Schilderung der großen Politik und des Lebens der Menschen in Afrika gibt sich Ryszard Kapuściński nicht mit oberflächlichen Beschreibungen und Fakten zufrieden. Sein Blick dringt bis zu den Tiefen und Ursprüngen anderer Welten und Kulturen vor und läßt ein unglaublich buntes und vielfältiges Bild von Afrika entstehen – geprägt von großer persönlicher Anteilnahme.

Ryszard Kapuściński

Die Erde ist ein gewalttätiges Paradies

Reportagen, Essays, Interviews aus
vierzig Jahren. Herausgegeben von
Wolfgang Hörner. Aus dem Pol-
nischen von Martin Pollack, Renate
Schmidgall und Edith Heller.
320 Seiten. Piper Taschenbuch

PIPER

Ryszard Kapuściński ist berühmt für seine großen Reportagen aus Afrika, Asien, Lateinamerika und Europa. Diese Sammlung erschließt den literarischen Kosmos dieses großen polnischen Reiseschriftstellers in seiner ganzen Dimension. Neben den bekanntesten Reportagen bietet sie eine Reihe brillanter Essays und Interviews. Seine Reiseberichte sind literarische Meisterwerke, die atmosphärisch dicht die besondere Kultur und Lebensweise eines Landes und ihrer Bewohner einzufangen vermögen.

»Manchmal, in seinen besten Momenten, ist Ryszard Kapuściński mehr als ein Reporter, sicher kein Soziologe, aber ein erzählender, reisender, phantasierender Geschichtsdenker.«
Frankfurter Allgemeine Zeitung

Ryszard Kapuściński

Meine Reisen mit Herodot

Reportagen aus aller Welt. Aus dem Polnischen von Martin Pollack.
368 Seiten. Piper Taschenbuch

Schon immer war er von ihm fasziniert. Wann und wohin auch immer Ryszard Kapuściński unterwegs war – Herodot war dabei. 1955 kam der junge Reporter mit den jahrtausendealten »Historien« in Berührung, und sie erwiesen sich als Erleuchtung. Da war ein Chronist der Antike, von Neugier und Wissensdurst getrieben, aufgebrochen, die Grenzen der bekannten Welt auszuloten. Wenn ihn die Politik ermüdete, tauchte Kapuściński fortan in die Vergangenheit ab, in die Welt der Perser und Griechen. Und sie bedeutete ihm neben der räumlichen Entgrenzung, die seine eigene Arbeit mit sich brachte, auch eine Überwindung der zeitlichen Provinzialität. Und so erzählt Ryszard Kapuściński, wie er mit Herodot nach Afrika, Asien und in Europa reist, ständig getrieben von dem Wunsch, Neues zu erfahren.

Die literarische Welt

Andreas Pröve

Meine orientalische Reise

Auf den Spuren der Beduinen durch Syrien, Jordanien und Persien.
352 Seiten mit 40 Farbfotos.
Piper Taschenbuch

Ob im Hamam von Palmyra oder im Baghdad Café mitten in der syrischen Wüste, durch die spektakulären Schluchten von Petra und Wadi Rum, im Großstadtverkehr von Damaskus oder beim persischen Aschura-Fest: Wie Andreas Pröve mit seinem Rollstuhl den Orient bereist, ist Anlaß für tausendundeine außergewöhnlich intensive Begegnung, die uns arabische Gastfreundschaft hautnah miterleben läßt.

»Ein großartiges Unternehmen, an dem sich alle, die ähnliche physische Belastungen zu ertragen haben, aufrichten können und durch das deutlich wird, was trotz einer rücksichtslosen und oft sogar feindlichen Umwelt durch Lebensmut und Abenteuerlust möglich ist.«

Frankfurter Allgemeine Zeitung

05/2261/02/L   05/2190/02/R

Jamie Zeppa

Mein Leben in Bhutan

*Als Frau im Land der Götter.
Aus dem Englischen von
Karina Of. 367 Seiten mit
15 Farbfotos. Piper Taschenbuch*

Bhutan – das ist das geheimnisvolle »Land des Donnerdrachens« im Himalaja zwischen Tibet, Indien und Sikkim. Aus purer Abenteuerlust beschließt die Kanadierin Jamie als 24jährige, für zwei Jahre in Bhutan Englisch zu unterrichten. Dort begegnet sie einer vom Tourismus noch unberührten Welt. Sie entdeckt die sensationelle, wilde Schönheit der Natur, die faszinierende buddhistische Religion, die traditionsreiche Kultur mit ihren überwältigenden Klosterburgen und uralten mystischen Bräuchen. Mehr und mehr erliegt sie dem Zauber dieses einzigartigen Landes. Jamies tiefe Zuneigung zu den einheimischen Kindern und ihre Liebe zu dem Bhutaner Tshewang führen schließlich dazu, daß sie für immer bleiben möchte – gegen alle Widerstände ... Eine mitreißende Reportage einer mutigen jungen Frau und das bewegende Zeugnis einer großen Liebe zwischen den Kulturen.

Julie Harris

Der lange Winter am Ende der Welt

*Roman. Aus dem Englischen von
Hans-Joachim Maass. 314 Seiten.
Piper Taschenbuch*

Beim Versuch, im Jahr 1926 einen neuen Rekord im Alleinflug aufzustellen, schafft es John Robert Shaw bis Alaska. Doch dann gerät er in einen Sturm und gilt fortan als verschollen. Völlig unvermutet wird John siebzehn Jahre später gefunden – siebzehn Jahre, in denen er mit den Inuit gelebt hat, in einer Einöde aus ewigem Eis und Schnee. Nun sieht er sich gezwungen, zum zweiten Mal ein völlig neues Leben zu beginnen ... Ein bewegender Roman über die Macht der Liebe und den Mut, den eigenen Träumen und Passionen zu folgen.

»Ein großer, berührender Roman über die ureigensten menschlichen Gefühle.«
Ostthüringer Zeitung

PIPER

05/1079/02/L

05/1519/02/R

Byambasuren Davaa, Lisa Reisch

Die Höhle des gelben Hundes

Eine Reise in die Mongolei.
176 Seiten mit 61 farbigen Fotos
von Monika Höfler und Daniel
Schönauer und 14 Kalligraphien
von Battomor Dashbaldan.
Piper Taschenbuch

»Die Höhle des gelben Hundes« erzählt von der Freundschaft des kleinen Nomadenmädchens Nansaa zu einem herrenlosen Hund. Wir erfahren von dem freien Leben in der Steppe, von den reichen Traditionen der Mongolen und dem besonderen Bund zwischen Mensch und Tier. Die Regisseurin der Filme »Die Geschichte vom weinenden Kamel« und »Die Höhle des gelben Hundes« nimmt uns in ihrem ersten Buch auf eine poetische Reise in eine andere Welt mit.

»Auf der Suche nach der verlorenen Zeit öffnet sich der Blick auf eine kleine Welt in der Weite der endlosen Steppe, die mit den staubigen Grün- und Brauntönen unter strahlend blauem Himmel und den leuchtenden Farben der Trachten atemberaubend schön ist.«
Focus

Jonas Hassen Khemiri

Das Kamel ohne Höcker

Roman. Aus dem Schwedischen
von Susanne Dahmann.
272 Seiten. Piper Taschenbuch

Ein kleines rotes Notizbuch hat er von seiner Freundin Dalanda geschenkt bekommen. Und jetzt führt Halim, ein arabischer Schwede, ein schwedischer Araber, Tagebuch in seiner eigenen, rebellisch kreativen Sprache – hinreißend, witzig, melancholisch.
»Das Kamel ohne Höcker«, Entwicklungsroman und Überraschungsbestseller aus Schweden, wurde zum Kultbuch einer ganzen Generation.

»Halim zeigt uns ein Leben zwischen den Kulturen. Ohne Betroffenheitsgefasel. Ein autobiographischer Multikulti-Roman: Lässig läßt er uns ins Herz eines Heimatlosen blicken.«
Woman

Unai Elorriaga

Der Traum vom Himmel über Nepal

Roman. Aus dem Spanischen von Karl A. Klewer. 192 Seiten.
Piper Taschenbuch

Der ungewöhnliche Beginn einer wirklich ungewöhnlichen Freundschaft: Als die hochbetagten Geschwister Lucas und María aus dem Krankenhaus zurückkehren, hat sich der Straßenmusiker Marcos in ihrer Wohnung eingenistet. Der junge Marcos darf bleiben, und schon bald wird aus ihnen ein eingeschworenes Trio, das mit Leichtigkeit und feinem Humor den Hindernissen des Älterwerdens begegnet.

»Aus kleinen poetischen Szenen und Notizen hat der junge baskische Autor seinen warmherzigen, humorvollen Roman geknüpft. Das Alter einmal nicht als etwas Bedrückendes, Bedauer- und Befremdliches. Sondern als ein etwas wunderliches Wunder.«
Brigitte

Hape Kerkeling

Ich bin dann mal weg

Meine Reise auf dem Jakobsweg.
352 Seiten mit 35 Fotos.
Piper Taschenbuch

Es ist ein nebelverhangener Junimorgen, als Hape Kerkeling, bekennende Couch potato, seinen inneren Schweinehund besiegt und voller Respekt und Unternehmungslust in Saint-Jean-Pied-de-Port aufbricht. Sechs Wochen Fußmarsch auf dem legendären Camino Francés liegen vor ihm, allein mit sich und seinem schweren Rucksack: über die Gipfel der Pyrenäen, quer durch das Baskenland nach Galicien zum Grab des Apostels Jakob, seit über tausend Jahren Ziel für Gläubige aus der ganzen Welt. Mit Humor und Blick für das Besondere erschließt Kerkeling sich die fremden Regionen, lernt die Einheimischen ebenso wie moderne Pilger und ihre Rituale und Eigenarten kennen. Er schildert den Reiz jeder einzelnen Etappe, erlebt Einsamkeit und Stille, Erschöpfung und Zweifel, aber auch Hilfsbereitschaft, Freundschaften und Momente, die für alle Entbehrungen entlohnen – und eine ganz eigene, überraschende Nähe zu Gott.

PIPER

Tim Moore

Zwei Esel auf dem Jakobsweg

Wie ein Engländer sein Herz an Spanien verlor. Aus dem Englischen von Theda Krohm-Linke. 368 Seiten. Piper Taschenbuch

Fasziniert von den vielen Heldengeschichten über Wallfahrten zu den Gebeinen St. Jakobs in der Kathedrale von Santiago de Compostela, nimmt der Engländer Tim Moore sein Herz und die Zügel in die Hand: In Begleitung eines französischen Esels namens Shinto begibt sich Tim Moore auf heiliges spanisches Terrain – ausgestattet mit einem Pilgerführer aus dem 12. Jahrhundert und ein paar Eseltipps des »Schatzinsel«-Autors Robert Louis Stevenson. Im Lauf seines achthundert Kilometer währenden Kampfes wider den tierischen Starrsinn, gegen ständige Wetterkapriolen und unglaublich durchgelegene Dreistockbetten erfährt er am eigenen Leib: Diese Pilgerreise führt mitten ins eigene Herz. Tim Moore hat ein wunderbares Reisebuch geschrieben, das von aberwitzigen Erlebnissen erzählt und mit trockenem britischem Humor die historische Anekdoten mit der Gegenwart verbindet.

Coline Serreau

Pilgern auf Französisch

Roman. Aus dem Französischen von Gaby Wurster. 240 Seiten. Piper Taschenbuch

Clara, Claude und Pierre sind entsetzt: Das Erbe ihrer Mutter wird erst ausbezahlt, wenn sich alle drei zusammen als Pilger auf den Weg nach Santiago de Compostela machen. Schlimmeres können sich die drei kaum vorstellen, denn erstens können sie sich nicht ausstehen, und zweitens ist Wandern ein Strafe für sie. Doch das Geld können alle gut gebrauchen, und so schließen sie sich widerwillig einer illustren Wandergruppe an. Der Weg nach Santiago de Compostela ist lang, und die Reise dahin voller überraschender Einsichten … Eine wunderbare, tiefsinnige Komödie über das Leben.

05/2370/01/L   05/2264/02/R

Velma Wallis

Zwei alte Frauen

Eine Legende von Verrat und Tapferkeit. Aus dem Amerikanischen von Christel Dormagen. Illustriert von Heinke Both. 128 Seiten. Piper Taschenbuch

Ein Nomadenstamm im hohen Norden von Alaska: Während eines bitterkalten Winters kommt es zu einer gefährlichen Hungersnot. Wie das alte Stammesgesetz es vorschreibt, beschließt der Häuptling, die beiden ältesten Frauen als »unnütze Esser« zurückzulassen, um den Stamm zu retten. Doch in der Einsamkeit der eisigen Wildnis geschieht das Unglaubliche: Die beiden alten Indianerfrauen geben nicht auf, sondern besinnen sich auf ihre ureigenen Fähigkeiten, die sie längst vergessen geglaubt hatten …

»Die indianische Legende besticht durch die archaische Kraft und außergewöhnliche Naturschilderungen.«
Marie Claire

Jon Krakauer

In die Wildnis

Allein nach Alaska. Aus dem Amerikanischen von Stephan Steeger. 302 Seiten. Piper Taschenbuch

Im August 1992 wurde die Leiche von Chris McCandless im Eis von Alaska gefunden. Wer war dieser junge Mann, und was hat ihn in die gottverlassene Wildnis getrieben? Jon Krakauer hat sein Leben erforscht, seine Reise in den Tod rekonstruiert und ein traurig-schönes Buch geschrieben über die Sehnsucht, die diesen Mann veranlaßte, die Zivilisation hinter sich zu lassen, um tief in die wilde und einsame Schönheit der Natur einzutauchen.

»Ein zutiefst bewegendes, ganz unsentimentales Abenteuerbuch.«
Die Woche